税务干部业务能力升级学习丛书

# 综合管理
## 岗位知识与技能

本书编写组 ◎ 编

中国税务出版社

图书在版编目（CIP）数据

综合管理岗位知识与技能 / 本书编写组编. -- 北京：中国税务出版社，2024.8. -- （税务干部业务能力升级学习丛书）. -- ISBN 978-7-5678-1532-2

Ⅰ．F812.423；D63

中国国家版本馆 CIP 数据核字第 2024XD5207 号

版权所有·侵权必究

| 丛 书 名： | 税务干部业务能力升级学习丛书 |
|---|---|
| 书 名： | 综合管理岗位知识与技能 |
| | ZONGHE GUANLI GANGWEI ZHISHI YU JINENG |
| 作 者： | 本书编写组 编 |
| 责任编辑： | 赵泽蕙 |
| 责任校对： | 姚浩晴 |
| 技术设计： | 林立志 |
| 出版发行： | 中国税务出版社 |
| | 北京市丰台区广安路 9 号国投财富广场 1 号楼 11 层 |
| | 邮政编码：100055 |
| | 网址：https：//www.taxation.cn |
| | 投稿：https：//www.taxation.cn/qt/zztg |
| | 发行中心电话：（010）83362083/85/86 |
| | 传真：（010）83362047/49 |
| 经 销： | 各地新华书店 |
| 印 刷： | 保定市中画美凯印刷有限公司 |
| 规 格： | 787 毫米 ×1092 毫米 1/16 |
| 印 张： | 17.5 |
| 字 数： | 353000 字 |
| 版 次： | 2024 年 8 月第 1 版 2024 年 8 月第 1 次印刷 |
| 书 号： | ISBN 978-7-5678-1532-2 |
| 定 价： | 52.00 元 |

如有印装错误　本社负责调换

# 编 者 说 明

为落实打造效能税务要求，持续深化依法治税、以数治税、从严治税一体贯通，不断提升税务干部税费征管、便民服务、风险防范的能力和水平，我们结合税收工作实际，组织编写了"税务干部业务能力升级学习丛书"，分为《通用知识》《综合管理岗位知识与技能》《纳税服务岗位知识与技能》《征收管理岗位知识与技能》《税务稽查岗位知识与技能》《信息技术岗位知识与技能》及配套习题集。

《综合管理岗位知识与技能》旨在帮助综合管理岗位税务干部快速掌握业务知识，系统提升专业能力。本书具有以下特点：一是紧贴税收工作实际，按照综合管理相关岗位人员应知应会的知识要点进行编写，尽量做到"干什么""学什么"全覆盖；二是反映最新工作要求，本书中涉及的内容，均是按照最新工作要求进行编写，体现了最新的政策规定；三是满足税务干部学习需求，注重提升从事税务综合管理工作所必须具备的基本素质，特别是运用有关基本理论、基本知识和基本方法分析解决综合管理工作中相关实际问题的能力。

由于时间及能力所限，书中疏漏在所难免，不妥之处恳请读者批评指正。具体修改意见和建议，请与编辑联系（邮箱：bjzx@taxation.cn，QQ：1050456451），以便修订时更正。

编　者

# 目 录

## 第一章 党建工作 　　1

知识架构 　　3
第一节　税务系统全面从严治党新格局 　　3
第二节　党员管理 　　20
第三节　党组织管理 　　28
第四节　群团工作 　　39

## 第二章 政务管理 　　47

知识架构 　　49
第一节　机关日常管理——公文处理 　　50
第二节　机关日常管理——会议组织 　　59
第三节　机关日常管理——印信管理 　　64
第四节　机关日常管理——档案管理 　　68
第五节　机关日常管理——督查督办 　　73
第六节　政务公开 　　77
第七节　宣传舆情——税收宣传 　　86
第八节　宣传舆情——涉税舆情管理 　　92
第九节　政务信息 　　96
第十节　保密管理 　　98
第十一节　信访维稳 　　104
第十二节　应急管理 　　108

第十三节　为基层减负　　　　　　　　　　111
　　　第十四节　绩效管理　　　　　　　　　　　113

## 第三章　干部管理　　　　　　　　　　　　　117

　　　知识架构　　　　　　　　　　　　　　　　119
　　　第一节　人事管理　　　　　　　　　　　　119
　　　第二节　教育培训管理　　　　　　　　　　148
　　　第三节　数字人事　　　　　　　　　　　　157

## 第四章　监督管理　　　　　　　　　　　　　165

　　　知识架构　　　　　　　　　　　　　　　　167
　　　第一节　纪检工作　　　　　　　　　　　　167
　　　第二节　巡视巡察工作　　　　　　　　　　179
　　　第三节　督察内审工作　　　　　　　　　　182
　　　第四节　税务系统内部控制　　　　　　　　196

## 第五章　财务管理　　　　　　　　　　　　　201

　　　知识架构　　　　　　　　　　　　　　　　203
　　　第一节　财务管理制度　　　　　　　　　　204
　　　第二节　税务系统会计制度　　　　　　　　215
　　　第三节　预算管理　　　　　　　　　　　　221
　　　第四节　财务收支和决算管理　　　　　　　228
　　　第五节　国库集中支付管理　　　　　　　　232
　　　第六节　国有资产管理　　　　　　　　　　238
　　　第七节　基本建设管理　　　　　　　　　　243

## 第六章　政府采购、事务管理　　249

　　**知识架构**　　251
　　**第一节**　政府采购　　251
　　**第二节**　事务管理基础　　256
　　**第三节**　物业管理　　259
　　**第四节**　车辆管理　　261
　　**第五节**　食堂管理　　263
　　**第六节**　资产管理　　264
　　**第七节**　公务接待与会务保障管理　　267
　　**第八节**　节约型机关建设　　268

# 第一章
# 党建工作

## >> 知识架构

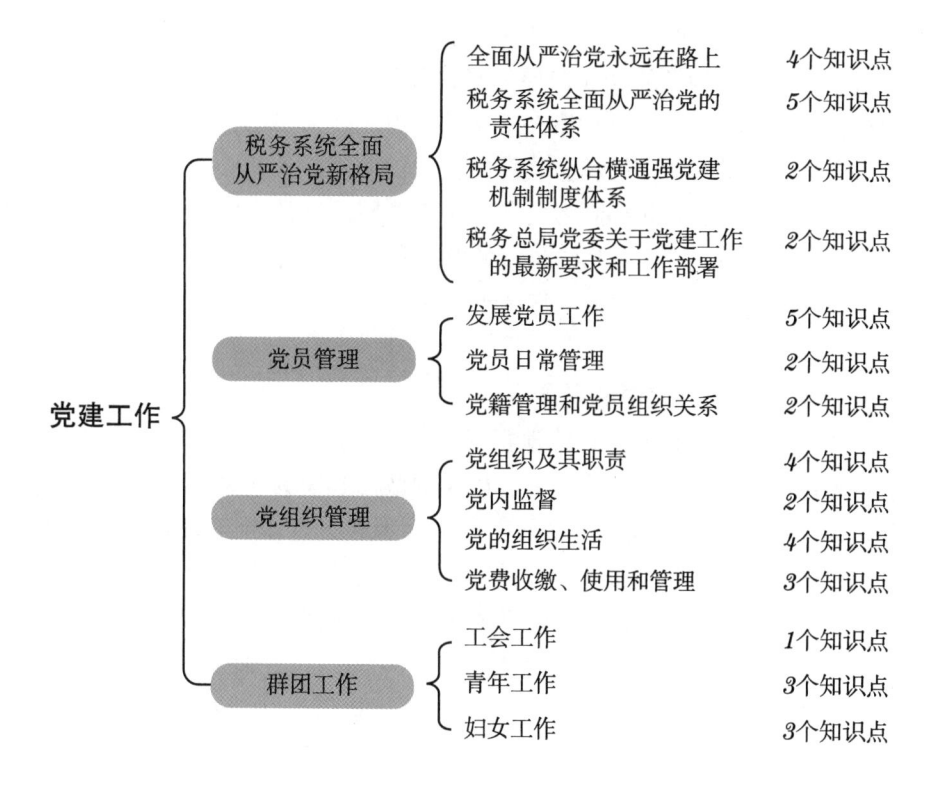

党建工作
- 税务系统全面从严治党新格局
  - 全面从严治党永远在路上 —— 4个知识点
  - 税务系统全面从严治党的责任体系 —— 5个知识点
  - 税务系统纵合横通强党建机制制度体系 —— 2个知识点
  - 税务总局党委关于党建工作的最新要求和工作部署 —— 2个知识点
- 党员管理
  - 发展党员工作 —— 5个知识点
  - 党员日常管理 —— 2个知识点
  - 党籍管理和党员组织关系 —— 2个知识点
- 党组织管理
  - 党组织及其职责 —— 4个知识点
  - 党内监督 —— 2个知识点
  - 党的组织生活 —— 4个知识点
  - 党费收缴、使用和管理 —— 3个知识点
- 群团工作
  - 工会工作 —— 1个知识点
  - 青年工作 —— 3个知识点
  - 妇女工作 —— 3个知识点

## >> 第一节　税务系统全面从严治党新格局

### 一　全面从严治党永远在路上

**【知识点1】全面从严治党的内涵意义**

习近平总书记在十八届中央纪委六次全会上发表重要讲话指出，全面从严治党，核心是加强党的领导，基础在全面，关键在严，要害在治。深刻阐释了全面从严治党的新内涵，明确提出了管党治党的新要求，是推进全面从严治党的重要遵循，为管好党、治好党指明了方向。

全面从严治党，是党的十八大以来，以习近平同志为核心的党中央根据新的历史条件下党的建设面临的新情况和新问题，深刻总结历史上党通过自我革命保持先进性和纯洁性并领导各项事业胜利前进的宝贵经验，对管党治党做出的重大部署。它和全面建设社会主义现代化国家、全面依法治国、全面深化改革一起，构成了"四个全面"战略布局，在党的建设发展历史上、中国特色社会主义发展历史上具有重大意义。

全党必须牢记，坚持党的全面领导是坚持和发展中国特色社会主义的必由之路，中国特色社会主义是实现中华民族伟大复兴的必由之路，团结奋斗是中国人民创造历史伟业的必由之路，贯彻新发展理念是新时代我国发展壮大的必由之路，全面从严治党是党永葆生机活力、走好新的赶考之路的必由之路。这是我们在长期实践中得出的至关紧要的规律性认识，必须倍加珍惜、始终坚持，咬定青山不放松，引领和保障中国特色社会主义巍巍巨轮乘风破浪、行稳致远。

**【知识点2】新时代党的建设总要求**

坚持和加强党的全面领导，坚持党要管党、全面从严治党，以加强党的长期执政能力建设、先进性和纯洁性建设为主线，以党的政治建设为统领，以坚定理想信念宗旨为根基，以调动全党积极性、主动性、创造性为着力点，全面推进党的政治建设、思想建设、组织建设、作风建设、纪律建设，把制度建设贯穿其中，深入推进反腐败斗争，不断提高党的建设质量，把党建设成为始终走在时代前列、人民衷心拥护、勇于自我革命、经得起各种风浪考验、朝气蓬勃的马克思主义执政党。

**【知识点3】坚定不移全面从严治党，深入推进新时代党的建设新的伟大工程**

习近平总书记在党的二十大报告中指出，经过十八大以来全面从严治党，我们解决了党内许多突出问题，但党面临的执政考验、改革开放考验、市场经济考验、外部环境考验将长期存在，精神懈怠危险、能力不足危险、脱离群众危险、消极腐败危险将长期存在。全党必须牢记，全面从严治党永远在路上，党的自我革命永远在路上，决不能有松劲歇脚、疲劳厌战的情绪，必须持之以恒推进全面从严治党，深入推进新时代党的建设新的伟大工程，以党的自我革命引领社会革命。

具体要求：

（1）坚持和加强党中央集中统一领导。
（2）坚持不懈用习近平新时代中国特色社会主义思想凝心铸魂。
（3）完善党的自我革命制度规范体系。
（4）建设堪当民族复兴重任的高素质干部队伍。
（5）增强党组织政治功能和组织功能。
（6）坚持以严的基调强化正风肃纪。

（7）坚决打赢反腐败斗争攻坚战持久战。

**【知识点4】党的领导是进一步全面深化改革、推进中国式现代化的根本保证**

2024年7月18日，党的二十届三中全会强调，党的领导是进一步全面深化改革、推进中国式现代化的根本保证。必须深刻领悟"两个确立"的决定性意义，增强"四个意识"、坚定"四个自信"、做到"两个维护"，保持以党的自我革命引领社会革命的高度自觉，坚持用改革精神和严的标准管党治党，完善党的自我革命制度规范体系，不断推进党的自我净化、自我完善、自我革新、自我提高，确保党始终成为中国特色社会主义事业的坚强领导核心。具体做到：

（1）坚持党中央对进一步全面深化改革的集中统一领导。
（2）深化党的建设制度改革。
（3）深入推进党风廉政建设和反腐败斗争。
（4）以钉钉子精神抓好改革落实。

## 二 税务系统全面从严治党的责任体系

**【知识点1】各级税务局党委的主体责任**

各级税务局党委承担本单位本系统党的建设、全面从严治党主体责任，重点履行政治领导、统筹落实、压力传导、组织保障责任。

1. 政治领导责任

把加强党的政治建设摆在首位，坚决维护习近平总书记党中央的核心、全党的核心地位，坚决维护党中央权威和集中统一领导，始终在思想上政治上行动上同以习近平同志为核心的党中央保持高度一致。深入贯彻落实《中共中央关于加强党的政治建设的意见》，以党的政治建设为统领，把政治标准和政治要求贯穿党的思想建设、组织建设、作风建设、纪律建设以及制度建设、反腐败斗争始终，全面提高党的建设质量。对落实党的政治建设责任不到位、推进党的政治建设工作不力的严肃问责。

深入学习贯彻习近平新时代中国特色社会主义思想，特别是习近平总书记关于税收工作的重要论述和重要指示批示精神，认真研究贯彻落实具体举措，把"两个维护"体现到税收工作中。紧盯不敬畏、不在乎、喊口号、装样子的问题，坚决破除形式主义、官僚主义，推动党中央、国务院重大决策部署落地见效。坚持党委理论学习中心组学习制度，每季度集中研讨不少于1次，每年开展全面从严治党专题学习不少于2次。加强对下一级党委理论学习中心组学习的督促指导，建立党委理论学习中心组学习通报制度。

严肃党内政治生活，认真贯彻《关于新形势下党内政治生活的若干准则》，着力提高党内政治生活质量，建立健全民主生活会列席指导、及时叫停、责令重开、整改通报等制度，增强党内政治生活的政治性时代性原则性战斗性。严格执行民主集中制原则，建立健全议事决策规则和重大事项决策程序，完善并落实"三重一大"决策监督机制。

严明党的政治纪律和政治规矩，把学习和遵守党章作为基础性经常性工作来抓，教育督促本单位本系统党员干部始终做政治上的明白人、老实人，坚持"五个必须"，严防"七个有之"。加强对遵守政治纪律和政治规矩情况的监督检查，严肃查处违反政治纪律和政治规矩的问题。

发展积极健康的党内政治文化，增强党员干部的政治定力、纪律定力、道德定力、拒腐定力，大力倡导清清爽爽的同志关系、规规矩矩的上下级关系、干干净净的税企关系，涵养风清气正的政治生态。探索建立政治生态评价机制体系，将政治建设工作情况纳入各级党组织书记抓党建述职评议和党建考核评价体系，并突出其权重。

2. 统筹落实责任

坚持全面从严治党工作与税收工作同部署、同落实、同检查、同考核。每年年初研究制定全面从严治党工作要点或计划，抓好任务分解，建立责任清单，加强督促落实。每半年与同级纪检机构共同分析研究全面从严治党、党风廉政建设和反腐败工作1次，遇有重大问题或上级安排的重要工作，及时研究部署。

推进"两学一做"学习教育常态化制度化，深入开展"不忘初心、牢记使命"主题教育，开展经常性党性党风党纪教育、先进典型示范教育和反面典型警示教育。培育和践行社会主义核心价值观，弘扬"忠诚担当、崇法守纪、兴税强国"的中国税务精神。落实党委意识形态工作责任制，定期分析研判意识形态领域情况，牢牢掌握意识形态工作领导权。

贯彻落实《中国共产党支部工作条例（试行）》，把党支部建设作为最重要的基本建设，定期研究讨论、加强领导指导，每年至少专题研究1次党支部建设工作。将抓党支部建设情况纳入各级税务局党委书记抓基层党建述职评议考核的重要内容，作为评判其履行管党治党政治责任的重要依据。

坚持党管干部原则，贯彻新时期好干部标准，始终把政治标准放在第一位。严格执行《党政领导干部选拔任用工作条例》，坚持"凡提四必"，严把选人用人政治关、品行关、作风关、廉洁关。坚持不懈整治选人用人上的不正之风，严格执行干部选拔任用工作纪实制度，对任人唯亲、说情打招呼、跑官要官、买官卖官、拉票贿选等行为发现一起查处一起，对"带病提拔"的干部实行倒查，对政治标准把关不严的严肃处理。

落实《关于进一步激励广大干部新时代新担当新作为的意见》，按照"三个区分开来"的要求，建立容错纠错机制，宽容干部在改革创新中的失误错误，旗帜鲜明为敢于担当的干部撑腰鼓劲。严肃查处诬告陷害行为，及时为受到不实反映的干部澄清正名。

深入贯彻中央八项规定及其实施细则精神，聚焦违规收受礼金、违规公款吃喝、违规操办婚丧喜庆事宜等突出问题，加大查处通报力度。持续整治领导干部利用名贵特产类特殊资源谋取私利问题。健全重要时间节点常态化提醒、明察暗访、专项治理等机制，驰而不息纠正"四风"。严明工作纪律和工作作风，重点整治不服从工作安排、庸政懒政、消极怠工等行为，大力倡导真抓实干、担当作为。

严格执行《中国共产党廉洁自律准则》《中国共产党纪律处分条例》等党内法规，强化纪律教育，以政治纪律和组织纪律带动廉洁纪律、群众纪律、工作纪律、生活纪律严起来，使铁的纪律成为党员干部的日常习惯和自觉遵循。准确把握和运用监督执纪"四种形态"，特别是在第一种形态上下功夫，使咬耳扯袖和红脸出汗成为常态。

建立并完善权责清单，推进党务公开、政务公开，规范权力运行流程，强化对权力运行的制约和监督。分类排查廉政风险，及时研究解决政策落实、税收执法和内部管理中存在的问题。深入推进内控机制建设，全面提升内控信息化水平，坚持"制度＋科技"，实现风险的自动防范和源头防控。

加强对税务师行业党建工作的指导，健全税务师行业党建工作管理体制和工作机制，推进党的组织和党的工作在税务师行业有效覆盖，不断提高税务师行业党建工作整体水平。

3. 压力传导责任

每年听取1次党委委员、机关各单位和下一级税务局党委落实全面从严治党主体责任情况汇报，与党委书记抓基层党建述职评议考核工作统筹安排。每年开展1次"两个责任"落实情况检查。针对苗头性、倾向性问题，及时约谈下一级党委主要负责人和纪检组组长，督促其履行管党治党责任。

各省级税务局党委每年向国家税务总局党委书面报告1次履行管党治党责任情况，包括落实全面从严治党主体责任、落实党风廉政建设责任制、落实监督执纪"四种形态"、问责等情况；各级税务局党委每年至少开展1次落实情况检查考核，对落实主体责任不力、压力传导不到位的，依规依纪追责问责，考核结果作为对领导班子总体评价和领导干部考核、奖励惩处、选拔任用的重要依据；省以下税务局党委每年向上一级税务局党委、纪检组书面报告1次履行管党治党责任情况。

贯彻落实《中国共产党党内监督条例》，加强对党内监督工作的领导，落实述职述责述廉、民主生活会、组织生活会、谈话、函询和领导干部报告个人有关事项等党内监督制度。主动接受和支持同级纪检机构对本级领导班子及成员的监督。督促领导干部在民主生活会上把群众反映、巡视巡察反馈、组织约谈函询的问题说清楚、谈透彻。

贯彻落实《中国共产党巡视工作条例》和国家税务总局巡视巡察工作制度，深化政治巡视巡察。聚焦"六个围绕、一个加强""五个持续",着力发现问题、形成震慑,推动改革、促进发展。每年专题研究巡视巡察工作,及时听取巡视巡察情况汇报,坚持发现问题、整改落实和成果运用并重,切实发挥巡视巡察标本兼治战略作用。

严格执行《中国共产党问责条例》及国家税务总局党委实施办法,严肃追究失职失责党组织和党员领导干部的主体责任、监督责任和领导责任,对典型问题进行通报曝光。加强对本系统各级党组织落实问责情况的监督检查,对该问责而不问责的,严肃追究责任,对不敢问责、不愿问责的,约谈党委书记和纪检组组长。

4. 组织保障责任

围绕"条主责、块双重,纵合力、横联通,齐心抓、党建兴"的要求,构建纵合横通强党建机制制度体系。每年至少向所在地党委及其有关工作部门汇报2次党建工作。与下一级税务局所在地党委建立重要情况相互通报、重要文件相互交换、有关工作联合开展、考核结果相互推送等机制,每年至少到相关部门走访2次。深化"下抓两级、抓深一层"工作机制,选取一定数量的下一级税务局(分局、所)作为基层党建联系点,每年至少实地调研指导工作1次。健全党建工作领导小组例会制度和各成员单位协作配合机制,形成齐抓共管合力。

领导机关各单位党组织的工作,讨论基层党组织设置调整和发展党员、处分党员等重要事项,为基层党组织活动提供经费保障。配齐配强党务干部,重视对党务干部的培养、使用和交流。

加强对纪检工作的领导,旗帜鲜明支持纪检机构聚焦监督执纪问责主业。重大案件及时研究,重大问题及时解决,重要情况及时听取汇报。重视纪检干部队伍建设,加强教育培训和实践锻炼,关心纪检干部成长,提供必要的工作条件,协调解决工作中遇到的困难和问题。

【知识点2】党委书记需要履行的责任

党委书记履行全面从严治党"第一责任人"职责,重点履行统筹推进、管好干部、严格把关、示范引领责任。

1. 统筹推进责任

带头学习和推动落实党中央、国务院和中央纪委国家监委关于全面从严治党的工作部署,结合上级党组织要求,研究具体贯彻落实措施,做到重要工作亲自部署、重大问题亲自过问、重点环节亲自协调、重要案件亲自督办。

主持召开党委专题会议或党建工作领导小组会议,分析研判本单位本系统全面从严治党、党风廉政建设和反腐败工作形势,研究决定重大事项,部署安排相关工作。

督促、指导、支持班子成员抓好分管单位全面从严治党工作,每年听取1次班子其他成员和下一级党委书记抓全面从严治党工作情况汇报,对落实责任不力的,及时进行约谈。每年至少实地调研指导工作1次。

认真督办上级有关部门、地方纪委监委转办以及本级纪检机构接收的重要信访件、案件线索。及时批转信访举报，随时听取重要事项汇报。

带头建立党支部工作联系点，带头调查研究本单位本系统基层党组织建设情况，发现和解决问题，总结推广经验。

2. 管好干部责任

对领导班子其他成员、机关各单位和下一级税务局党委主要负责人严格要求、严格教育、严格管理、严格监督，发现问题及时纠正。坚持党内谈话制度，经常性开展谈心谈话，认真开展提醒谈话、诫勉谈话，每年与机关各单位、下一级税务局党委主要负责人至少开展1次廉政谈话。发现有思想、作风、纪律等方面苗头性、倾向性问题的，应当及时对其提醒谈话；发现轻微违纪问题的，应当对其诫勉谈话。

落实党委意识形态工作责任制，经常分析意识形态领域的动态动向，正确判断意识形态领域形势，不断研究新情况、解决新问题，带头批评错误观点和错误倾向。

3. 严格把关责任

对本单位本系统全面从严治党、党风廉政建设和反腐败工作的安排部署、推进落实以及专项工作开展情况等严格审核把关，提出明确意见。严格审核党组织和党员领导干部民主生活会对照检查材料、班子成员被函询问题说明材料、述职述责述廉报告、个人有关事项报告等。

按规定对涉及人事、财务、资产和征收、管理、稽查等重要事项和重大问题，亲自过问把关，认真组织研究。坚持党管干部原则，切实把好用人标准关、识别考察关、选人用人关、培养锻炼关，确保选好人、用对人。

主持召开党委会、巡视巡察工作领导小组会议，研究制定巡视巡察规划，年度计划和其他重要问题，听取巡视巡察情况专题汇报，听取汇报时要点人点事点问题，有关情况按规定报上一级巡视巡察工作领导小组备案。

4. 示范引领责任

严格执行民主集中制，充分发扬民主，善于管理，敢于担责，自觉维护团结，做到科学、民主、依法决策。每年在规定范围内述职述责述廉，接受评议。述职述责述廉重点是执行政治纪律和政治规矩、履行管党治党责任、推进党风廉政建设和反腐败工作以及执行廉洁纪律情况。

严格党内组织生活，组织召开领导班子民主生活会，带头开展批评和自我批评，对班子其他同志的缺点错误应当敢于指出，帮助改进。参加指导下级党委民主生活会，自觉参加双重组织生活。每年至少为本单位或本系统的党员干部讲党课1次。每年至少对基层党建联系点全面从严治党工作进行1次调研和指导。

提高政治能力，加强党性锻炼和政治历练，增强政治免疫力、敏锐性和鉴别力，弘扬斗争精神，及时有效化解重大风险。模范遵守党纪国法特别是严守党的政治纪律和政治规矩，带头接受和支持纪检机构、干部监督部门及干部群众的监督，带头树立良好作风，注重家庭、家教、家风。严格请示报告制度，及时报告个人及家庭重大情况，事先请示报告离开岗位或者工作所在地等。操办本人及直系亲属婚丧喜庆等事项应向纪检组组长通报，并向上一级纪检机构报告。

**【知识点3】党委委员责任**

党委委员履行"一岗双责"，负责抓好分管部门、联系点税务局全面从严治党工作。

学习贯彻党中央、国务院和中央纪委国家监委关于全面从严治党、党风廉政建设部署和要求，结合职责分工研究具体贯彻落实措施，自觉把全面从严治党要求融入分管业务工作。

贯彻落实本级党委全面从严治党工作部署，对照职责分工和责任清单，研究部署和推动落实分管部门、联系点税务局的全面从严治党工作，每年向党委报告1次履行"一岗双责"情况。每年在党委扩大会议上进行述职述责述廉，并在一定范围内公开，接受评议和监督。

加强对分管部门、联系点税务局全面从严治党、党风廉政建设工作的监督检查，重大事项及时向主要负责人报告。定期听取分管单位全面从严治党工作汇报，加强督促指导和分析研判，帮助解决问题。

研究安排涉及"三重一大"等重要工作，同步制定并落实相应廉政风险防控措施。对分管部门、联系点税务局全面从严治党、党风廉政建设重要事项严格审核把关，督促分管部门、联系点税务局抓好内控机制建设。

督促指导分管部门、联系点税务局落实中央八项规定及其实施细则精神、加强基层党组织建设、推进党风廉政建设和反腐败工作。对落实全面从严治党责任不力的，及时约谈其主要负责人。

加强对分管部门、联系点税务局党员干部特别是负责人的教育、管理和监督，发现苗头性、倾向性问题，及时咬耳扯袖、红脸出汗，有针对性地采取防范预警措施。与分管范围的党员干部开展经常性谈心谈话，每年至少与分管单位负责人开展1次廉政谈话。

以普通党员身份参加所在党支部或党小组的组织生活会，过好双重组织生活，严肃认真开展批评和自我批评。每年至少为分管单位党员干部讲党课1次。每年至少深入基层党建联系点调研指导全面从严治党工作1次。

模范遵守党纪国法特别是严守党的政治纪律和政治规矩，自觉接受纪检机构、干部监督部门及干部群众的监督，带头树立良好作风。严格落实请示报告、个人有关事项报告等制度。发生婚丧喜庆事项，必须按照规定时限、程序、内容主动、如实报告，不得瞒报、漏报、虚假报告。

**【知识点4】税务系统相关职能部门的工作职责**

党建工作局（处、科、股）承担党建工作领导小组办公室职责，协助本级党委落实全面从严治党主体责任，督促下一级税务局党委、领导班子落实管党治党责任。

机关党委负责本级机关党建和党风廉政建设工作，组织开展机关意识形态、思想政治工作和精神文明建设、作风建设，领导机关工会、共青团、妇委会开展工作。

办公厅（室）负责协助党委领导班子和党委书记落实全面从严治党责任。协助组织安排履行全面从严治党主体责任的重要活动和重要会议，配合起草党组织履行主体责任情况相关报告，协调落实有关事项。将落实全面从严治党工作情况纳入督查督办。

人事部门负责协助党委落实选好用好管好干部责任。严明组织人事纪律，防范和纠正选人用人上的不正之风。抽查核实领导干部个人有关事项报告情况。严格审核领导干部因私出国（境）等事项。按规定受理处置反映选人用人等方面问题的信访举报。监督税务系统执行干部人事政策，加强巡视巡察成果运用，把巡视巡察成果作为干部考核评价、选拔任用的重要依据。加强对巡视巡察整改情况的日常监督，及时向党委提出调整不适宜担任现职领导干部的意见。

考核考评部门负责协助党委将党中央、国务院重大决策部署及上一级税务局党委重点工作安排纳入绩效考评，发挥绩效管理抓班子作用，推动各项任务落地见效。与党建部门协作配合，抓好对下一级税务局全面从严治党工作的绩效考评、综合分析和结果运用。探索运用"数字人事"加强党员干部日常教育监督管理，推动"数字人事"和党建工作有机融合、相互促进。

督察内审部门负责协助党委履行规范权力运行的责任。组织协调各业务主责部门建立健全内部控制运行机制，防范各类税收执法风险、行政管理风险以及由此带来的廉政风险。强化内部监督，认真组织实施税收执法督察、内部财务审计和领导干部经济责任审计。全面落实税收执法责任制。对涉及的一般性违规违纪的，可直接向党委提出追究建议；构成严重违纪违法的，按规定移交有关部门处理。

巡视巡察部门负责协助党委对下级党组织开展巡视巡察监督。制定并严格执行巡视巡察计划，协调巡视（巡察）组在巡视巡察结束后形成巡视巡察工作报告，组织巡视（巡察）组按规定向有关部门移交问题线索，加强对整改的统筹协调和督促检查。

教育部门负责协助党委加强理论教育和党性教育，及时将党建部门有关培训需求列入培训计划，确保中央有关规定执行到位，并配合有关部门做好课程开发、师资队伍建设、廉政基地建设等工作。举办党务干部、纪检干部培训班。理论教育和党性教育课程占各类培训班总课时的比例不低于规定要求。在培训中组织全面从严治党知识测试。

宣传部门负责协助党委宣传弘扬社会主义核心价值观和中华优秀传统文化，做大做强主流思想舆论，唱响主旋律，壮大正能量。加强涉税舆情、廉政舆情分析研判和处置管理，严格对网站、微博、微信、客户端等网络媒体审核把关，及时化解风险。

**【知识点5】党委纪检组和机关纪委的协助监督责任**

党委纪检组协助党委推进全面从严治党，承担监督检查、纪律审查、问责追究责任。机关纪委按照党章及有关党内法规赋予的职责开展工作，参照本章的有关规定履行监督责任。

1. 协助推进责任

向同级党组织汇报上级党组织和纪检机构有关全面从严治党、党风廉政建设和反腐败工作的部署和要求，提出具体贯彻落实意见。

建立向本级党委通报日常监督中发现的普遍性问题或突出问题，纪检组组长经常与本级党委书记就作风建设、廉政风险、问题线索等交换意见，每半年至少会同本级党委专题研究1次全面从严治党、党风廉政建设和反腐败工作等协调配合机制。

加强对下级党组织实施责任追究情况的监督检查，发现有应当追究而未追究或者责任追究处理决定不落实等问题的，应当及时督促下级党组织予以纠正。

加强纪检工作标准化、规范化建设，履行加强纪检机构自身建设主体责任，加强教育、监督、管理，严格规范线索处置、谈话函询、初步核实、立案审查、审理等工作，确保权力受到严格约束。

2. 监督检查责任

把监督作为基本职责、第一职责，维护党的章程和其他党内法规，检查党的路线、方针、政策和决议的执行情况；经常对党员进行遵守纪律的教育，作出关于维护党纪的决定；对党的组织和党员领导干部履行职责、行使权力进行监督。

严明党的政治纪律和政治规矩，坚决纠正和查处上有政策、下有对策，有令不行、有禁不止，口是心非、阳奉阴违，搞团团伙伙、拉帮结派，欺骗组织、对抗组织等行为，强化纪律约束，确保政令畅通。

监督党委及领导班子成员执行民主集中制、"三重一大"等重大事项决策、落实议事程序和工作规则等情况，制止和纠正违规决策行为。

监督中央八项规定及其实施细则精神和反对"四风"情况落实，根据上级要求开展专项整治活动，协助党委做好"月报告""零报告""双签字背书"、重大问题24小时内报告等制度。

紧盯"关键少数"，强化对党委及领导班子成员、部门（单位）主要负责人和下级领导班子"一把手"的监督，发现本级领导班子成员一般性违规违纪问题，应当及时向本人提出，重要问题向上一级纪检机构报告。对部门（单位）主要负责人和下级的监督中，要突出对管人管钱管物、权力集中、廉洁风险高或群众反映较多的部门（单位）"一把手"的监督。

强化对职能部门履行日常监管职责情况的监督，督促职能部门把风险点及时纳入内控系统，及时纠正和查处职能部门监管缺位、失职失责行为。

加强对选人用人情况的监督，重点监督是否坚持党管干部原则，是否坚持新时期好干部标准，是否坚持正确选人用人导向，特别是紧盯动议、民主推荐、考察考核等关键环节开展监督，坚决防止任人唯亲、封官许愿，搞亲亲疏疏、团团伙伙等问题。

对公职人员依法履职、秉公用权、廉洁从政从业以及道德操守等情况强化监督检查。

加强对巡视巡察整改情况的日常监督，持续深入推进巡视巡察发现问题的整改落实，切实提高巡视巡察整改质量。

3. 纪律审查责任

规范信访举报，对实名举报和违反中央八项规定及其实施细则精神、"四风"问题等信访举报优先办理。定期分析研判信访举报情况，对典型性、普遍性问题提出有针对性的处置意见，督促信访举报比较集中的单位（部门）查找分析原因并认真整改。

按照谈话函询、初步核实、暂存待查、予以了结四类方式，统一处置和管理问题线索。坚持问题线索集体排查制度，线索处置、谈话函询、初步核实、立案审查、案件审理、处置执行中的重要问题，应当集体研究。

依规依纪开展执纪审查，重点查处党的十八大以来不收敛、不收手，问题线索反映集中、群众反映强烈，政治问题和经济问题交织的腐败案件，以及违反中央八项规定及其实施细则精神的问题。准确运用监督执纪"四种形态"。

加大税收违法案件"一案双查"力度，结合打击偷逃骗税和虚开增值税发票案件，严肃查处税务人员与不法分子内外勾结、谋取私利的违纪违法问题，并倒查领导责任。

发挥查办案件的治本功能，按规定对重大腐败案件和违反中央八项规定及其实施细则精神的典型问题进行剖析通报，加强警示教育，提出加强管理、堵塞漏洞、完善制度的意见和建议。

4. 问责追究责任

对党的领导弱化、党的建设缺失、全面从严治党不力、维护党的纪律不力、推进党风廉政建设和反腐败工作不坚决不扎实，造成严重后果的，按照有关规定和干部管理权限，提出问责建议，履行问责程序，落实问责决定。

对违反中央八项规定及其实施细则精神的，严重违纪被立案审查开除党籍的，严重失职失责被问责的，以及发生在群众身边、影响恶劣的不正之风和腐败问题，按照有关规定和干部管理权限，点名道姓通报曝光。

执纪审查工作以上一级纪检机构领导为主，线索处置和执纪审查情况在向本级党委报告的同时向上级纪检机构报告。

省税务局纪检组每半年向国家税务总局党委、党风廉政建设领导小组书面报告1次履行监督责任情况；省以下税务局纪检组每半年向上一级税务局党委、纪检组书面报告1次履行监督责任情况。加强与地方纪委监委的密切联系，建立完善日常沟通协调机制，纪检组组长每半年要主动上门汇报1次工作。

## 三 税务系统纵合横通强党建机制制度体系

【知识点1】加强新形势下税务系统党的建设的总体要求与基本原则

1. 总体要求

以习近平新时代中国特色社会主义思想为指导，深入学习宣传贯彻党的二十大精神，全面落实新时代党的建设总要求，认真落实新时代党的组织路线，坚持党要管党、全面从严治党，以党的政治建设为统领全面推进税务系统党的各项建设，切实增强各级税务机关党组织的创造力、凝聚力、战斗力，充分调动广大税务党员干部的积极性、主动性、创造性，为高质量推进新时代税收现代化提供坚强政治保证。

2. 基本原则

坚持政治引领，加强党对税收工作的全面领导，确保税收事业始终沿着正确的方向前进；

坚持服务中心，努力实现党的建设与税收中心工作融合共进；

坚持以上率下，抓机关带系统，充分发挥领导机关和领导干部的示范作用；

坚持问题导向，着力解决党建工作中存在的突出问题，补齐短板弱项；

坚持改革创新，既继承和弘扬好的工作经验和做法，又把握时代脉搏，不断与时俱进、创新方式方法。

【知识点2】税务系统纵合横通强党建机制制度体系的具体内涵

纵合横通强党建机制制度体系，即"条主责、块双重，纵合力、横联通，齐心抓、党建兴"，在双重领导管理体制下，汇聚各方面力量，共抓税务系统党建工作，提高党建工作质量。

条主责：各级税务局党委要落实"条主责"要求，认真抓好本部门、本系统党的建设、全面从严治党工作。

块双重：各级税务局党委要按照"块双重"要求，认真落实地方党委对党建工作的部署要求，积极争取纪委监委、组织部、宣传部、统战部、机关工委等部门支持，做好税务系统党建工作。

纵合力：各级税务局党委要落实"纵合力"要求，层层传导压力、压实责任。每年组织开展1次"两个责任"落实情况专项检查，听取1次机关各单位和下级税务局党委主要负责同志履行主体责任情况汇报。深化落实"下抓两级、抓深一层"工作机制，国家税务总局、省税务局、市税务局党委委员分别选取一定数量的市税务局、县税务局、乡镇税务分局（所）作为基层党建联系点，每年实地调研指导党建工作至少1次，并给联系点党员干部上党课，共过组织生活。

横联通：各级税务局党委要落实"横联通"要求，凝聚党建工作合力，增强党建工作实效。成立党建工作领导小组，由党委书记任组长，相关党委委员任副组长，系统党建、机关党委、纪检、巡视巡察、办公室、督察内审、人事、考核考评、宣传教育等部门为成员单位。推动党建与党风廉政建设、机关党建与系统党建、党建与干部人事、党建与执法监督及内控、党建与干部教育培训、党建与绩效管理、党建与税收业务等实现"七个打通"，为顺利完成各项任务提供坚强组织保证。

## 四 税务总局党委关于党建工作的最新要求和工作部署

**【知识点1】加强县级税务局政治机关建设**

2023年5月，中共国家税务总局委员会印发《关于加强县级税务局政治机关建设的指导意见》，就加强县级税务局政治机关建设的5个方面16项主要任务进行明确。

1. 总体要求

（1）指导思想。以习近平新时代中国特色社会主义思想为指导，全面贯彻习近平总书记在中央和国家机关党的建设工作会议上的重要讲话精神，深刻领悟"两个确立"的决定性意义，增强"四个意识"、坚定"四个自信"、做到"两个维护"，以党章为根本遵循，以党的政治建设为统领，着力构建"总局主导、省局主责、市局主抓、县局主建"的工作格局，将县级税务局全面建设成为政治属性更加鲜明、政治信仰更加坚定、政治功能更加突出、政治生态更加清朗、政治本色更加彰显的政治机关，确保党中央、国务院决策部署在税务系统落地生根、取得实效。

（2）主要原则

①坚持以政治建设为统领。树牢县级税务局第一身份是政治机关、第一属性是政治属性、第一要求是旗帜鲜明讲政治的意识，把党的政治建设要求贯穿县级税务局政治机关建设全过程、各方面，不断提升各级税务局党组织和党员干部的政治判断力、政治领悟力、政治执行力。

②坚持围绕中心服务大局。把政治机关建设同贯彻落实党中央、国务院重大决策部署以及新时代税务职责使命紧密结合起来，认真践行以人民为中心的发展思想，立足县级税务局特点和实际，在更好服务地方经济社会高质量发展上冲在前、勇担当，

在更好服务广大纳税人缴费人上出实招、办实事、求实效。

③坚持抓实基层打牢基础。充分发挥"纵合横通强党建"机制制度体系优势和作用，强化以上率下，深化横向联合，增强条块协同，凝聚工作合力，推动基层党组织建设提质增效，标准化规范化水平进一步提高，政治功能和组织功能进一步增强，把税务系统基层建设夯得更加坚实，工作基础打得更加牢固。

④坚持务求实效增强活力。突出问题导向，聚焦主责主业，切实解决工作中存在的短板弱项和问题不足，着力增强县级税务局政治机关建设措施的针对性和实效性。坚持守正创新，鼓励各地积极探索，主动性作为、创造性落实。及时选树典型，抓两头促中间，促使基层活力更加迸发，干事创业氛围更加浓厚。

2. 主要任务

（1）践行"两个维护"，政治属性更加鲜明

①持续强化政治机关意识教育。把强化"税务机关首先是政治机关"意识作为县级税务局政治机关建设的重要任务，持续强化对党忠诚教育，每年组织重温习近平总书记"7·9"重要讲话精神，开展"树牢政治机关意识、做到对党绝对忠诚"专题研讨，党委书记围绕政治机关建设讲专题党课，教育引导党员干部时刻牢记"第一身份"是共产党员、"第一职责"是为党工作，做到政治过硬、绝对忠诚。

②严守政治纪律和政治规矩。严格执行《关于新形势下党内政治生活的若干准则》等党内法规，以及《关于加强新形势下税务系统党的建设的意见》《关于进一步加强和改进税务系统重大事项请示报告工作的通知》等制度文件，每年至少开展1次加强政治纪律和政治规矩专题学习教育，定期对分局（所）、股室推进党的政治建设特别是遵守党的政治纪律和政治规矩情况开展督促检查，教育引导基层税务干部强化自我约束，做到党中央提倡的坚决响应、党中央决定的坚决照办、党中央禁止的坚决杜绝。

③提高党员干部政治能力。始终聚焦"国之大者""税之要事"，每年开展分局（所）、股室负责人政治能力提升培训，将提高政治能力、锤炼政治品格、防范政治风险纳入全员教育培训重要内容，推动基层税务干部不断增强政治敏锐性和政治鉴别力，提高政治风险防范意识和应对能力，始终保持政治定力。

（2）筑牢思想根基，政治信仰更加坚定

①持续强化党的创新理论武装。科学谋划、精心组织学习贯彻习近平新时代中国特色社会主义思想主题教育，努力在以学铸魂、以学增智、以学正风、以学促干方面取得实实在在的成效。深化落实"四个第一"制度，依托"学习强国""学习兴税"平台，以及数字人事"两测"等方式，组织基层税务干部深入学习贯彻党的二十大精神，紧密结合习近平总书记关于税收工作的重要论述，深化运用"税收现代化服务中国式现代化"大讨论成果，切实将学习成果转化为税收现代化服务中国式现代化的具体实践。

②严格落实意识形态工作责任制。认真落实《党委（党组）意识形态工作责任制实施办法》《进一步规范税务人员网络行为指引》等制度办法，每半年至少专题研究1次意识形态工作，每年向上级党委书面报告1次意识形态工作。严格落实意识形态重大情况分析研判、应急处置和定期通报制度，扎实开展意识形态专题警示教育，持续规范党团活动室、职工书屋、税务内刊、工作微信群等阵地管理，坚决反对和抵制各种错误思潮和负面言论。

③做实做细思想政治工作。县级税务局党委每年至少专题研究1次思想政治工作、至少开展1次基层税务干部思想状况调查分析，做好重点领域、关键岗位人员的思想引导和心理疏导。党委书记经常、主动与基层税务干部谈心谈话，及时掌握干部思想状况。党委委员按照"一岗双责"要求，认真落实谈心谈话制度，与分管部门和联系单位党员干部经常开展谈心谈话。党支部书记要做到"六必谈"，即干部入职必谈、入党必谈、职务晋升或岗位调整必谈、离职退休必谈、受到处理处分必谈、遇家庭重大变故或特殊困难必谈，及时了解掌握基层税务干部思想、学习、工作、生活、身心健康状况等，有针对性地帮助解决实际困难。

（3）建强基层组织，政治功能更加突出

①持续推动条块协同。深化拓展和落实落细"纵合横通强党建"机制制度体系，县级税务局党委书记每半年至少向地方党委汇报1次党建工作，其他班子成员主动向地方党委相关部门报告分管范围内的重要工作，争取工作支持。办公室、人事、机关党委、党委纪检组等每半年至少要到地方党委对口工作部门走访汇报1次。加强与业务相近的地方部门联建共建，学习借鉴政治机关建设优秀经验。党委书记和党委班子成员要做到"四个一"：每年至少参加1次挂点联系的分局（所）、分管的股室党支部主题党日，参加1次组织生活会，讲1次专题党课，组织1次党员干部座谈，及时发现解决问题，总结推广经验。

②规范基层党组织设置。认真贯彻《中国共产党支部工作条例（试行）》以及《全国税务系统党建工作规范》《关于进一步增强税务系统基层党组织政治功能和组织功能更好发挥教育管理监督作用的若干措施》等，统筹落实地方党委及其工作部门要求，不断优化基层党组织设置。县级税务局党委要按规定设立机关党委、党总支、党支部；结合实际推动支部建在分局（所）、股室，以单独组建为主要方式设置党支部；正式党员不足3人的单位，不宜单独设置党支部的，应当按照业务相近、规模适当、便于管理的原则联合设置党支部。

③配齐配强党支部班子。坚持把守信念、讲奉献、有本领、重品行的党员推荐到支部班子，充分发挥"头雁效应"，示范带动全体党员干部充分发挥先锋模范作用，推进各项工作高质量开展。县级税务局党委要按要求配齐配强党支部班子特别是党支部书记、纪检委员，做实党支部书记、党支部委员和党小组组长党建工作述职评议，充

分发挥基层党组织战斗堡垒作用。

④形成教育管理监督合力。深化纪检监察体制改革，推动"综合监督一体集成"，落实《进一步加强税务系统党的基层组织日常监督实施办法》以及《加强对税务人员"八小时之外"监督指引》等制度办法，切实发挥党支部"管到人头"的优势。紧盯重点关键岗位干部，加强编外聘用人员全链条管理，有效防范化解风险。坚持从严从实加强青年干部教育管理监督，进一步做好思想状况分析、入职晋级交流廉政谈话、法治意识教育等。坚持"服管并重"理念，落实激励关怀，教育引导离退休干部讲政治、守规矩，自觉做到"退休不退志、退岗不退责、退位不褪色"。

(4) 厚植严的氛围，政治生态更加清朗

①压紧压实责任。认真贯彻落实《关于进一步推动税务系统全面从严治党压力层层传导厚植严的氛围的若干措施》等，推动党委书记、党委委员严于律己、严负其责、严管所辖，将全面从严、一严到底的压力传导到"最后一公里"。党委书记每年听取班子其他成员和分局（所）、股室负责人落实全面从严治党主体责任情况汇报，党委委员主动接受监督，自觉开展监督，常态化开展约谈提醒，对挂点联系的分局（所）、分管股室苗头性、倾向性问题抓早抓小，及时防范化解风险隐患。

②严格监督执纪。始终坚持严的主基调不动摇，对落实中央八项规定及其实施细则精神经常性开展廉洁提醒、监督检查，严肃查处违规收送礼品礼金、违规吃喝等违纪违法行为，坚决纠治酒驾醉驾、涉黄赌毒等非职务违法犯罪问题，一体推进"三不腐"。将"严查内错"工作机制拓展运用到出口退税、研发费用加计扣除、土地增值税管理、发票电子化等领域，严肃查处税务人员违纪违法行为。精准有效运用监督执纪"四种形态"，对基层税务干部发表不当言论、故意刁难纳税人缴费人等问题早发现、早提醒、早纠治。

③持续强化廉洁教育。深入推进家庭助廉系列活动，每年开展1次廉洁教育主题党日、寄送廉洁家书、廉洁家访或家属廉洁座谈活动。县级税务局每年至少召开1次警示教育大会，点名道姓通报典型案例，播放警示教育专题片，坚持以案促改、以案促治。党支部每季度至少开展1次警示教育，认真开展"纪检委员履责时间"，领学党规党纪、通报典型案例、开展警示教育，引导督促基层税务干部进一步树牢纪法意识、廉洁意识。

(5) 做好融合文章，政治本色更加彰显

①坚决贯彻落实上级部署要求。自觉提高政治站位，坚决扛牢主责主业，对标对表党中央决策部署和习近平总书记关于税收工作重要指示批示精神，研究制定发挥税收职能作用的具体举措。依法依规、稳妥有序做好组织收入工作，落实落细系列税费支持政策，完善落实优惠政策直达快享机制，持续加强税收监管，打通落实党中央、国务院决策部署的"最后一公里"。深入落实条线党建与业务融合工作指引，推动在

重大项目、攻坚一线建立临时党支部、党员先锋岗，有力有效地促进党建与业务深度融合。

②积极服务纳税人缴费人。持续开展"便民办税春风行动"，大兴调查研究，通过开展"'一把手'走流程""税务体验师"等活动，在不断改进办税缴费服务和持续优化税收营商环境等方面与党中央部署要求对标对表、补足短板。坚持问题导向，按照便利纳税人缴费人、集约化征管的要求，从高频事项入手，积极探索将部分基础管理事项前移至办税服务厅、实现一体化集中化办理，解决纳税人缴费人急难愁盼问题；持续推动精细服务提档升级，围绕关注特殊人群、助力小微企业、服务大型企业、支持区域发展，制定具体创新措施，优化网络服务，精简办理流程，实现县级税务局办税缴费多平台、多渠道、多方式；在税费服务一线通过佩戴党员徽章、设立党员先锋岗等方式，引导党员带头落实"首问责任制""一次性告知"等服务制度，做好税费服务表率，让纳税人缴费人感受到"党员在身边、服务零距离"。

③锻造全面过硬的基层干部队伍。坚持新时代好干部标准，始终把政治过硬摆在首位，运用好绩效管理和数字人事，认真做好干部选任工作。持续优化分局（所）、股室人员结构。完善干部梯次结构，加大青年干部教育培养，把优秀青年干部选任到分局（所）、股室负责人岗位。注重增强履职本领，通过技能竞赛、岗位练兵、业务比武等方式，组织开展条线场景化、实战化培训，不断提升基层税务干部执行政策、依法办事和服务群众能力。大力选树先进典型，提振基层干部队伍的精气神，引导基层税务干部崇法守纪、履职尽责，做到平常时候看得出来、关键时刻站得出来、危急关头豁得出来。

**【知识点2】2024年全国税务系统全面从严治党工作会议精神**

1. 2024年1月25日，全国税务系统全面从严治党工作会议在北京召开。会议以习近平新时代中国特色社会主义思想为指导，深刻把握和落实习近平总书记关于党的自我革命的重要思想，深入学习贯彻党的二十大和二十届中央纪委三次全会精神，总结2023年税务系统全面从严治党工作，部署2024年重点任务，为高质量推进中国式现代化税务实践提供坚强保障。

2. 全国税务系统要把思想和行动统一到习近平总书记重要讲话和全会精神上来，切实增强推进税务系统全面从严治党的政治自觉，时刻保持永远在路上的政治清醒，以全面从严、一严到底的政治定力，更加坚定地扛牢抓实全面从严治党的政治责任，以彻底的自我革命精神，持续发力、纵深推进税务系统全面从严治党不断取得新成效，引领保障税务工作更好服务党和国家事业发展大局。

3. 2024年税务系统全面从严治党工作要以习近平新时代中国特色社会主义思想为指导，深入学习贯彻习近平总书记关于党的自我革命的重要思想，全面落实党的二十大和二十届中央纪委三次全会精神，深刻领悟"两个确立"的决定性意义，增强"四个意识"、坚定"四个自信"、做到"两个维护"，持续发力、贯通联动建强政治机关，标本兼治、系统施治一体推进"三不腐"，锲而不舍、常态长效强化纪律作风建设，对标对表、守正创新健全税务系统全面从严治党体系，引领保障中国式现代化税务实践高质量推进。

4. 2024年税务系统全面从严治党工作部署：

（1）要巩固拓展主题教育成果，持之以恒学深悟透习近平新时代中国特色社会主义思想；

（2）要不断强化政治监督，持之以恒推动党中央决策部署落地见效；

（3）要坚持巩固深化提升，持之以恒推动税务系统党的建设高质量发展；

（4）要一体推进"三不腐"，持之以恒深化税务系统反腐败斗争；

（5）要扎实纠"四风"树新风，持之以恒强化税务系统纪律作风建设；

（6）要深入推进税务系统纪检监察体制改革，持之以恒推动一体化综合监督体系有效运转；

（7）要加强年轻干部教育管理监督，持之以恒推动税务青年建功新时代、奋进新征程；

（8）要加强党建和纪检干部队伍建设，持之以恒做到自身清、自身正、自身硬。

## >> 第二节
## 党员管理

### 一 发展党员工作

**【知识点1】发展党员工作的总体要求**

发展党员工作应当贯彻党的基本理论、基本路线、基本纲领、基本经验、基本要求，按照控制总量、优化结构、提高质量、发挥作用的总要求，坚持党章规定的党员标准，始终把政治标准放在首位；坚持慎重发展、均衡发展，有领导、有计划地进行；坚持入党自愿原则和个别吸收原则，成熟一个，发展一个。禁止突击发展，反对"关门主义"。

**【知识点2】入党积极分子的确定和培养教育**

1. 年满十八岁的中国工人、农民、军人、知识分子和其他社会阶层的先进分子，承认党的纲领和章程，愿意参加党的一个组织并在其中积极工作、执行党的决议和按期交纳党费的，可以申请加入中国共产党。入党申请人应当向工作、学习所在单位党组织提出入党申请，没有工作、学习单位或工作、学习单位未建立党组织的，应当向居住地党组织提出入党申请。流动人员还可以向单位所在地党组织或单位主管部门党组织提出入党申请，也可以向流动党员党组织提出入党申请。党组织收到入党申请书后，应当在1个月内派人同入党申请人谈话，了解基本情况。

2. 在入党申请人中确定入党积极分子，应当采取党员推荐、群团组织推优等方式产生人选，由支部委员会（不设支部委员会的由支部大会）研究决定，并报上级党委备案。

党组织应当指定一至两名正式党员作入党积极分子的培养联系人。培养联系人的主要任务是：向入党积极分子介绍党的基本知识；了解入党积极分子的政治觉悟、道德品质、现实表现和家庭情况等，做好培养教育工作，引导入党积极分子端正入党动机；及时向党支部汇报入党积极分子情况；向党支部提出能否将入党积极分子列为发展对象的意见。

3. 党组织应当采取吸收入党积极分子听党课、参加党内有关活动，给他们分配一定的社会工作以及集中培训等方法，对入党积极分子进行马克思列宁主义、毛泽东思想和中国特色社会主义理论体系、习近平新时代中国特色社会主义思想教育，党的路线、方针、政策和党的基本知识教育，党的历史和优良传统、作风教育以及社会主义核心价值观教育，使他们懂得党的性质、纲领、宗旨、组织原则和纪律，懂得党员的义务和权利，帮助他们端正入党动机，确立为共产主义事业奋斗终身的信念。

4. 党支部每半年对入党积极分子进行一次考察。基层党委每年对入党积极分子队伍状况作一次分析。针对存在的问题，采取改进措施。

**【知识点3】发展对象的确定和考察**

1. 对经过1年以上培养教育和考察、基本具备党员条件的入党积极分子，在听取党小组、培养联系人、党员和群众意见的基础上，支部委员会讨论同意并报上级党委备案后，可列为发展对象。

2. 发展对象应当有两名正式党员作入党介绍人。入党介绍人一般由培养联系人担任，也可由党组织指定。受留党察看处分、尚未恢复党员权利的党员，不能作入党介绍人。入党介绍人的主要任务是：向发展对象解释党的纲领、章程，说明党员的条件、义务和权利；认真了解发展对象的入党动机、政治觉悟、道德品质、工作经历、现实表现等情况，如实向党组织汇报；指导发展对象填写《中国共产党入党志愿书》，并认真填写自己的意见；向支部大会负责地介绍发展对象的情况；发展对象批准为预备党员后，继续对其进行教育帮助。

3. 党组织必须对发展对象进行政治审查。凡是未经政治审查或政治审查不合格的，不能发展入党。政治审查的主要内容是：对党的理论和路线、方针、政策的态度；政治历史和在重大政治斗争中的表现；遵纪守法和遵守社会公德情况；直系亲属和与本人关系密切的主要社会关系的政治情况。政治审查的基本方法是：同本人谈话、查阅有关档案材料、找有关单位和人员了解情况以及必要的函调或外调。在听取本人介绍和查阅有关材料后，情况清楚的可不函调或外调。对流动人员中的发展对象进行政治审查时，还应当征求其户籍所在地和居住地基层党组织的意见。政治审查必须严肃认真、实事求是，注重本人的一贯表现。审查情况应当形成结论性材料。

4. 基层党委或县级党委组织部门应当对发展对象进行短期集中培训。培训时间一般不少于3天（或不少于24个学时）。未经培训的，除个别特殊情况外，不能发展入党。

**【知识点4】预备党员的接收**

1. 接收预备党员应当严格按照党章规定的程序办理。

2. 支部委员会应当对发展对象进行严格审查，经集体讨论认为合格后，报具有审批权限的基层党委预审。

3. 基层党委对发展对象的条件、培养教育情况等进行审查，根据需要听取执纪执法等相关部门的意见。审查结果以书面形式通知党支部，并向审查合格的发展对象发放《中国共产党入党志愿书》。发展对象未来3个月内将离开工作、学习单位的，一般不办理接收预备党员的手续。

4. 经基层党委预审合格的发展对象，由支部委员会提交支部大会讨论。召开讨论接收预备党员的支部大会，有表决权的到会人数必须超过应到会有表决权人数的半数。

5. 支部大会讨论接收预备党员的主要程序是：①发展对象汇报对党的认识、入党动机、本人履历、家庭和主要社会关系情况，以及需向党组织说明的问题；②入党介绍人介绍发展对象有关情况，并对其能否入党表明意见；③支部委员会报告对发展对象的审查情况；④与会党员对发展对象能否入党进行充分讨论，并采取无记名投票方式进行表决。赞成人数超过应到会有表决权的正式党员的半数，才能通过接收预备党员的决议。因故不能到会的有表决权的正式党员，在支部大会召开前正式向党支部提出书面意见的，应当统计在票数内。支部大会讨论两个以上的发展对象入党时，必须逐个讨论和表决。

6. 党支部应当及时将支部大会决议写入《中国共产党入党志愿书》，连同本人入党申请书、政治审查材料、培养教育考察材料等，一并报上级党委审批。支部大会决议主要包括：发展对象的主要表现；应到会和实际到会有表决权的党员人数；表决结果；通过决议的日期；支部书记签名。

7. 预备党员必须由党委（工委）审批。乡镇（街道）党委所属的基层党委不能审批预备党员，但应当对支部大会通过接收的预备党员进行审议。党总支不能审批预备党员，但应当对支部大会通过接收的预备党员进行审议。除另有规定外，临时党组织不能接收、审批预备党员。党组不能审批预备党员。

8. 党委审批前，应当指派党委委员或组织员同发展对象谈话，作进一步的了解，并帮助发展对象提高对党的认识。谈话人应当将谈话情况和自己对发展对象能否入党的意见，如实填写在《中国共产党入党志愿书》上，并向党委汇报。

9. 党委审批预备党员，必须集体讨论和表决。党委主要审议发展对象是否具备党员条件、入党手续是否完备。发展对象符合党员条件、入党手续完备的，批准其为预备党员。党委审批意见写入《中国共产党入党志愿书》，注明预备期的起止时间，并通知报批的党支部。党支部应当及时通知本人并在党员大会上宣布。对未被批准入党的，应当通知党支部和本人，做好思想工作。党委会审批两个以上的发展对象入党时，应当逐个审议和表决。党委对党支部上报的接收预备党员的决议，应当在3个月内审批，并报上级党委组织部门备案。如遇特殊情况可适当延长审批时间，但不得超过6个月。

10. 在特殊情况下，党的中央和省、自治区、直辖市委员会可以直接接收党员。对在中国特色社会主义事业中为党和人民利益英勇献身，事迹突出，在一定范围内有较大影响，生前一贯表现良好并曾向党组织提出过入党要求的人员，可以追认为党员。追认党员必须严格掌握，由所在单位党组织讨论决定后，经上级党委审查，报省一级党委批准。

### 【知识点5】预备党员的教育、考察和转正

1. 预备党员必须面向党旗进行入党宣誓。入党宣誓仪式，一般由基层党委或党支部（党总支）组织进行。

2. 党组织应当及时将上级党委批准的预备党员编入党支部和党小组，对预备党员继续进行教育和考察。党组织应当通过党的组织生活、听取本人汇报、个别谈心、集中培训、实践锻炼等方式，对预备党员进行教育和考察。

3. 预备党员的预备期为1年。预备期从支部大会通过其为预备党员之日算起。预备党员预备期满，党支部应当及时讨论其能否转为正式党员。认真履行党员义务、具备党员条件的，应当按期转为正式党员；需要继续考察和教育的，可以延长一次预备期，延长时间不能少于半年，最长不超过1年；不履行党员义务、不具备党员条件的，应当取消其预备党员资格。预备党员违犯党纪，情节较轻，尚可保留预备党员资格的，应当对其进行批评教育或延长预备期；情节较重的，应当取消其预备党员资格。预备党员转为正式党员、延长预备期或取消预备党员资格，应当经支部大会讨论通过和上级党组织批准。

4. 预备党员转正的手续是：本人向党支部提出书面转正申请；党小组提出意见；党支部征求党员和群众的意见；支部委员会审查；支部大会讨论、表决通过；报上级党委审批。讨论预备党员转正的支部大会，对到会人数、赞成人数等要求与讨论接收预备党员的支部大会相同。党委对党支部上报的预备党员转正的决议，应当在3个月内审批。审批结果应当及时通知党支部。党支部书记应当同本人谈话，并将审批结果在党员大会上宣布。

5. 党员的党龄，从预备期满转为正式党员之日算起。

6. 预备期未满的预备党员工作、学习所在单位（居住地）发生变动，应当及时报告原所在党组织。原所在党组织应当及时将对其培养教育和考察的情况，认真负责地介绍给接收预备党员的党组织。党组织应当对转入的预备党员的入党材料进行严格审查，对无法认定的预备党员，报县级以上党委组织部门批准，不予承认。基层党组织对转入的预备党员，在其预备期满时，如认为有必要，可推迟讨论其转正问题，推迟时间不超过6个月。转为正式党员的，其转正时间自预备期满之日算起。

## 二 党员日常管理

**【知识点1】党员教育管理**

1. 党员教育管理是党的建设基础性、经常性工作。党组织应当加强党员教育管理，引导党员坚定共产主义远大理想和中国特色社会主义共同理想，深刻领悟"两个确立"的决定性意义，增强"四个意识"、坚定"四个自信"、做到"两个维护"，增强党性，提高素质，认真履行义务，正确行使权利，充分发挥先锋模范作用。

2. 党员教育管理工作以马克思列宁主义、毛泽东思想、邓小平理论、"三个代表"重要思想、科学发展观、习近平新时代中国特色社会主义思想为指导，落实新时代党的建设总要求和新时代党的组织路线，坚持教育、管理、监督、服务相结合，推进"两学一做"学习教育常态化制度化，不断增强党员教育管理针对性和有效性，努力建设政治合格、执行纪律合格、品德合格、发挥作用合格的党员队伍。

3. 党员教育管理工作遵循的原则：

（1）坚持党要管党、全面从严治党，将严的要求落实到党员教育管理工作全过程和各方面，党员领导干部带头接受教育管理。

（2）坚持以党的政治建设为统领，突出党性教育和政治理论教育，引导党员遵守党章党规党纪，不忘初心、牢记使命。

（3）坚持围绕中心、服务大局，注重党员教育管理质量和实效，保证党的理论和路线方针政策、党中央决策部署贯彻落实。

（4）坚持从实际出发，加强分类指导，尊重党员主体地位，充分发挥党支部直接教育、管理、监督党员作用。

4. 党员教育基本任务：

（1）加强政治理论教育，突出党的创新理论学习，组织党员学习党的基本理论、基本路线、基本方略，学习马克思主义基本原理和党的基本知识，引导党员坚定理想信念，增强党性修养，努力掌握并自觉运用马克思主义立场观点方法。

（2）突出政治教育和政治训练，严格党内政治生活锻炼，教育党员旗帜鲜明讲政治，提高政治觉悟和政治能力，严守政治纪律和政治规矩，永葆共产党人政治本色，做到"四个服从"，在思想上政治上行动上同以习近平同志为核心的党中央保持高度一致。

（3）强化党章党规党纪教育，引导党员牢记入党誓词，坚持合格党员标准，自觉遵守党的纪律，带头践行社会主义核心价值观，培养高尚道德情操，培育良好思想作风、学风、工作作风、生活作风和家风。加强宪法法律法规教育，引导党员尊法学法守法用法。

（4）加强党的宗旨教育，引导党员践行全心全意为人民服务的根本宗旨，贯彻党的群众路线，提高群众工作本领，密切联系服务群众。

（5）进行革命传统教育，引导党员学习党史、新中国史、改革开放史、社会主义发展史和中华民族发展史，铭记党的奋斗历程，弘扬党的优良传统，传承红色基因，践行共产党人价值观，激发爱国主义热情。

（6）开展形势政策教育，围绕贯彻执行党和国家重大决策、推进落实重大任务，宣讲党的路线方针政策，解读世情国情党情，回应党员关注的问题，引导党员正确认识形势，把思想和行动统一到党中央要求上来。

（7）注重知识技能教育，根据党员岗位职责要求和工作需要，组织引导党员学习掌握业务知识、科技知识、实用技术等，帮助党员提高综合素质和履职能力，增强服务本领。

5. 党员日常教育主要方式。

党支部应当运用"三会一课"制度，对党员进行经常性的教育管理。党员应当按期参加党员大会、党小组会和上党课，进行学习交流，汇报思想、工作等情况。

党员领导干部应当参加双重组织生活，既要参加所在单位党支部、党小组的组织生活会，又要参加党员领导干部民主生活会。

税务系统各党支部每月相对固定1天开展主题党日，原则上安排在每月最后一周。主题党日要围绕武装思想、增强党性、提高素质和发挥作用明确主题、开展活动，着力增强党内政治生活的政治性、时代性、原则性、战斗性，坚决杜绝表面化、形式化、娱乐化、庸俗化。主题党日主要围绕重温入党誓词、集体诵读党章、集中交纳党费、组织集中学习、开展组织生活、开展民主议事和民主监督、开展特色活动、安排警示教育等内容开展。各级税务局党委班子成员每年至少实地参加1次基层党建联系点党支部主题党日。

市、县党委或者基层党委每年应当组织党员集中轮训，主要依托县级党校（行政学校）、基层党校等进行。根据事业发展和党的建设重点任务，结合本地区本部门本单位中心工作和党员实际，确定培训内容和方式。党员每年集中学习培训时间一般不少于32学时。

党组织应当按照党中央部署要求，组织党员认真参加党内集中学习教育，引导党员围绕学习教育主题，深入学习党的创新理论，查找解决自身存在的突出问题。省级党委、行业系统党组织可以根据党员思想状况和党的建设需要，适时开展专题学习教育。

党组织应当充分发挥党员的先锋模范作用，结合不同群体党员实际，通过树立、学习身边的榜样，设立党员示范岗、党员责任区，开展设岗定责、承诺践诺等，引导党员做好本职工作，干在实处、走在前列，创先争优，在联系服务群众、完成重大任务中勇于担当作为，做到平常时候看得出来、关键时刻站得出来、危急关头豁得出来。

鼓励和引导党员参与志愿服务。党员应当积极参加党组织开展的志愿服务活动，也可以自行开展志愿服务活动。

党组织应当坚持从严教育管理和热情关心爱护相统一，从政治、思想、工作、生活上激励关怀帮扶党员。

针对老党员的身体、居住和家庭等实际情况，采取灵活方式，进行教育管理服务，组织他们参加党的组织生活，发挥力所能及的作用。对年老体弱、行动不便、身患重病甚至失能的党员，组织活动和开展学习教育不作硬性要求，党组织通过送学上门、走访慰问等方式，给予更多关心照顾。

【知识点2】不合格党员的认定和处置

对认定为不合格的党员，党组织要根据其表现和态度进行组织处置。组织处置方式分为限期改正、劝退、除名。

1. 限期改正

对缺乏革命意志，不履行党员义务，不符合党员条件，但本人能够正确认识错误、愿意接受教育管理并且决心改正的党员，党组织应当作出限期改正处置，限期改正时间不超过1年。对给予限期改正处置的党员应当采取帮助教育措施。

2. 劝退

党员缺乏革命意志，不履行党员义务，不符合党员条件，党支部应当对他进行教育，要求他限期改正；经教育仍无转变的，应当劝他退党。劝党员退党，应当经支部大会讨论决定，并报上级党组织批准。如被劝告退党的党员坚持不退，应当提交支部大会讨论，决定把他除名，并报上级党组织批准。

3. 除名

党员具有下列情形之一的，按照规定程序给予除名处置：①理想信念缺失，政治立场动摇，已经丧失党员条件的，予以除名；②信仰宗教，经党组织帮助教育仍没有转变的，劝其退党，劝而不退的予以除名；③因思想蜕化提出退党，经教育后仍然坚持退党的，予以除名；④为了达到个人目的以退党相要挟，经教育不改的，劝其退党，劝而不退的予以除名；⑤限期改正期满后仍无转变的，劝其退党，劝而不退的予以除名；⑥没有正当理由，连续6个月不参加党的组织生活，或者不交纳党费，或者不做党所分配的工作，按照自行脱党予以除名。

《中国共产党章程》规定："党员如果没有正当理由，连续6个月不参加党的组织生活，或不交纳党费，或不做党所分配的工作，就被认为是自行脱党。"

## 三 党籍管理和党员组织关系

### 【知识点1】党籍管理

经党支部党员大会通过、基层党委审批接收的预备党员，自通过之日起，即取得党籍。

对因私出国并在国外长期定居的党员，出国学习研究超过5年仍未返回的党员，一般予以停止党籍。停止党籍的决定由保留其组织关系的党组织按照有关规定作出。

对与党组织失去联系6个月以上、通过各种方式查找仍然没有取得联系的党员，予以停止党籍。停止党籍的决定由所在党支部或者上级党组织按照有关规定作出。停止党籍2年后确实无法取得联系的，按照自行脱党予以除名。

对停止党籍的党员，符合条件的，可以按照规定程序恢复党籍。对劝其退党、劝而不退除名、自行脱党除名、退党除名、开除党籍的，原则上不能恢复党籍，符合条件的可以重新入党。

党员工作单位、经常居住地发生变动的，或者外出学习、工作、生活6个月以上并且地点相对固定的，应当转移组织关系。具有审批预备党员权限的基层党委，可以在全国范围直接相互转移和接收党员组织关系。党组织接收党员组织关系时，如有必要，可以采取适当方式核查党员档案。对组织关系转出但尚未被接收的党员，原所在党组织仍然负有管理责任。党组织不得无故拒转拒接党员组织关系。

### 【知识点2】党员组织关系

1. 党员组织关系，是指党员对党的基层组织的隶属关系。每个党员都必须编入党的一个支部、小组或者其他特定组织。有固定工作单位并且单位已经建立党组织的党员，一般编入其所在单位党组织。没有固定工作单位，或者单位未建立党组织的党员，一般编入其经常居住地或者公共就业和人才服务机构、园区、楼宇等党组织。

2. 党员工作单位、经常居住地发生变动的，或者外出学习、工作、生活6个月以上并且地点相对固定的，应当转移组织关系。具有审批预备党员权限的基层党委，可以在全国范围直接相互转移和接收党员组织关系。党组织接收党员组织关系时，如有必要，可以采取适当方式查核党员档案。对组织关系转出但尚未被接收的党员，原所在党组织仍然负有管理责任。党组织不得无故拒转拒接党员组织关系。

3. 基层党组织应当加强流动党员管理，对外出6个月以上并且没有转移组织关系的流动党员，应当保持经常联系，跟进做好教育培训、管理服务等工作。在流动党员相对集中的地方，流出地党组织可以依托园区、商会、行业协会、驻外地办事机构等成立流动党员党组织。流入地党组织应当协助做好流动党员日常管理。按照组织关系一方隶属、参加多重组织生活的方式，组织流动党员就近就便参加组织生活。乡镇、街道、村、社区、园区等党群服务中心应当向流动党员开放。流动党员可以在流入地党组织或者流动党员党组织参加民主评议。对具备转移组织关系条件的流动党员，流出地和流入地党组织应当衔接做好转接工作。

4. 对出国（境）学习研究党员，由原就读高校或者工作单位党组织保留其组织关系，每半年至少与其联系1次。出国（境）学习研究党员返回后按照规定恢复组织生活。

## 第三节　党组织管理

### 一　党组织及其职责

【知识点1】党的中央组织

1. 党的全国代表大会每5年举行一次，由中央委员会召集。中央委员会认为有必要，或者有1/3以上的省一级组织提出要求，全国代表大会可以提前举行；如无非常情况，不得延期举行。

2. 党的全国代表大会的职权是：

（1）听取和审查中央委员会的报告；

（2）审查中央纪律检查委员会的报告；

(3) 讨论并决定党的重大问题；
(4) 修改党的章程；
(5) 选举中央委员会；
(6) 选举中央纪律检查委员会。

3. 党的全国代表会议的职权是：讨论和决定重大问题；调整和增选中央委员会、中央纪律检查委员会的部分成员。调整和增选中央委员及候补中央委员的数额，不得超过党的全国代表大会选出的中央委员及候补中央委员各自总数的1/5。

4. 党的中央委员会每届任期5年。中央委员会全体会议由中央政治局召集，每年至少举行一次。中央政治局向中央委员会全体会议报告工作，接受监督。在全国代表大会闭会期间，中央委员会执行全国代表大会的决议，领导党的全部工作，对外代表中国共产党。

5. 党的中央政治局、中央政治局常务委员会和中央委员会总书记，由中央委员会全体会议选举。中央委员会总书记必须从中央政治局常务委员会委员中产生。中央政治局及其常务委员会在中央委员会全体会议闭会期间，行使中央委员会职权。

【知识点2】党的地方组织

1. 党的省、自治区、直辖市的代表大会，设区的市和自治州的代表大会，县（旗）、自治县、不设区的市和市辖区的代表大会，每5年举行一次。

2. 党的地方各级代表大会的职权是：
(1) 听取和审查同级委员会的报告；
(2) 审查同级纪律检查委员会的报告；
(3) 讨论本地区范围内的重大问题并作出决议；
(4) 选举同级党的委员会，选举同级党的纪律检查委员会。

3. 党的省、自治区、直辖市、设区的市和自治州的委员会，每届任期5年。这些委员会的委员和候补委员必须有5年以上的党龄。党的县（旗）、自治县、不设区的市和市辖区的委员会，每届任期5年。这些委员会的委员和候补委员必须有3年以上的党龄。

4. 党的地方各级委员会全体会议，每年至少召开两次。党的地方各级委员会在代表大会闭会期间，执行上级党组织的指示和同级党代表大会的决议，领导本地方的工作，定期向上级党的委员会报告工作。

5. 党的地方各级委员会全体会议，选举常务委员会和书记、副书记，并报上级党的委员会批准。党的地方各级委员会的常务委员会，在委员会全体会议闭会期间，行使委员会职权；在下届代表大会开会期间，继续主持经常工作，直到新的常务委员会产生为止。

【知识点3】党的基层组织

1. 企业、农村、机关、学校、科研院所、街道社区、社会组织、人民解放军连队和其他基层单位，凡是有正式党员3人以上的，都应当成立党的基层组织。

2. 党的基层组织，根据工作需要和党员人数，经上级党组织批准，分别设立党的基层委员会、总支部委员会、支部委员会。基层委员会由党员大会或代表大会选举产生，总支部委员会和支部委员会由党员大会选举产生，提出委员候选人要广泛征求党员和群众的意见。

3. 党的基层委员会、总支部委员会、支部委员会每届任期3～5年。基层委员会、总支部委员会、支部委员会的书记、副书记选举产生后，应报上级党组织批准。

4. 党的基层组织是党在社会基层组织中的战斗堡垒，是党的全部工作和战斗力的基础。党的基层组织的基本任务是：

（1）宣传和执行党的路线、方针、政策，宣传和执行党中央、上级组织和本组织的决议，充分发挥党员的先锋模范作用，积极创先争优，团结、组织党内外的干部和群众，努力完成本单位所担负的任务。

（2）组织党员认真学习马克思列宁主义、毛泽东思想、邓小平理论、"三个代表"重要思想、科学发展观、习近平新时代中国特色社会主义思想，推进"两学一做"学习教育常态化制度化，学习党的路线、方针、政策和决议，学习党的基本知识，学习科学、文化、法律和业务知识。

（3）对党员进行教育、管理、监督和服务，提高党员素质，坚定理想信念，增强党性，严格党的组织生活，开展批评和自我批评，维护和执行党的纪律，监督党员切实履行义务，保障党员的权利不受侵犯。加强和改进流动党员管理。

（4）密切联系群众，经常了解群众对党员、党的工作的批评和意见，维护群众的正当权利和利益，做好群众的思想政治工作。

（5）充分发挥党员和群众的积极性创造性，发现、培养和推荐他们中间的优秀人才，鼓励和支持他们在改革开放和社会主义现代化建设中贡献自己的聪明才智。

（6）对要求入党的积极分子进行教育和培养，做好经常性的发展党员工作，重视在生产、工作第一线和青年中发展党员。

（7）监督党员干部和其他任何工作人员严格遵守国家法律法规，严格遵守国家的财政经济法规和人事制度，不得侵占国家、集体和群众的利益。

（8）教育党员和群众自觉抵制不良倾向，坚决同各种违纪违法行为作斗争。

5. 实行行政领导人负责制的事业单位中党的基层组织，发挥战斗堡垒作用。实行党委领导下的行政领导人负责制的事业单位中党的基层组织，对重大问题进行讨论和作出决定，同时保证行政领导人充分行使自己的职权。各级党和国家机关中党的基层组织，协助行政负责人完成任务，改进工作，对包括行政负责人在内的每个党员进行教育、管理、监督，不领导本单位的业务工作。

6. 党支部是党的基础组织，担负直接教育党员、管理党员、监督党员和组织群众、宣传群众、凝聚群众、服务群众的职责。

**【知识点4】税务系统基层党组织的政治功能和组织功能**

1. 税务系统基层党组织的"第一要事"是贯彻落实习近平总书记关于税收工作的重要论述和重要指示批示精神。

2. 要进一步强化政治机关意识教育，教育引导党员干部牢记税务机关第一身份是政治机关、第一属性是政治属性、第一要求是旗帜鲜明讲政治，不断提高政治判断力、政治领悟力、政治执行力。

3. 政治机关建设"五个更加"：政治属性更加鲜明、政治信仰更加坚定、政治功能更加突出、政治生态更加清朗、政治本色更加彰显。

4. 党员人数较多的内设部门和税务分局（所）以单独组建为主要方式设置党支部。县级税务局内设股（室）正式党员较少，不宜单独设置党支部的，应当按照业务相近、规模适当、便于管理的原则成立联合党支部，联合股（室）数量一般在3个以内，特殊情况不超过5个。

5. 执行专项任务临时组建的工作组织，存续时间一般在1周以上、6个月以内，有3人以上正式党员的，原则上应当设立临时党组织。

6. 党支部书记一般由本部门（单位）党员主要负责人担任；纪检委员一般由部门副职党员干部担任，多个部门（单位）组成的党支部纪检委员一般由部门党员主要负责人担任；设立党小组的，党小组组长一般由党小组所在处（科、股、室）党员主要负责人担任。

7. 党支部书记"三必知"：党员干部基本情况必知、党员干部思想状况必知、党员干部家庭现况必知。

8. 党支部书记"四必管"：党员干部思想不纯发表错误言论必管、作风不实故意刁难服务管理对象必管、交往不正嗜酒纵酒必管、行为不当违背社会公序良俗必管。

9. 党支部书记"五必报"：发现党员干部非职务违法犯罪、违规吃喝、违规收受礼品礼金、违规经商办企业和其他违纪违法行为必须向上级党组织和纪检机构报告。

10. 党支部书记"六必谈"：干部入职必谈、入党必谈、职务职级晋升或岗位调整必谈、离职退休必谈、受处理处分必谈、遇家庭重大变故或特殊困难必谈，党支部书记每年与每名干部谈心谈话不少于1次。

11. 纪检委员"四种作用"：发挥示范带头作用，自觉做到以身作则、做好表率；发挥纪律教育作用，落实组织生活"纪检委员履责时间"要求，有计划、有针对性地开展警示教育；发挥监督保障作用，紧盯税收征管、税务稽查、信息化建设等税收重点领域和关键环节以及党员干部个人社会交往、婚姻家庭、重大事项等情况，及时发现苗头性、倾向性问题；发挥关心关爱作用，坚持惩前毖后、治病救人的方针，有效运用监督执纪"第一种形态"，做到潜在问题早发现、露头问题早提醒、发现问题早处理，在抓早抓小、防微杜渐中体现严管厚爱。

12. 纪检委员"三项报告"：发现党员干部存在违规违纪违法行为的及时向党支部书记和机关纪委报告、发现党支部书记存在违规违纪违法行为的及时向机关纪委报告、每半年向机关纪委报告履责情况。

13. 党小组组长"两知道一报告"：党员干部思想发生重大波动要知道、家庭发生重大变故要知道，出现苗头性、倾向性问题及时向党支部书记、纪检委员报告。

14. 税务局党委书记"四个一"：每年至少到联系点调研指导1次、同联系点所在地党委及其部门沟通协调1次、与联系点共过1次组织生活、参加1次联系点党员干部座谈会。

## 二、党内监督

党内监督的任务是确保党章党规党纪在全党有效执行，维护党的团结统一，重点解决党的领导弱化、党的建设缺失、全面从严治党不力，党的观念淡漠、组织涣散、纪律松弛，管党治党宽松软问题，保证党的组织充分履行职能、发挥核心作用，保证全体党员发挥先锋模范作用，保证党的领导干部忠诚干净担当。党内监督的重点对象是党的领导机关和领导干部特别是主要领导干部。

【知识点1】党内监督的主要内容

1. 遵守党章党规，坚定理想信念，践行党的宗旨，模范遵守宪法法律情况。

2. 维护党中央集中统一领导，牢固树立政治意识、大局意识、核心意识、看齐意识，贯彻落实党的理论和路线方针政策，确保全党令行禁止情况。

3. 坚持民主集中制，严肃党内政治生活，贯彻党员个人服从党的组织，少数服从多数，下级组织服从上级组织，全党各个组织和全体党员服从党的全国代表大会和中央委员会原则情况。

4. 落实全面从严治党责任，严明党的纪律特别是政治纪律和政治规矩，推进党风廉政建设和反腐败工作情况。

5. 落实中央八项规定精神，加强作风建设，密切联系群众，巩固党的执政基础情况。

6. 坚持党的干部标准，树立正确选人用人导向，执行干部选拔任用工作规定情况。

7. 廉洁自律、秉公用权情况。

8. 完成党中央和上级党组织部署的任务情况。

## 【知识点2】党内监督的主要方式

1. 党的中央组织的监督

党的中央委员会、中央政治局、中央政治局常务委员会全面领导党内监督工作。中央委员会全体会议每年听取中央政治局工作报告，监督中央政治局工作，部署加强党内监督的重大任务。

2. 党委（党组）的监督

党委（党组）在党内监督中负主体责任，书记是第一责任人，党委常委会委员（党组成员）和党委委员在职责范围内履行监督职责。党委（党组）履行以下监督职责：

（1）领导本地区本部门本单位党内监督工作，组织实施各项监督制度，抓好督促检查。

（2）加强对同级纪委和所辖范围内纪律检查工作的领导，检查其监督执纪问责工作情况。

（3）对党委常委会委员（党组成员）、党委委员，同级纪委、党的工作部门和直接领导的党组织领导班子及其成员进行监督。

（4）对上级党委、纪委工作提出意见和建议，开展监督。

3. 党的纪律检查委员会的监督

党的各级纪律检查委员会是党内监督的专责机关，履行监督执纪问责职责，加强对所辖范围内党组织和领导干部遵守党章党规党纪、贯彻执行党的路线方针政策情况的监督检查，承担下列具体任务：

（1）加强对同级党委特别是常委会委员、党的工作部门和直接领导的党组织、党的领导干部履行职责、行使权力情况的监督。

（2）落实纪律检查工作双重领导体制，执纪审查工作以上级纪委领导为主，线索处置和执纪审查情况在向同级党委报告的同时向上级纪委报告，各级纪委书记、副书记的提名和考察以上级纪委会同组织部门为主。

（3）强化上级纪委对下级纪委的领导，纪委发现同级党委主要领导干部的问题，可以直接向上级纪委报告；下级纪委至少每半年向上级纪委报告1次工作，每年向上级纪委进行述职。

4. 党的基层组织和党员的监督

党的基层组织应当发挥战斗堡垒作用，履行下列监督职责：

（1）严格党的组织生活，开展批评和自我批评，监督党员切实履行义务，保障党员权利不受侵犯。

（2）了解党员、群众对党的工作和党的领导干部的批评和意见，定期向上级党组织反映情况，提出意见和建议。

（3）维护和执行党的纪律，发现党员、干部违反纪律问题及时教育或者处理，问题严重的应当向上级党组织报告。

党员应当本着对党和人民事业高度负责的态度，积极行使党员权利，履行下列监督义务：

（1）加强对党的领导干部的民主监督，及时向党组织反映群众意见和诉求。

（2）在党的会议上有根据地批评党的任何组织和任何党员，揭露和纠正工作中存在的缺点和问题。

（3）参加党组织开展的评议领导干部活动，勇于触及矛盾问题、指出缺点错误，对错误言行敢于较真、敢于斗争。

（4）向党负责地揭发、检举党的任何组织和任何党员违纪违法的事实，坚决反对一切派别活动和小集团活动，同腐败现象作坚决斗争。

5. 党内监督和外部监督相结合

各级党委应当支持和保证同级人大、政府、监察机关、司法机关等对国家机关及公职人员依法进行监督，人民政协依章程进行民主监督，审计机关依法进行审计监督。有关国家机关发现党的领导干部违反党规党纪、需要党组织处理的，应当及时向有关党组织报告。审计机关发现党的领导干部涉嫌违纪的问题线索，应当向同级党组织报告，必要时向上级党组织报告，并按照规定将问题线索移送相关纪律检查机关处理。

在纪律审查中发现党的领导干部严重违纪涉嫌违法犯罪的，应当先作出党纪处分决定，再移送行政机关、司法机关处理。执法机关和司法机关依法立案查处涉及党的领导干部案件，应当向同级党委、纪委通报；该干部所在党组织应当根据有关规定，中止其相关党员权利；依法受到刑事责任追究，或者虽不构成犯罪但涉嫌违纪的，应当移送纪委依纪处理。

中国共产党同各民主党派长期共存、互相监督、肝胆相照、荣辱与共。各级党组织应当支持民主党派履行监督职能，重视民主党派和无党派人士提出的意见、批评、建议，完善知情、沟通、反馈、落实等机制。

### 三 党的组织生活

每个党员，不论职务高低，都必须编入党的一个支部、小组或其他特定组织，参加党的组织生活，接受党内外群众的监督。党员领导干部应当带头参加所在党支部或者党小组组织生活，还必须参加党委、党组的民主生活会。不允许有任何不参加党的组织生活、不接受党内外群众监督的特殊党员。党支部应当严格执行党的组织生活制度，经常、认真、严肃地开展批评和自我批评，增强党内政治生活的政治性、时代性、原则性、战斗性。

### 【知识点1】"三会一课"

党支部应当组织党员按期参加党员大会、党小组会和上党课，定期召开党支部委员会会议，对党员进行经常性的教育管理。"三会一课"应当突出政治学习和教育，突出党性锻炼，以"两学一做"为主要内容，结合党员思想和工作实际，确定主题和具体方式，做到形式多样、氛围庄重。

1. 党支部党员大会。党支部党员大会是党支部的议事决策机构，由全体党员参加，一般每季度召开1次。党支部党员大会的职权是：听取和审查党支部委员会的工作报告；按照规定开展党支部选举工作，推荐出席上级党代表大会的代表候选人，选举出席上级党代表大会的代表；讨论和表决接收预备党员和预备党员转正、延长预备期或者取消预备党员资格；讨论决定对党员的表彰表扬、组织处置和纪律处分；决定其他重要事项。

党支部党员大会议题提交表决前，应当经过充分讨论。表决必须有半数以上有表决权的党员到会方可进行，赞成人数超过应到会有表决权的党员的半数为通过。由党支部书记召集并主持。书记不能参加会议的，可以委托副书记或者委员召集并主持。

2. 党支部委员会会议。党支部委员会是党支部日常工作的领导机构。党支部委员会会议一般每月召开1次，根据需要可以随时召开，对党支部重要工作进行讨论、作出决定等。党支部委员会会议须有半数以上委员到会方可进行。重要事项提交党员大会决定前，一般应当经党支部委员会会议讨论。党支部委员会会议由党支部书记召集并主持。书记不能参加会议的，可以委托副书记或者委员召集并主持。

3. 党小组会。党员人数较多或者党员工作地、居住地比较分散的党支部，按照便于组织开展活动原则，应当划分若干党小组，并设立党小组组长。党小组组长由党支部指定，也可以由所在党小组党员推荐产生。党小组主要落实党支部工作要求，完成党支部安排的任务。党小组会一般每月召开1次，组织党员参加政治学习、谈心谈话、开展批评和自我批评等。党小组会由党小组组长召集并主持。

4. 党课。党课应当针对党员思想和工作实际，回应普遍关心的问题，注重身边人讲身边事，增强吸引力感染力。党员领导干部应当定期为基层党员讲党课，党委（党组）书记每年至少讲1次党课。

### 【知识点2】主题党日

1. 党支部每月相对固定1天开展主题党日，原则上安排在每月最后一周。鼓励各级税务局结合当地党委、工委要求，统一确定开展主题党日时间。时间确定后，除上级党组织重要活动安排及应急任务外，一般不得随意更改。

2. 主题党日要围绕武装思想、增强党性、提高素质和发挥作用明确主题、开展活动，着力增强党内政治生活的政治性、时代性、原则性、战斗性，坚决杜绝表面化、形式化、娱乐化、庸俗化。主题党日主要围绕以下内容开展：

（1）重温入党誓词。充分利用"七一"等重要时间节点，集体重温入党誓词，进一步促使党员不忘初心、守护初心，坚守使命、履职尽责。

（2）集体诵读党章。将党章作为主题党日必学内容，各党支部按照机关党委的统一安排，结合自身实际，每月确定具体学习的章节内容，有计划地组织开展集体诵读活动。诵读一遍后，应循环往复、不断深化，还可结合主题党日的主题，选取党章相关内容进行重点学习。诵读过程要庄严肃穆，展现新时代党员精气神，进一步促使党员强化党章意识，自觉学习党章、遵守党章、贯彻党章、维护党章，用党章规范自己的言行。

（3）集中交纳党费。结合主题党日和地方党委、工委关于党费交纳的具体要求，全体党员向党支部足额交纳党费。党支部做好记录、建好台账，并对收缴情况进行通报，对无正当理由不按时交纳党费的党员点名道姓进行批评提醒，进一步引导和督促广大党员牢记党员身份，增强党员意识，提升党性修养，自觉履行党员义务。

（4）组织集中学习。把习近平新时代中国特色社会主义思想作为主题党日开展集中学习的必学内容，加强统筹谋划，强化理论武装，突出学习的政治性、系统性、计划性，做到每月有计划、每次有主题，重点学习党的创新理论、党章党规党纪以及党的重要会议、重要文件精神等。一般采取"学习＋研讨"方式，在学懂弄通做实上下功夫，进一步增强贯彻党的路线方针政策和落实党中央决策部署的自觉性、坚定性。

（5）开展组织生活。主题党日可统筹安排"三会一课"等党内组织生活，组织生活会、民主评议党员、支部委员述职原则上在当年12月或下一年度1月的主题党日统筹开展，研究发展党员等其他党内组织生活可结合实际一并开展，进一步强化党员意识和组织观念，锤炼坚强党性，增强党组织战斗力、凝聚力、向心力。

（6）开展民主议事和民主监督。由党支部书记提出需要议定的党内重要工作事项，在主题党日专题研究。按照民主集中制原则和程序组织党员进行民主讨论，充分听取广大党员的意见建议，逐项决策并向全体党员通报，自觉接受民主监督，切实保障党员知情权、参与权，厚植民主议事和民主监督氛围。

（7）开展特色活动。各党支部在开展主题党日时，要坚持需求导向、问题导向和效果导向，围绕社会需要、税收中心工作需要、党支部建设及党员成长需要，结合自身实际开展志愿服务、联建共建、文明创建、调研走访等特色活动，提高主题党日针对性、实效性和吸引力。

（8）安排警示教育。主题党日要为支部纪检委员安排专门时间，由纪检委员（未设纪检委员的由支部书记或副书记）领学党规党纪、通报典型案例、开展警示教育，结合重要节点、重点工作进行廉政集体谈话和廉政风险提醒，引导党员干部进一步树牢纪法意识，自觉做到廉洁从税。

原则上，各级税务局党委班子成员每年至少实地参加1次基层党建联系点党支部主题党日。

**【知识点3】谈心谈话**

党支部应当经常开展谈心谈话。党支部委员之间、党支部委员和党员之间、党员和党员之间，每年谈心谈话一般不少于1次。谈心谈话应当坦诚相见、交流思想、交换意见、帮助提高。党支部应当注重分析党员思想状况和心理状态。对家庭发生重大变故和出现重大困难、身心健康存在突出问题等情况的党员，党支部书记应当帮助做好心理疏导，做到"六必谈"；对受到处分处置以及有不良反映的党员，党支部书记应当有针对性地做好思想政治工作。

针对老党员的身体、居住和家庭等实际情况，采取灵活方式，进行教育管理服务，组织他们参加党的组织生活，发挥力所能及的作用。对年老体弱、行动不便、身患重病甚至失能的党员，组织活动和开展学习教育不作硬性要求，党组织通过送学上门、走访慰问等方式，给予更多关心照顾。

**【知识点4】组织生活会和民主评议党员**

1. 党支部每年至少召开1次组织生活会，一般安排在第四季度，也可以根据工作需要随时召开。组织生活会一般以党支部党员大会、党支部委员会会议或者党小组会形式召开。组织生活会应当确定主题，会前认真学习，谈心谈话，听取意见；会上查摆问题，开展批评和自我批评，明确整改方向；会后制定整改措施，逐一整改落实。

2. 党支部一般每年开展1次民主评议党员，组织党员对照合格党员标准、对照入党誓词，联系个人实际进行党性分析。民主评议党员可以结合组织生活会一并进行。党支部召开党员大会，按照个人自评、党员互评、民主测评的程序，组织党员进行评议。党员人数较多的党支部，个人自评和党员互评可以在党小组范围内进行。党支部委员会会议或者党员大会根据评议情况和党员日常表现情况，提出评定意见。

## 四 党费收缴、使用和管理

**【知识点1】党费收缴**

按月领取工资的党员，每月以工资总额中相对固定的、经常性的工资收入（税后）

为计算基数，按规定比例交纳党费。交纳党费确有困难的党员，经党支部研究，报上一级党委批准后，可以少交或免交党费。

党员交纳党费的比例为：每月工资收入（税后）在3000元以下（含3000元）者，交纳月工资收入的0.5%；3000元以上至5000元（含5000元）者，交纳1%；5000元以上至10000元（含10000元）者，交纳1.5%；10000元以上者，交纳2%。

基层党组织年初核定党员月交纳党费数额，年内一般不变动。每名党员月交纳党费数额一般不超过1000元，根据自愿可以多交，自愿一次多交1000元以上的，比照交纳大额党费有关规定办理。

实行年薪制人员中的党员，每月以当月实际领取的薪酬收入为计算基数，参照上述规定交纳党费。不按月取得收入的个体经营者等人员中的党员，每月以个人上季度月平均纯收入为计算基数，参照上述规定交纳党费。

离退休干部、职工中的党员，每月以实际领取的离退休费总额或养老金总额为计算基数，5000元以下（含5000元）的按0.5%交纳党费，5000元以上的按1%交纳党费。农民党员每月交纳党费0.2~1元。学生党员、下岗失业的党员、依靠抚恤或救济生活的党员、领取当地最低生活保障金的党员，每月交纳党费0.2元。

党员一般应当向其正式组织关系所在的党支部交纳党费。持《中国共产党流动党员活动证》的党员，外出期间可以持证向流入地党组织交纳党费。预备党员从支部大会通过其为预备党员之日起交纳党费。

党员应当增强党员意识，主动按月交纳党费。遇到特殊情况，经党支部同意，可以每季度交纳一次党费，也可以委托其亲属或者其他党员代为交纳或者补交党费。补交党费的时间一般不得超过6个月。

对不按照规定交纳党费的党员，其所在党组织应及时对其进行批评教育，限期改正。对无正当理由，连续6个月不交纳党费的党员，按自行脱党处理。

党组织应当按照规定收缴党员党费，不得垫交或扣缴党员党费，不得要求党员交纳规定以外的各种名目的"特殊党费"。

## 【知识点2】党费使用

使用党费应当坚持统筹安排、量入为出、收支平衡、略有结余的原则。使用党费要向农村、街道社区和其他有困难的基层党组织倾斜。

党费必须用于党的活动，主要作为党员教育经费的补充，其具体使用范围包括：

1. 培训党员；
2. 订阅或购买用于开展党员教育的报刊、资料、音像制品和设备；
3. 表彰先进基层党组织、优秀共产党员和优秀党务工作者；
4. 补助生活困难的党员；

5. 补助遭受严重自然灾害的党员和修缮因灾受损的基层党员教育设施。

使用和下拨党费，必须集体讨论决定，不得个人或者少数人说了算。请求下拨党费的请示，应当向上一级党组织提出，不得越级申请。上级党组织下拨的党费，必须专款专用，不得挪作他用。

【知识点3】党费管理

党费由党委组织部门代党委统一管理。党费的具体管理工作由各级党委组织部门承担党员教育管理职能的内设机构承办。

党费的具体财务工作由各级党委组织部门内设的财务机构或者同级党委的财务机构代办。必须指定专人负责，实行会计、出纳分设。党费会计核算和会计档案管理，参照财政部制定的《行政单位会计制度》执行。

党费应当以党委或党委组织部门的名义单独设立银行账户，必须存入中国工商银行、中国农业银行、中国银行、中国建设银行、交通银行、中国邮政储蓄银行，不得存入其他银行或者非银行金融机构。党费利息是党费收入的一部分，不得挪作他用。依法保障党费安全，不得利用党费账户从事经济活动，不得将党费用于购买国债以外的投资。

党委组织部门要加强对党费管理工作人员的培训，提高其政治素质和业务水平。党费管理工作人员，必须先培训，后上岗。党费管理工作人员变动时，要严格按照党费管理的有关规定和财务制度办好交接手续。

党费收缴、使用和管理的情况要作为党务公开的一项重要内容。党的基层委员会和各级地方委员会应当在党员大会或者党的代表大会上，向大会报告（或书面报告）党费收缴、使用和管理情况，接受党员或者党的代表大会代表的审议和监督。各级地方党委组织部门应当每年向同级党委和上级党委组织部门报告党费收缴、使用和管理情况，同时向下级党组织通报。党支部应当每年向党员公布一次党费收缴情况。

## >> 第四节
## 群团工作

### 一 工会工作

【知识点】工会工作

税务机关工会必须坚持党的领导，在同级机关党组织领导下，依照法律和《中国工会章程》独立自主地开展工作,依法行使权利和履行义务。

税务机关工会以马克思列宁主义、毛泽东思想、邓小平理论、"三个代表"重要思想、科学发展观和习近平新时代中国特色社会主义思想为指导,坚持正确政治方向,在思想上、政治上、行动上同党中央和上级党组织保持一致,坚定不移走中国特色社会主义工会发展道路,认真履行工会各项社会职能,团结动员税务机关职工为完成机关各项任务作贡献,在实现中华民族伟大复兴的中国梦的历史进程中充分发挥作用。

税务机关工会坚持以改革创新精神加强自身建设,坚持群众化、民主化、制度化,改进工作作风,保持同职工的密切联系,依靠职工开展工作,把工会组织建设成干部职工群众信赖的"职工之家",把工会干部锤炼成听党话、跟党走、职工群众信赖的"娘家人"。

税务机关应当依法建立工会组织。有会员25人以上的,应当建立机关工会委员会;不足25人的,可以单独建立机关工会委员会,也可以由两个以上单位的会员联合建立机关工会委员会,也可以选举工会主席1人,主持工会工作税务机关内设部门及机构,可以建立机关工会分会或者工会小组。

税务机关会员人数较多的工会组织,可以根据需要设立相应的专门工作委员会,承担工会委员会的有关工作。

税务机关工会组织按照民主集中制原则建立。工会委员会由会员大会或者会员代表大会民主选举产生,选举结果报上一级工会批准。

税务机关工会接受同级税务机关党组织和上级工会双重领导,以同级税务机关党组织领导为主。

税务机关工会委员会每届任期3~5年,具体任期由会员大会或者会员代表大会决定。税务机关工会委员会应当按期换届。因故提前或者延期换届的,应当报上一级工会批准。任期届满未换届的,上级工会有权督促其限期进行换届。

税务机关工会委员会具备条件的,应当依法申请取得工会法人资格,工会主席或者主持工作的副主席为法定代表人。

税务机关工会的职责是:

1. 加强对干部职工进行中国特色社会主义理论体系教育,深入开展党的基本理论、基本路线、基本纲领、基本经验、基本要求教育,培育和践行社会主义核心价值观,不断提高机关职工政治理论、思想道德、科学文化和业务素质水平。

2. 动员组织干部职工围绕机关中心工作,开展创先争优活动,做好先进工作者的评选、表彰、培养、管理和服务工作。

3. 加强和改进干部职工思想政治工作,注重人文关怀和心理疏导,开展群众性精神文明创建、文化体育活动,丰富职工精神文化生活,推动机关文化建设。

4. 配合党政机关贯彻落实《中华人民共和国公务员法》等法律法规,维护机关干部职工合法权益，协助党政机关解决涉及职工切身利益的问题。做好困难职工帮扶工作，组织职工参加疗养、休养及健康体检，努力为职工办实事、做好事、解难事，促进和谐机关建设。

5. 加强调查研究，反映机关职工意见和建议，参与机关内部事务民主管理、民主监督，促进机关内部事务公开，保障职工的知情权、参与权、表达权、监督权，推进机关廉政建设。

6. 加强工会组织建设，健全工会民主制度，做好会员的发展、接收、教育和会籍管理工作，加强对专（兼）职工会干部和工会积极分子的培养，深入开展建设职工之家活动。

7. 依法收好、管好、用好工会经费，管理好工会资产。

税务机关工会每年至少召开 1 次会员大会或者会员代表大会。经机关工会委员会或者 1/3 以上会员提议，可以临时召开会议。会员在 100 人以下的应当召开会员大会。会员大会和会员代表大会的主要任务是：传达党组织、上级工会的重要指示精神；审议和批准工会委员会工作报告；审议和批准工会委员会的经费收支情况报告和经费审查委员会的工作报告；选举工会委员会、经费审查委员会；讨论决定工会工作的重大问题；公开工会内部事务；民主评议监督工会工作和工会领导人。会员代表大会代表实行常任制，任期与工会委员会相同。

机关工会委员会主持会员大会或者会员代表大会的日常工作，向会员大会或者会员代表大会负责并报告工作，接受会员监督。

机关工会委员会的主要任务是：负责贯彻党组织和上级工会工作部署、会员大会或者会员代表大会决议；向党组织和上级工会请示报告有关召开会员大会或者会员代表大会的重要事宜；研究制定工会工作计划和重大活动方案，提出工作报告；编制和执行工会经费预算，编报工会经费决算，审批重大支出项目；讨论和决定其他重要事项。

机关工会委员会向同级机关党组织请示汇报以下事项：贯彻上级党组织对工会工作重要指示和上级工会重要工作部署的意见；召开会员大会或者会员代表大会的方案、工会工作报告、工作安排、重要活动及主要领导成员的推荐人选；涉及职工切身利益的重大问题及思想工作和生活情况；推荐表彰先进等事项。

机关工会应当根据职工人数相应配备专（兼）职工会干部。职工人数较多的，可以配备专职工会主席。

机关工会设专职主席的，一般按同级机关党组织副职领导干部配备；设专职副主席的，一般按相应职级的干部配备。机关工会主席是党员的，应当具备提名作为同级机关党组织常委、委员候选人的条件。机关工会主席、副主席和委员实行任期制，可以连选连任。工会主席、副主席因工作需要调动时，应当征得本级工会委员会和上一级工会的同意。工会主席、副主席缺额时,应当及时补选,空缺时间不超过半年。

工会会员按规定标准按月缴纳会费。建立工会组织的机关,按每月全部职工工资总额的2%向机关工会拨缴工会经费;由财政统一划拨经费的,工会经费列入同级财政预算,按财政统一划拨方式执行。上级工会有权对下级工会所在机关拨缴工会经费情况进行监督检查。对无正当理由拖延或者拒不拨缴工会经费的单位,依据《中华人民共和国工会法》相关规定处理。

工会经费主要用于为职工服务和工会活动。机关工会应当按照有关规定收缴、上解工会经费,依法独立管理和使用工会经费。任何组织和个人不得截留、挪用、侵占工会经费。

税务机关工会应当根据经费独立原则建立预算、决算和经费审查制度,坚持量入为出、厉行节约、收支平衡的原则。工会经费的收支情况应当由同级工会经费审查委员会审查,并定期向会员大会或者会员代表大会报告,采取一定方式公开,接受会员监督。工会经费的审查工作按照有关法律、规定和工会经费审查制度进行。

工会主席任期届满或者任期内离任的,应当按照规定进行经济责任审计。

各级税务机关单位应当依法为工会办公和开展活动提供必要的设施和活动场所等物质条件。

会员大会或者会员代表大会在选举机关工会委员会的同时,选举产生经费审查委员会,会员人数较少的,可以选举经费审查委员1人。经费审查委员会主任、副主任由经费审查委员会全体会议选举产生。经费审查委员会主任按同级工会副职级配备。

机关工会经费审查委员会的任期与机关工会委员会相同,向同级会员大会或者会员代表大会负责并报告工作;在会员大会或者会员代表大会闭会期间,向同级工会委员会负责并报告工作。机关工会经费审查委员会审查审计同级工会组织的经费收支、资产管理等全部经济活动。经费审查委员会对审查审计工作中的重大事项,有权向同级工会委员会和上一级经费审查委员会报告。机关工会经费审查委员会应当接受上级工会经费审查委员会的业务指导和督促检查。

机关工会有女会员10人以上的建立女职工委员会,不足10人的设女职工委员。机关工会女职工委员会的任务是:依法维护女职工的合法权益和特殊利益;组织开展女职工岗位建功活动;开展教育培训,全面提高女职工的思想道德、科学文化、业务技能和健康素质;关心女职工成长进步,积极发现、培养、推荐女性人才。

## 二 青年工作

税务机关青年组织包括团的基层委员会、总支部委员会、支部委员会,以及青年工作委员会等。

**【知识点1】团组织的设立**

1. 企业、农村、机关、学校、科研院所、街道社区、社会组织、人民解放军连队、人民武装警察部队中队和其他基层单位，凡是有团员3人以上的，都应当建立团的基层组织。团的基层组织设置应从实际出发，可以不完全与党组织和行政建制对应。

2. 团的基层组织根据工作需要和团员人数，经上级团的委员会批准，分别设立团的基层委员会、总支部委员会、支部委员会。在基层委员会、总支部下建立支部。工作需要的，在基层委员会下也可以建立总支部。在一个支部内可以分若干个小组。团支部人数一般不超过50人。

3. 支部委员会、总支部委员会由团员大会选举产生，每届任期2年或3年。基层委员会由团员大会或代表大会选举产生，每届任期3~5年，一般与同级党的委员会任期保持一致。

4. 不具备成立团的基层组织条件的，可以在团的地方各级委员会的具体指导下，成立青年工作委员会或其他青年组织。

**【知识点2】团组织的工作职责**

1. 团的基层组织是团的工作和活动的基本单位，应该充分发挥团结教育青年的核心作用。它的基本任务是：

（1）组织团员和青年学习马克思列宁主义、毛泽东思想、邓小平理论、"三个代表"重要思想、科学发展观、习近平新时代中国特色社会主义思想，深入开展"青年大学习"，学习党的路线、方针和政策，学习团章和团的基本知识，学习科学、文化、法律和业务。

（2）宣传、执行党和团组织的指示和决议，参与民主管理和民主监督，充分发挥团员的模范作用，积极创先争优，团结带领青年积极投身改革开放和现代化建设，为社会主义经济建设、政治建设、文化建设、社会建设、生态文明建设作贡献。

（3）教育团员和青年学习革命前辈，继承党的优良传统，发扬社会主义道德风尚，弘扬网上主旋律，树立与改革开放和社会发展相适应的新观念，自觉抵制不良倾向，坚决同各种违纪违法行为作斗争。

（4）了解和反映团员与青年的思想、要求，维护他们的权益，关心他们的学习、工作、生活和休息，开展文化、娱乐、体育活动。

（5）对要求入团的青年进行培养教育，做好经常性发展团员工作，收缴团费，办理超龄团员的离团手续。

（6）对团员进行教育、管理和服务，健全团的组织生活，落实"三会两制一课"制度，开展批评和自我批评，监督团员切实履行义务，保障团员的权利不受侵犯，表彰先进，执行团的纪律。

（7）对团员进行党的基本知识教育，推荐优秀团员作党的发展对象；发现和培养青年中的优秀人才，推荐他们进入更重要的生产和工作岗位。

2. 团支部是团的基础组织，担负直接教育团员、管理团员、监督团员和组织青年、宣传青年、凝聚青年、服务青年的职责。

机关事业单位中的团支部，围绕中心工作，促进事业发展，帮助青年提高理论修养、政策水平和业务素质；推动团员、团干部大兴调查研究之风，坚持深入基层、改进工作。

**【知识点3】税务系统青年理论学习小组**

1. 组织体系。各级税务机关要结合实际，以处、科、所（分局）为单位、40岁以下青年干部为主体，建立青年理论学习小组或联合青年理论学习小组，把青年干部组织起来开展形式多样的学习活动，使青年理论学习小组成为青年干部理论学习的重要平台。青年理论学习小组组长由党支部青年委员、团组织负责人或优秀青年领导干部等担任。各级税务局机关党委要做好本单位青年理论学习小组建设的指导工作。

2. 联动机制。各级税务局机关党委每季度向青年理论学习小组推送必读和参考书（篇）目，定期邀请专家学者为青年干部集中授课，并开展交流研讨；各党支部发挥学习引领和带动作用，结合党支部学习计划，吸纳青年干部参加党支部集中学习，积极指导、鼓励青年理论学习小组创新学习方法；各青年理论学习小组按月制定学习计划，确定学习主题，列出选读和参考书（篇）目，每月至少开展1次集中学习和交流研讨活动。

3. 导学制度。各单位或各党支部应至少明确1名政策理论水平高、实践经验丰富的本单位领导干部担任青年理论学习小组指导老师，每月定期为青年干部宣讲辅导、荐文荐书。

## 三 妇女工作

党的十八大以来，以习近平同志为核心的党中央高度重视妇女事业，习近平总书记在不同场合多次强调发展妇女事业的重要意义，为妇女工作的开展指明了方向。

妇女委员会、妇女工作委员会是妇女联合会在机关和事业单位的基层组织，是党和政府联系妇女群众的桥梁和纽带。

坚持党的领导，紧紧围绕党和国家工作大局谋划和开展工作，这是妇联组织发挥作用的根本遵循，是妇联工作不断前进的重要保障。

【知识点1】妇女委员会的设置

妇女委员会由妇女大会或妇女代表大会民主选举产生。每届任期3~5年。妇女工作委员会委员由妇女代表协商推举产生。

县级以上党的直属机关工作委员会建立妇女工作委员会，指导所属部门和系统的妇女委员会、妇女工作委员会工作。

税务机关应建立妇女委员会或妇女工作委员会。妇女委员会根据工作需要可下设妇女委员会分会、妇女小组。妇女委员会、妇女工作委员会全体委员会议选举、推选主任1名，副主任若干名，主持日常工作。委员人数较多的，可推选常委若干名，组成常委会。妇女委员会换届、妇女工作委员会领导成员变动情况报上一级妇女组织备案。税务机关妇女委员会、妇女工作委员会接受同级党组织和上级妇女组织的领导。

【知识点2】妇女委员会、妇女工作委员会的主要职责

1. 贯彻执行上级妇联组织及本单位妇女大会或妇女代表大会决议，完成妇女联合会部署的工作，推动本单位业务工作的开展。

2. 增进妇女委员会、妇女工作委员会之间及与其他妇女组织之间的交流与合作，密切同工会、共青团等群团组织的联系，共同做好本单位群众工作。

3. 加强妇女委员会、妇女工作委员会自身建设，建立和完善学习培训、工作会议、人才培养和推荐、评比表彰等工作制度。

【知识点3】妇女委员会、妇女工作委员会的主要任务

1. 宣传和贯彻党的路线、方针、政策。教育和引导妇女发扬自尊、自信、自立、自强精神，提高思想道德素质、科学文化素质和健康素质，成为有理想、有道德、有文化、有纪律的时代新女性。

2. 开展"巾帼建功""五好文明家庭创建"和"女性素质工程""三八红旗手（集体）"等活动，组织培训、交流和研讨等活动，提高妇女的理论素养、知识水平和工作技能，弘扬社会公德、职业道德和家庭美德。

3. 推动并参与有关妇女发展政策的制定和落实，向有关部门反映妇女的意见、建议和要求，代表妇女发挥民主参与、民主管理、民主监督作用。

4. 维护女职工合法权益，协助所在单位以及有关部门查处侵害妇女儿童权益的行为。

5. 宣传、表彰妇女先进典型，建立妇女人才信息库，定期向有关部门和上级妇女联合会推荐妇女人才，促进妇女人才成长。

# 第二章 政务管理

## >> 知识架构

政务管理
- 机关日常管理——公文处理
  - 公文种类　　　　　2个知识点
  - 公文格式　　　　　13个知识点
  - 行文规则　　　　　4个知识点
  - 公文办理　　　　　3个知识点
  - 公文归档和管理　　2个知识点
- 机关日常管理——会议组织
  - 会议分类　　　　　3个知识点
  - 会议管理　　　　　5个知识点
  - 会议座次安排　　　3个知识点
- 机关日常管理——印信管理
  - 印信概述　　　　　1个知识点
  - 印信的管理与使用　5个知识点
  - 印信管理风险防范　1个知识点
- 机关日常管理——档案管理
  - 档案的概述　　　　4个知识点
  - 档案的管理　　　　5个知识点
  - 档案的利用与开发　3个知识点
- 机关日常管理——督查督办
  - 督查督办概述　　　　　　3个知识点
  - 机关督办工作的基本流程　4个知识点
  - 系统督查工作的常用方法　5个知识点
- 政务公开
  - 政府信息公开概述　6个知识点
  - 信息公开流程　　　11个知识点
- 宣传舆情——税收宣传
  - 税收宣传基础知识　4个知识点
  - 新闻稿件采写　　　1个知识点
  - 新闻发布会管理　　6个知识点
  - 新媒体运用　　　　3个知识点
- 宣传舆情——涉税舆情管理
  - 涉税舆情概述　　　　2个知识点
  - 涉税舆情分析研判　　3个知识点
  - 涉税舆情引导与管理　1个知识点

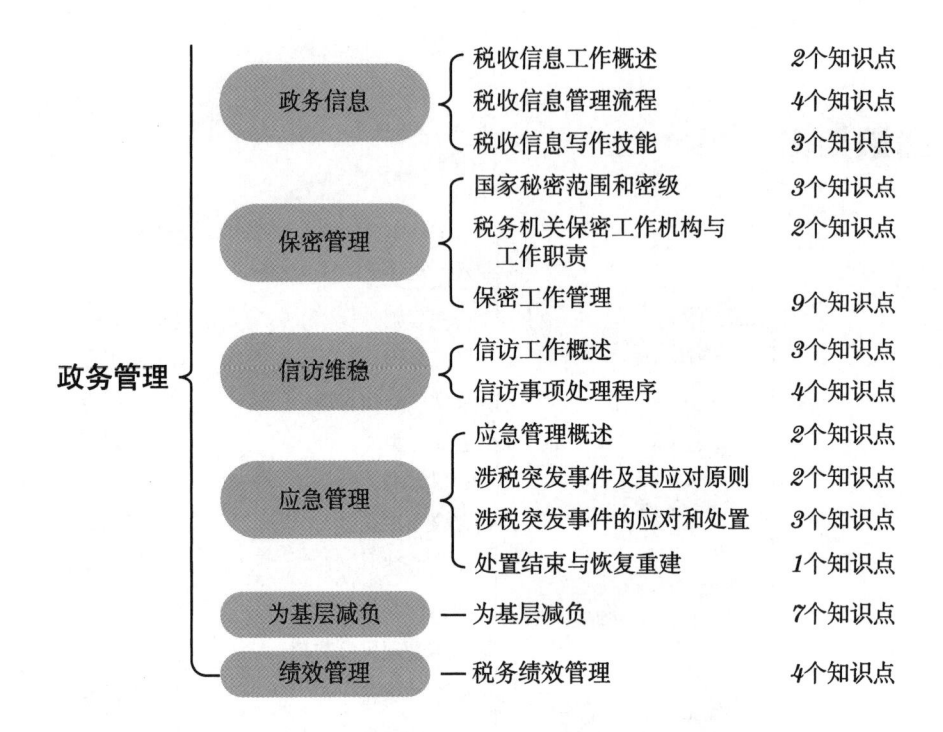

```
                    ┌ 政务信息 ┬ 税收信息工作概述          2个知识点
                    │          ├ 税收信息管理流程          4个知识点
                    │          └ 税收信息写作技能          3个知识点
                    │
                    │          ┌ 国家秘密范围和密级        3个知识点
                    ├ 保密管理 ├ 税务机关保密工作机构与    2个知识点
                    │          │   工作职责
                    │          └ 保密工作管理              9个知识点
                    │
          政务管理 ─┤ 信访维稳 ┬ 信访工作概述              3个知识点
                    │          └ 信访事项处理程序          4个知识点
                    │
                    │          ┌ 应急管理概述              2个知识点
                    ├ 应急管理 ├ 涉税突发事件及其应对原则  2个知识点
                    │          ├ 涉税突发事件的应对和处置  3个知识点
                    │          └ 处置结束与恢复重建        1个知识点
                    │
                    ├ 为基层减负 ── 为基层减负             7个知识点
                    │
                    └ 绩效管理 ── 税务绩效管理             4个知识点
```

## >> 第一节　机关日常管理——公文处理

### 一　公文种类

**【知识点1】税务机关常用公文种类**

税务机关的公文种类主要有：命令（令）、决议、决定、公告、通告、意见、通知、通报、报告、请示、批复、函、纪要。

1. 命令（令）适用于依照有关法律、行政法规发布税务规章，宣布施行重大强制性行政措施，嘉奖有关单位及人员。

2. 决议适用于会议讨论通过的重大决策事项。

3. 决定适用于对重要事项作出决策和部署、奖惩有关单位和人员、变更或者撤销下级机关不适当的决定事项。

4. 公告适用于向国内外宣布重要事项或者法定事项。

5. 通告适用于在一定范围内公布应当遵守或者周知的事务性事项。

6. 意见适用于对重要问题提出见解和处理办法。

7. 通知适用于发布、传达要求下级机关执行和有关单位周知或者执行的事项，批转、转发公文。

8. 通报适用于表彰先进，批评错误，传达重要精神和告知重要情况。

9. 报告适用于向上级机关汇报工作、反映情况，回复上级机关询问。

10. 请示适用于向上级机关请求指示、批准。

11. 批复适用于答复下级机关请示事项。

12. 函适用于不相隶属机关之间商洽工作、询问和答复问题、请求批准和答复审批事项。

13. 纪要适用于记载会议主要情况和议定事项。

【知识点2】正确选用文种

1. 根据行文方向选用文种

向上级机关的请示、汇报工作或对重要问题提出建议时用"请示""报告""意见"；同平级机关商洽工作，请求批准有关事项用"函""意见"；向下级机关行文可用"通知""批复""通报""决定""意见"；对社会公开发布可用"令""公告""通告"。

2. 根据隶属关系选用文种

对有隶属关系的下级税务机关来文请示有关事项，使用"批复"直接答复，若请示的问题具有普遍性，可使用"通知"或其他文种行文，不再单独批复请示单位，其中，上级税务机关针对下级税务机关有关特定税务行政相对人的特定事项如何适用税收法律、法规、规章或税收规范性文件的答复或者解释，需要普遍执行的，应当按照《税收规范性文件制定管理办法》（国家税务总局令第41号）的规定制定税收规范性文件；对没有隶属关系的平级单位或其他单位来文请求批准有关事项，不能使用"批复"，应当采用"通知"或"函"，可以根据工作需要主送相关税务机关，抄送来文单位。

向有关单位请求批准事项、答复有关单位询问事项、向外单位咨询有关事项、与有关单位商洽工作、向有关单位报送工作进展情况、答复外单位来文征求意见使用"函"。

## 二 公文格式

【知识点1】公文的组成

公文一般由份号、密级和保密期限、紧急程度、发文机关标志、发文字号、签发人、标题、主送机关、正文、附件说明、发文机关署名、成文日期、印章、附注、附件、抄送机关、承办部门名称、印发部门名称和印发日期、页码等组成。

## 【知识点 2】公文的密级

公文的密级分为绝密、机密和秘密三个等级。尽可能根据公文的内容规定为"长期"或确定保密的最佳期限，如"秘密★6个月""机密★5年""绝密★长期"。不确定具体保密期限的，保密期限一般为绝密30年，机密20年，秘密10年。公文起草时，如引用标有密级公文的标题、文号或内容，必须按原公文的密级标注密级；回复标有密级的来文时，必须按来文的密级标注密级。

## 【知识点 3】公文的紧急程度

公文的紧急程度分特急、加急两种。"特急"是指：内容重要并且特别紧急，已临近规定的办结时限，需特别优先传递处理的公文。"加急"是指：内容重要并紧急，需打破工作常规，优先传递处理的公文。

电报的紧急程度分为4种：特提（即刻办理），特急（2天内办理），加急（4天内办理），平急（6天内办理）。

## 【知识点 4】发文字号

发文字号由发文机关代字、年份、发文顺序号组成，编排在发文机关标志下空二行位置，居中排布。年份、发文顺序号用阿拉伯数字标注；年份应标全称，用六角括号"〔〕"标注；发文顺序号不加"第"字，不编虚位（即1不编为01），在阿拉伯数字后加"号"字。上行文的发文字号居左空一字编排，与最后一个签发人姓名处在同一行。联合行文时，使用主办机关的发文字号。

1. ×税发〔公元年份〕×号，适用于：向上级机关请示、报告和提出意见；向下级机关部署全局性税收工作，制定工作制度，提出指导性意见；下达年度税收计划和税务经费安排；对税收收入、重要工作、重大事件的情况通报；对下级机关或个人给予重大奖励、表彰或批评、惩处；机构的设置、变动；转发上级机关的重要文件；与平级机关或有关团体单位的联合发文；其他有关重要事项的通知。

2. ×税函〔公元年份〕×号，适用于：向下级机关部署局部的、阶段性的或临时性的工作；对年度税收计划作局部调整；对税务经费作局部和临时性的安排；对税务日常工作有关情况的通报；一般性的表扬或批评；与平级机关商洽事宜、答复问题或报送需要平级机关核批的事项；转发上级机关的一般性文件、平级机关与税收工作有关的文件；对下级机关的请示事项予以批复；对人大议案、建议和政协提案的答复等。

3. ×税办发〔公元年份〕×号，适用于：向下级税务机关布置日常性的事务工作，通报有关情况；发布局机关内部适用的各类制度规定；通报局机关内部的有关情况等。

4. ×税办函〔公元年份〕×号，适用于：向平级单位的有关部门或其他单位行文，通报有关情况，商洽事宜；向上级机关的有关部门报送有关情况，提出意见和建议；向下级机关征求意见；下发各类会议、培训通知，向有关单位发出邀请；向有关单位提供证明等。

## 【知识点5】公文的标题

公文的标题由发文机关、发文事由和文种组成。公文标题中除法律、法规、规章和规范性文件名称加书名号外，一般不用标点符号。标题一般用2号小标宋体字，排列应使用梯形或菱形，回行时，要做到词意完整、排列对称、长短适宜、间距恰当。转发公文标题一般为：本机关名称＋转发＋被转发文件的标题＋的通知；多层转发的，根据主要事由自拟标题，但标题中应含"转发"字样；不得以被转发文件的发文字号作为标题。

## 【知识点6】主送机关和抄送机关

主送、抄送机关应当使用全称或规范化的简称，其中主送和抄送为税务机关时应当使用全称。抄送机关按上级机关、平级机关、下级机关次序排列；同级机关之间一般按照党委、人大、政府、政协、监委、军队、法院、检察院、人民团体、民主党派等次序排列。

## 【知识点7】公文的正文

公文的正文是公文的主体，用来表述公文的内容。公文首页必须显示正文，使用3号仿宋体字。文中结构层次序数依次可以用"一、""（一）""1.""（1）"标注；标题一般第一层用黑体字、第二层用楷体字、第三层和第四层用仿宋体字标注。在公文的正文中，税务机关的名称可以使用规范化简称，规范化简称为"××税务局"。

## 【知识点8】公文的附件

公文附件的顺序号和名称。如有附件，在正文下空一行左空二字位置编排"附件"二字，后标全角冒号和附件名称。如有多个附件，使用阿拉伯数字标注附件顺序号（如"附件：1.×××"）；附件名称后不加标点符号。附件名称较长需回行时，应与上行附件名称的首字对齐。正文标题中已经标明所印发、转发的公文标题或主要内容的，文末不再将所印发或转发的公文列为附件。

附件应另面编排，并在版记之前，与公文正文一起装订。"附件"二字及附件顺序号用3号黑体字顶格编排在版心左上角第一行。附件标题居中编排在版心第三行。附件顺序号和附件标题应与附件说明的表述一致。附件格式要求同正文。

## 【知识点 9】署名和印章

署名署发文机关全称或者规范化简称。公文中有发文机关署名的,应当加盖发文机关印章,并与署名机关相符。单一机关行文时,在成文日期之上、以成文日期为准居中编排发文机关署名。印章端正、居中下压发文机关署名和成文日期,使发文机关署名和成文日期居印章中心偏下位置,印章顶端应上距正文(或附件说明)一行之内。联合行文时,应将各发文机关署名按发文机关顺序整齐排列在相应位置,印章与各发文机关署名一一对应,端正、居中下压发文机关署名,最后一个印章端正、居中下压发文机关署名和成文日期,印章之间排列整齐、互不相交或相切,每排印章两端不得超出版心,首排印章顶端应上距正文(或附件说明)一行之内。

## 【知识点 10】成文日期

成文日期署会议通过或者发文机关负责人签发日期。联合行文时,署最后签发机关负责人的签发日期。成文日期一般右空四字编排于发文机关署名之下,用阿拉伯数字将年、月、日标全,年份应标全称,月、日不编虚位(即 1 不编为 01)。

## 【知识点 11】公文的附注

公文附注是指公文印发传达范围以及在正文中不宜说明的其他事项,如信息公开选项、"对税务系统内只发电子文件"等。附注的位置,居左空两字加圆括号,标注在成文日期下一行。附注内容各条之间用逗号分隔。

## 【知识点 12】公文的页码

公文页码是指公文页数顺序号。一般用 4 号半角宋体阿拉伯数字,编排在公文版心下边缘之下,数字左右各放一条一字线;一字线上距版心下边缘 7 毫米。单页码居右空一字,双页码居左空一字。公文的版记页前有空白页的,空白页和版记页均不编排页码。公文的附件与正文一起装订时,页码应当连续编排。

## 【知识点 13】公文排版方式

文字从左至右横写、横排。一般每面排 22 行,每行排 28 个字,并撑满版心,特定情况可以作适当调整。公文格式各要素的字体和字号一般采用 3 号仿宋体字。

## 三 行文规则

**【知识点1】行文一般规则**

行文规则是文件从拟制到发布必须遵循的行为规范。行文必须做到以下几点：

1. 行文必须确有必要，讲究实效，注重针对性和可操作性。
2. 法律、法规中已有明确规定的，不再制发文件。
3. 现行文件规定仍然适用的，不再重复发文。
4. 已标注公开发布的文件，不再翻印。
5. 机关负责人的讲话，不以正式公文形式下发。
6. 对使用电话、内部网站等途径可以办理的事项，不发正式公文。
7. 在规定的职权范围内行文。要根据隶属关系和工作需要，在职权范围内行文。涉及其他单位职权范围的，应当会签有关单位或者联合行文。
8. 各级税务机关一般不得越级行文。因特殊情况（如重大灾害、重大案件、重大事故等）必须越级行文时，应当抄送被越过的上级机关（下级机关反映其直接上级机关和领导人问题的除外）。上级机关批复越级上报的请示时，也应当抄送被越过的机关。

**【知识点2】上行文规则**

向上级机关行文应当遵循：

1. 原则上主送一个上级机关，根据需要同时抄送相关上级机关和同级机关，不抄送下级机关。
2. 下级税务机关向上级税务机关请示、报告重大事项，应当同时遵循本级党委、政府的有关规定。
3. 属于职权范围内的事项应当直接报送上级税务机关。
4. 下级机关的请示事项，如需以本机关名义向上级机关请示，应当提出倾向性意见后上报，不得原文转报上级机关。
5. 请示必须在事前，应当一文一事，不得在报告等非请示性公文中夹带请示事项。正文末应当有请示语，在公文附注处注明联系人的姓名和电话。
6. 除上级机关负责人直接交办事项外，不得以本机关名义向上级机关负责人报送公文，不得以本机关负责人名义向上级机关报送公文。
7. 受双重领导的机关向一个上级机关行文，必要时抄送另一个上级机关。
8. 各级税务机关报送上级税务机关的公文，不得同时报送上级税务机关的内设机构；邮寄时，收件人（单位）应与公文主送单位一致。

**【知识点3】下行文规则**

向下级机关行文应当遵循：

1. 主送受理机关，根据需要抄送相关机关。重要行文应当同时抄送发文机关的直接上级机关。

2. 税务机关不得向下级党委、政府发布指令性公文或者在公文中向下级党委、政府提出指令性要求。需经政府审批的具体事项，经政府同意后可以由税务机关行文，文中须注明已经政府同意。

3. 税务机关可以函的形式向下一级政府行文，商洽工作、询问和答复问题、审批事项。

4. 涉及其他部门职权范围内的事务，未协商一致的，不得向下行文；擅自行文的，上级税务机关应当责令其纠正或者撤销。

5. 上级机关向受双重领导的下级机关行文，必要时抄送该下级机关的另一个上级机关。

**【知识点4】平行文规则**

向其他党政部门行文应当遵循的规则及有关注意事项：

1. 各级税务机关可以与同级党政各部门、下一级党委政府、相应的军队机关、同级人民团体和具有行政职能的事业单位联合行文。联合行文应当明确主办单位。

2. 各级税务机关在职权范围内，可以向其他党政部门行文，向外部门回复意见或提供资料，应遵循复文与来文对等的原则处理。

3. 各级税务机关的办公室根据授权可以代表本级机关行文。各级税务机关的内设机构除办公室和法律规定具有独立执法权的机构外不得对外正式行文。

4. 各级税务机关的内设机构根据工作需要，在规定的职权范围内，向上、下级税务机关的内设机构和其他机关的有关内设机构行非正式公文时使用便函，机关内设机构之间根据工作需要也可以使用便函。便函不得以"×××税务局"为行文对象。便函适用于商洽工作，通报和汇报有关情况，询问和答复一般事务性问题。便函不得设定行政许可、行政审批、行政处罚、行政强制以及其他不得由便函设定的事项，也不得规定税务系统内部管理审批、税收政策解释、税收征管问题解释、具体税收征管工作、会议培训和书刊征订等事宜。

## 四 公文办理

**【知识点1】公文拟制**

公文拟制包括公文的起草、审核、签发等程序。凡需会签的公文,主办部门应当与会办部门取得一致意见后行文。以机关名义制发的公文,由机关负责人签发。其中,以本机关名义制发的上行文,由主要负责人或者主持工作的负责人签发;以本机关名义制发的平行文或下行文,由主要负责人或者主要负责人授权的其他负责人签发;对涉及重要税收政策或重大问题的,由其他负责人审阅后送主要负责人签发。签发人签发公文,应当签署意见、姓名和完整日期;圈阅或者签名的,视为同意。联合发文由所有联署机关的负责人会签。

**【知识点2】发文办理**

发文办理是指以本机关名义制发公文的过程,包括复核、编号、校对、印制、用印、登记、封发等程序。

复核的重点包括:审批、签发手续是否完备,附件材料是否齐全,格式是否统一、规范等;经复核需要对文稿进行实质性修改的,应当提请签发人复审并签名。

编号的重点为:公文签发后,由文秘部门统一编排文号。文号应当连续编排;编号后取消发文的,原文号重新使用;跨年度取消发文的,原文号不再使用。

校对的重点包括:校正与原稿不符的部分;补正被遗漏的部分;校正错别字词;校正标点符号、公式、图表方面的错漏;纠正格式方面的差错;查找公文中的疏漏。

封发的重点应为:清点公文份数;对发送范围、密级、时限、有无附件、是否用印等逐项检查,准确无误后再装封;收件机关的名称、地址、邮编要书写准确、清晰。对于密件、急件,要在封套上标注秘密等级、紧急程度并进行登记。装封时,封口要严,不得用书钉装订,不得粘住封内公文;公文发出后,因发现错误需要追回的,办公室应当及时通知发送范围内的所有单位,有关单位应当配合做好公文收回工作。

**【知识点3】收文办理**

收文办理是指对收到公文的处理过程,包括签收、登记、审核、拟办、批办、承办、传阅等程序。

1. 签收。收文人员收到公文后,应当在对方投递单或送文簿上签字以示收到。签收时要注意清点实收文件,与对方的投递单或送文簿核对,查看是否相符,包装和封口是否牢固,确认无误后再签收。收到绝密级公文后,必须在机要室存放并专人保管。

2. 登记。公文签收无误后，收文人员应当对来文进行登记。登记的内容主要包括：收文编号、日期、来文机关、文号、标题、密级、紧急程度、附件、份数、处理情况等。

3. 审核。对下级税务机关上报并需要办理的公文，应当对来文的合法性、规范性进行审核。对来文标有"特急"或"加急"字样的，收文部门应当优先进行审核，及时送下一环节办理。

4. 拟办。经签收、登记后，需要本机关办理的公文，应当由收文部门提出拟办意见。拟办意见应当明确、具体。需要两个以上部门办理的公文，应当明确主办部门。

5. 批办。机关负责人对呈请批示的公文应当提出批办意见。如对拟办意见无异议，负责人圈阅视为同意。如拟办意见为呈请负责人阅示的，或者对拟办意见有补充以及不同意拟办意见的，负责人应当作出明确的批示。

6. 承办。承办部门收到交办的公文后应当及时办理，在规定的时限内办理完毕。对不属于本单位职权范围或者不宜由本单位办理的，应当及时退回交办的文秘部门并说明理由。

7. 传阅。阅知性公文，根据领导批示和工作需要将公文及时送传阅对象阅知或者批示。办理公文传阅应当随时掌握公文去向，不得漏传、误传、延误。对有具体请示事项的收文，主批人应当明确签署意见、姓名和审批日期，其他审批人圈阅视为同意；没有请示事项的，圈阅表示已阅知。

## 五 公文归档和管理

**【知识点1】公文归档**

公文办理完毕后，应当根据《中华人民共和国档案法》及档案管理有关规定，及时将公文定稿、正本和有关材料交本部门文秘人员整理、归档。个人不得保存应当归档的公文。

归档范围内的公文，应以"件"为单位进行分类、排列、编号、编目、装订、装盒。首页右上部空白处加盖"归档章"，打印文件目录。联合办理的公文，原件由主办机关整理、归档，其他机关保存复制件或其他形式的公文副本。每年6月30日前将本部门上一年度办理完毕的公文、材料整理后集中向本机关档案管理部门移交。

**【知识点2】公文管理**

1. 一般规定。各级税务机关应当建立健全本机关公文管理制度。公文由文秘部门或者专人统一管理。县以上税务机关应当建立机要保密室和机要阅文室，并按照有关保密规定配备工作人员和必要的安全保密设施设备。公文确定密级前，应当按照拟定的密级先行采取保密措施。确定密级后,应当按照所定密级严格管理。绝密级公文应当由专人管理。公文的密级需要变更或者解除的,由原确定密级的机关或者其上级机关决定。

2. 涉密公文管理。传递涉密公文,必须采取保密措施,确保安全。利用计算机、传真机等传输涉密公文,必须符合国家有关保密规定。涉密公文应当按照发文机关的要求和有关规定进行清退或者销毁。复制、汇编机密级、秘密级公文,应当符合有关规定并经本机关负责人批准。绝密级公文一般不得复制、汇编,确有工作需要的,应当经发文机关或者其上级机关批准。复制件应加盖复制机关、单位的戳记、编制序号。复制件采取与原件相同的保密措施。翻印件应当注明翻印的机关名称、日期。汇编本的密级按照编入公文的最高密级标注。

3. 特殊情况的管理。机关合并时,全部公文应当随之合并管理;机关撤销时,需要归档的公文经整理后按照有关规定移交档案管理部门。工作人员离岗离职时,所在机关应当督促其将暂存、借用的公文按照有关规定移交、清退。新设立的机关应当向本级党委、政府的办公厅(室)提出发文立户申请;机关合并或者撤销时,相应进行调整。

## >> 第二节
## 机关日常管理——会议组织

### 一 会议分类

从不同的角度来看,同一个会议可以分为不同的种类。每类会议都有其各自的特点和要求,了解和掌握会议的类型,目的在于更好地认识和组织会议,最大限度地发挥会议的作用。按照不同的标准,会议分类如下:

【知识点1】按会议范围分类

1. 税务系统会议

根据税务系统会议费管理相关办法以及各省(直辖市、自治区)直属机关会议费管理办法关于会议的分类,税务系统会议包括二类会议、三类会议和四类会议三种。

(1)二类会议。二类会议指年度全国税务工作会议,要求各省、自治区、直辖市和计划单列市税务局主要负责同志参加。二类会议原则上每年不超过1次。

（2）三类会议。三类会议指国家税务总局及其内设机构召开的专业性会议，以及各省（自治区、直辖市）和计划单列市税务局召开的每年一次的年度工作会议。三类会议计划，提交本单位局长办公会或党委会审批后执行。

（3）四类会议。四类会议指除上述二类、三类会议以外的其他业务性会议，包括国家税务总局内设机构召开或各省税务局及其下属各单位召开的小型业务会、研讨会、座谈会、评审会等。四类会议经本单位局长办公会或党委会审批，或经单位分管局领导审核批准后并列入本单位年度会议计划。

2. 局内会议

局内会议主要包括局党委会议、局务会议、局长办公会议和局领导专题会议四种。

（1）局党委会议。局党委会应按议题确定、预告、酝酿讨论、形成决议等程序进行；局党委会议日期和会议议题由党委书记或主持工作的党委成员确定，会议议题确定前一般应征询党委成员的意见。会议议题和日期确定后，通常应提前 1~2 天通知党委成员及有关人员做好准备。无特殊原因，不得临时动议召开党委会、临时增加会议议题。党委会议根据需要不定期召开，会议日期和会议日程由党委书记确定；全体党委成员参加党委会议，应有半数以上党委委员到会方可召开，讨论和决定干部任免、处分党员事项必须有 2/3 以上党委委员到会。党委会议由党委书记召集并主持，也可由党委书记委托其他党委成员召集并主持，除特殊情况外，分管此项工作的党委成员必须到会；中央规定的重大决策、重大项目安排、重要干部任免和大额度资金使用等事项，实行主要负责人末位发言制，集体研究、集体决策。党委会议研究讨论的问题和确定的事项要以会议纪要或文件正式公布的为准。

（2）局务会议。局务会议由局领导和局内各单位主要负责人参加，由局长或其委托的局领导召集和主持。局务会议的主要任务是：传达贯彻党中央、国务院、上一级税务机关及地方党委、政府重要决定、重要会议精神；通报重大事项；讨论研究年度工作和全局性重要工作；讨论审议税收规范性文件和工作制度；听取各部门阶段性工作汇报等。

（3）局长办公会议。局长办公会议由局领导和局内有关单位负责人参加，由局长或其委托的局领导召集和主持。局长办公会议的主要任务是：贯彻落实上一级税务机关及地方党委、政府关于税收工作的重要指示和决定；研究重要事项；通报和讨论其他重要事项；研究事关税收工作全局的重要问题；研究支出；研究其他应当由局长办公会议讨论决定的重大问题。

（4）局领导专题会议。局领导专题会议由局领导根据工作需要召集，有关单位负责人参加。局领导专题会议的主要任务是：专题研究、部署、协调和处理有关工作事项。

局务会议、局长办公会议的议题由局长确定，会议组织工作由办公厅（室）负责。

局领导专题会议的议题由分管局领导确定,会议组织工作由会议主题涉及的主办单位负责。

**【知识点 2】按会议内容分类**

1. 税务工作会议。贯彻中央会议精神,总结上一年度税收工作情况,部署本年度税收工作任务。

2. 全面从严治党工作会议。贯彻落实中央和中纪委会议精神,总结上一年全面从严治党工作,研究部署本年度工作任务。

3. 专题工作会议。围绕某一专题,召开工作推进会,如党纪学习教育动员部署会、绩效工作分析会议、税务系统政府采购工作专题会等。

**【知识点 3】按会议形式分类**

1. 见面会议。根据工作需要,定期召开专业性的见面会议。

2. 视频会议。专业性会议,应尽可能采用视频会议等快捷、节俭的形式召开,并由相关层级税务局有关人员参加。

应当改进会议形式,充分运用电视电话、网络视频等现代信息技术手段,降低会议成本,提高会议效率。传达、布置类会议优先采取电视电话、网络视频会议方式召开。电视电话、网络视频会议的主会场和分会场应当控制规模,节约费用支出。

不能够采用电视电话、网络视频召开的会议实行定点管理。应当到定点会议场所召开会议,按照协议价格结算费用。未纳入定点范围,价格低于会议综合定额标准的单位内部会议室、礼堂、宾馆、招待所、培训中心。税务干部学校可优先作为会议场所。

## 二 会议管理

会议活动是一项有目的、有计划、有组织的活动,是管理工作的一种重要方法。

**【知识点 1】会议筹备**

完整的会议策划是成功举办会议的前提。会议策划方案的主要内容包括会议主题、会议内容、参会对象、会议形式、会议经费、会议名称、会议时间和地点、发言人员和发言方式、会议议程和日程安排等。会议材料是会议目的、会议内容和会议成果的直接体现,是会议组织当中的一项重点工作。会议材料是指整个会议过程中所需要的有关文字材料,主要是指会前所做的文字起草工作。

【知识点2】会议控制

为了使会议能以最短的会期、最佳的形式、最低的成本取得最高的会议效率，达到预期的会议目标，就必须对会议进行控制。会议控制包括会议内容、会议规模和范围、会议地点、会议时间等方面。

1. 会议内容。会议内容的控制主要包括对会议目标、议题和发言的控制。明确会议目的，严格控制以各种名义召开的会议，不开泛泛部署工作和提要求的会议，提高会议实效，开短会、讲短话，力戒空话和套话。准备不充分的会议坚决不开，内容相关的会议合并召开，议题过多的会议分别召开。

2. 会议规模和范围。会议出席对象要具体明确，与会人员必须准时出席会议，因故不能参会的，必须履行请假手续。建立候会制度，预先估计每项议题需要的时间，通知相关参会人员依次进入会场。所有会议的出席人员，必须严格遵守相关会议的保密规定。对确需召开的全局性会议要建立报请审批制度，能以局部会议解决问题的，就不召开全局性会议。

3. 会议地点。会议地点应综合考虑会场的规模、大小、设施能否满足召开会议的需要，以及周边环境、交通、安全等因素是否适宜。严格执行会议管理制度，不得到明令禁止的风景名胜区举办会议，不得超规模、超标准，不得向基层或纳税人转嫁、摊派会议费，不得到非定点会议场所召开会议。

4. 会议时间。会议时间包括开会时间和会期长短两个方面，以解决问题为目的，时机成熟时召开会议。会期长短以会议的实际需要来决定，包括发言是否充分、议题是否完成等。认真贯彻相关规定，精简会议活动，切实改进会风。会前进行预测，在保证会议效果的情况下，尽量做到长会短开。有效控制与会人员按时参会，做到准时开会、准时结束，限制大会发言人的发言时间。

【知识点3】会议协调

会议协调是会议组织管理的重要手段，其实质是统一认识、调整关系、解决矛盾、协调行动。会议组织工作头绪繁杂、环节较多，每个环节之间相互关联、相互影响。因此，要重视会议工作的总体协调与安排。要建立一套有效的指挥调度系统，做好会务工作总体协调，明确岗位责任。必要时，列出详细的任务分工表，人手一份，以备检查和落实，及时协调解决问题。具体包括：文稿起草、会务组织、会场布置、来宾接待、生活服务、安全保卫、交通疏导、医疗急救、电力保障等。组会领导要瞻前顾后、统筹协调，既全面又具体地思考问题；会议工作人员既要清楚自己担负的职责，又要了解会议的总体要求。所有人员既要独立工作、各负其责，又要密切协作、主动配合。

## 【知识点4】会议精神落实

会议决议是会议目标的具体体现，在会议过程中，相关人员要积极协助会议主持人，督促会议决议的形成。要有一个准确的会议记录，并根据需要，形成会议纪要。每次会议要形成决议，会议的各项决议要有具体执行人员及完成期限。建立会议事后跟踪督促制度，使会议的每项决议都有根据、有检查。对会议要求和决定的事项，各单位及全体干部必须按会议要求严格贯彻执行。贯彻执行中确因特殊情况难以到位的，可以按组织原则反映情况，除非执行会造成重大不良影响或损失，一般在组织上未改变决定之前，不得停止或擅自更改已决定事项的执行。一些公开的会议，会议中形成的有关决议和方针，一旦形成文字并经审核把关后，即可通过传播媒介广泛宣传，以推动会议精神的贯彻落实。一些比较重要的会议如会期较长，应根据需要编制会议简报，做好会议的宣传报道工作。

## 【知识点5】会议应急管理

要从战略和全局的高度，提高公共安全和处理突发事件的能力，保障生命和财产安全。特别重要的会议，根据情况成立会议应急管理小组，制定会议突发事件紧急预案、会议安全保卫工作方案和会议医疗卫生保障制度，维护会场秩序，保护参会人员人身和财产安全。

# 三 会议座次安排

## 【知识点1】主席台的座次安排

一般以左为上，右为下。领导为单数时，1号领导居中，2号领导在1号领导左手位置，3号领导在1号领导右手位置；领导为偶数时，1号、2号领导同时居中，2号领导依然在1号领导左手位置，3号领导依然在1号领导右手位置。

## 【知识点2】签字仪式的座次安排

一般为签字双方主人在左边，客人在主人的右边。双方其他人数一般对等，按主客左右排列。

## 【知识点3】会谈式会议的座次安排

会谈的座次，可根据会议室的桌椅摆放布局，参照图2-1、图2-2安排。

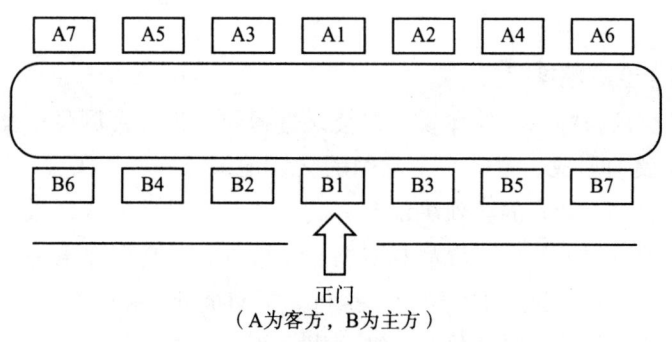

图 2-1　会谈式会议座次安排示意图（一）
（A为客方，B为主方）

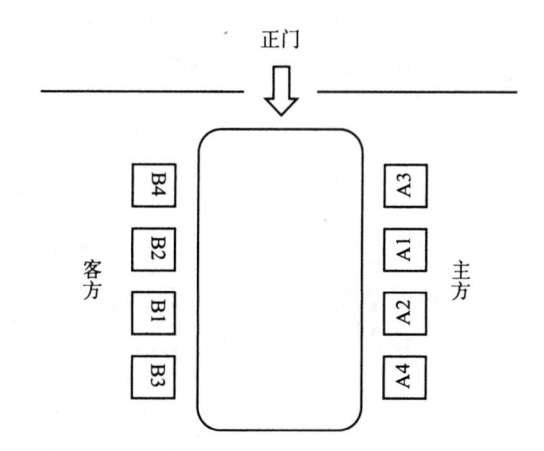

图 2-2　会谈式会议座次安排示意图（二）

## >> 第三节
## 机关日常管理——印信管理

### 一 印信概述

【知识点】印信的概念和范畴

印信，是指印章、介绍信等代表机关职权的凭证和标志，是代表机关的物化标志之一。使用印信意味着相应的权威、承诺和责任，具有法律效力。

税务部门的印章主要有法定名称章、具有法律效力的个人名章、冠以税务部门法定名称的专用印章、税务部门特殊用章等。法定名称章主要包括：单位的党委印章、行政印章（含钢印）、单位内设机构印章和直属单位印章等。具有法律效力的个人名章主要包括：单位法定代表人的名章、财务部门负责人的名章等。冠以单位法定名称的专用印章主要包括：单位的经济合同专用章、财务专用章、行政复议专用章、涉税审批专用章、干部调配专用章、工资审批专用章等。税务部门特殊用章主要包括：税务发票、税收票证等特殊业务票据上使用的特殊印章。

介绍信是用来介绍联系、接洽事宜的一种应用文体，是税务机关（部门）派人到其他单位（组织）联系工作、洽谈业务、参加活动（会议）、了解情况时使用的函件，主要用于自我说明。使用介绍信，可以使对方了解来人的身份和目的，以便得到对方的信任和支持，介绍信具有介绍、证明双重作用。

## 二 印信的管理与使用

印信管理是对各种印信的制发、使用、审批的管理。要保证印信使用的严肃性必须建立严格的管理使用制度。

**【知识点1】印信的制发**

各级税务机关（部门）必须使用上级机关制发的正式印章。负责制发印章的税务机关（部门）应按照有关规定进行印章刻制审批、备案。税务机关（部门）的内部议事协调机构和临时机构不制发印章，因履行职责需要使用印章时，以机关行政印章代替。

各类印章的启用，应由印章管理部门起草文件，以本单位或者单位办公室（厅）的名义印发启用通知后生效。如果单位撤销、单位名称变动、印章损坏停止使用，应采取公告形式声明作废，并及时送交印章制发机关封存或销毁，制发机关负责登记造册，任何单位和个人不得私自留存、使用废旧印章。需要更换印章，以及印章遗失、被抢、被盗的，应当向制发机关报告，并采取公告形式声明作废后，按照规定重新申请制发。

各级税务机关（部门）的介绍信由办公室（厅）统一印制，介绍信要具备序号、时间、介绍单位、被介绍人、事项、落款、印信、使用期限、存根等内容。

实行民族区域自治地区的税务机关（部门）印信，可以并刊汉字和相应的民族文字。

**【知识点2】印信的保管**

各级税务机关（部门）的印章和介绍信由办公室（厅）明确专人保管；冠以单位字头的专用印章，由单位行政首长授权的部门明确专人保管；单位的内设机构、直属单位的印章，由各内设机构、直属单位明确专人保管。

印信保管实行保管人和办公室（厅）主任负责制。印信保管人员是印信管理的直接责任人，要求具有高度的政治责任感、严格的保密观念，政治可靠、作风正派、严守制度、不徇私情。印信保管人员上岗前，应接受印信管理制度及相关知识的培训，签订印信管理责任书，明确应承担的安全保管、依规使用、严守秘密等义务。

重要印信要存放在保险柜内，印信管理部门和印信保管人员应采取相应的安全措施，确保印信安全保管。未经印信管理部门负责人批准，不得将印信擅自交给其他人员掌管。

印信保管人员应坚持"用时取印、用毕入柜、入柜落锁"，杜绝印信脱管失控。印信保管有异常现象或遗失，应保护现场，及时汇报，配合查处。印信保管人员因事离岗时，必须由印信管理部门负责人指定人员暂时代管，以免贻误工作；印信保管人员调离或者调整岗位，应办理印信移交手续，并由印信管理部门负责人监督移交。印信使用过程中留存的审批手续，应予以封存，经印信移交人和档案管理人员签字后，移交单位机关综合档案室保管。

【知识点3】印信的使用范围

1. 由税务机关名义签发的文件、文书，包括各类通知、通报、报告、决定、计划、纪要、函件、报表等。
2. 代表税务机关对外工作联系的介绍信。
3. 本单位的各类合同、项目协议、授权书、承诺书及其他需要的签章。
4. 税务机关对外提供的各类涉税证明材料。

【知识点4】印信的使用审批

使用印信必须履行审批手续，坚持"依职审签，依签用印，谁签章谁负责"的原则，由单位领导严格按照职责权限审批。

1. 以单位名义印发文件、文书，签订合同，开具介绍信、证明信等，根据情况分别使用单位党委印章、行政印章、专用印章或者单位办公室（厅）印章，不得使用其他内设机构印章。
2. 使用单位党委印章，须经单位党委书记或者其他主持党委工作的领导批准。
3. 使用单位行政印章，须经单位行政首长或者其他领导在职权范围内批准。
4. 使用单位办公室（厅）印章，须经单位办公室（厅）主任或其授权的副主任批准；由单位领导签发、以办公室（厅）名义制发的公文用印，由签发公文的单位领导批准。

5. 使用冠以单位字头的专用印章，须经单位行政首长或者行政首长授权的其他领导批准。使用单位内设机构或者直属单位印章，须经该内设机构或者直属单位主要负责人或其授权的其他负责人批准。使用单位主要领导的个人名章，须经该领导本人批准。

6. 外单位或者下级机关因工作需要，临时使用本单位印章的，应先由业务主管部门对有关事项的合法性、真实性、准确性予以审核鉴证，然后报单位主要或者分管领导批准后用印。

【知识点 5】印信的使用要求

印信管理者和使用者，在处理公务时必须符合政策、规章制度，严格规范流程，杜绝违规用印，同时符合规范化、程序化的要求。

开具介绍信要按规定将内容填列齐全，介绍信存根要保管 5 年。特殊情况需用信笺作介绍信时，用印人须登记留底。

## 三 印信管理风险防范

【知识点】印信管理主要风险点防范

1. 严禁把印信带离办公场所。如因特殊原因需异地使用印信，须经单位领导批准，印信管理人员应与有关人员两人以上在用印现场监印，严格按规定使用，妥善保管，确保安全。

2. 严禁在空白的纸张、介绍信、表格、信函、证件、合同、协议、奖状、荣誉证书等上面使用印章，严禁在没有任何文字、图表等内容的空白区域使用印章。如遇特殊情况，必须提出书面申请，经单位主要领导签字同意后，方可用印。

3. 在单位组织机构代码证书复印件等用以授权的证明材料上用印时，应在压印处注明具体用途。

4. 印信管理人员要严格遵守保密规定，不得泄露用印文件、函、电或者其他文书中的内容和涉密事项。

5. 在外单位、下级单位以及个人申请用印时，应注意严格履行用印审批手续，对一些涉及个人信息的表格文书要经主管部门认真核实，并且在用印处注明材料用途。必须将可填写其他内容、尚空白的表格划掉，防止私自涂改、添加。

对违反印信管理有关规定的，要追究本人及有关人员的责任；对造成严重影响和危害的，要严肃处理。

## 第四节 机关日常管理——档案管理

### 一 档案的概述

**【知识点1】档案的特征**

档案,是指国家、组织或个人在以往的社会实践活动中直接形成的具有保存价值的,各种门类和载体的历史记录。档案工作是党和国家工作中不可缺少的基础性工作,是促进各项事业科学发展的重要依据。

档案具有历史再现性、知识性、信息性、政治性、文化性、教育性等属性,其中历史再现性为其本质属性。"直接形成"说明档案的原始性,"历史记录"说明档案的记录性,档案是记录历史真实面貌的原始文献,具有历史再现性。正因为档案具有原始性和记录性,档案才具有凭证价值。

**【知识点2】档案的形式**

档案的形式多种多样,可以从载体、制作手段、表现方式等方面进行分类。从载体分类,有甲骨、金石、缣帛、简册、纸质、光介质、电磁介质等;从制作手段分类,有刀刻、笔写、印刷、复制、摄影、录音、摄像等;从表现方式分类,有文字、图表、声像等。

**【知识点3】税务档案的范畴**

税务档案,是指各级税务机关在工作中直接形成的,有保存价值的,各种文字、图表、音像等不同形式的历史记录,包括税收征管、纳税服务、税务执法和行政管理等各方面各环节工作的文书档案、声像档案、实物档案等。税务档案作为全国税务系统各方面工作的真实记录,全面、完整、准确地反映了税收事业改革发展和现代化进程,是促进税收事业科学发展、维护国家及人民群众税收利益的重要依据。

**【知识点4】税务系统档案管理原则**

税务系统档案管理坚持"双重管理"原则,即垂直管理和属地管理相结合。全国税务机关的档案管理工作,由国家档案局在宏观上统筹规划、组织协调、统一制度、监督指导，由税务总局制定规划、建立制度，实施检查、监督和指导。各级税务机关办公室（厅）主管本级机关档案工作，在业务上接受上级税务机关和地方同级档案行政管理机关的监督与指导。

各级税务机关应当在办公室（厅）内建立档案室，配备必要的专兼职档案管理人员，档案管理人员要尽量保持稳定。

## 二 档案的管理

【知识点1】文件材料的归档

各级税务机关应建立健全文件材料的归档制度。凡机关工作活动中形成的具有保存价值的各种门类和载体的文件材料，均由文书部门或业务部门进行整理、立卷，并按照有关规定定期向本单位档案管理部门移交，任何部门和个人不得据为己有或者拒绝归档。机关领导人和承办人员办理完毕的文件材料应及时交有关部门整理、立卷。

各级税务机关档案主管部门应根据全国税务机关文件材料归档范围和文书档案保管期限的相关规定要求，结合本机关职能和工作实际，编制本机关的文件材料归档范围和文书档案保管期限表。各级税务机关形成的人事、基建、会计及其他专门文件材料的归档范围和档案保管期限，按国家有关规定执行。

1. 需要归档的文件材料范围

（1）反映本机关主要职能活动和基本历史面貌的，对本机关工作、国家建设和历史研究具有利用价值的文件材料。

（2）机关工作活动中形成的在维护国家、集体和公民权益等方面具有凭证价值的文件材料。

（3）本机关需要贯彻执行的上级机关、同级机关的文件材料，下级机关报送的重要文件材料。

（4）其他对本机关工作具有查考价值的文件材料。

2. 不需要归档的文件材料范围

（1）上级机关文件材料中，普发性不需要本机关办理的文件材料，任免、奖惩非本机关工作人员的文件材料，供工作参考的抄件等。

（2）本机关文件材料中的重份文件，无查考利用价值的事务性、临时性文件，一般性文件的历次修改稿，文件各次校对稿，无特殊保存价值的信封，不需办理的一般性人民来信、电话记录，机关内部互相抄送的文件材料，本机关负责人兼任外单位职务形成的与本机关无关的文件材料，有关工作参考的文件材料。

（3）同级机关文件材料中，不需要贯彻执行的文件材料，不需要办理的抄送文件材料。

（4）下级机关文件材料中，供参阅的简报、情况反映，抄送或越级抄送的文件材料。

【知识点2】归档文件的整理

各级税务机关应把工作活动中形成的，具有使用和保存价值的文件材料，包括纸质和电子文件材料，在办理完毕后，由各责任部门整理后，按规定移交至档案管理部门。

归档文件应以件为单位进行组件、分类、排列、编号、编目等（纸质归档文件还包括修整、装订、编页、装盒、排架；电子文件还包括格式转换、元数据收集、归档数据包组织、存储等）。

【知识点3】文书档案的保管期限

税务机关文书档案的保管期限定为永久、定期两种。定期分为30年、10年两类。具体年限自按规定应归档的年份开始计算。

1. 永久保管的文书档案

（1）税务机关制定的法规政策性文件材料，如税务总局制定的规章等规范性法律文件以及政策性文件。

（2）本机关召开重要会议、举办重大活动等形成的主要文件材料，如本机关党委会议和局长办公会议、局务会议、局领导专题会议的纪要、记录。

（3）本机关职能活动中形成的重要业务文件材料，如本机关布置税收业务工作的文件，本机关年度工作计划、规划和总结材料。

（4）本机关关于重要问题的请示与上级机关的批复、批示，重要的报告、总结、综合统计报表等。

（5）本机关机构演变、人事任免等文件材料。

（6）上级机关制发的属于本机关主管业务的重要文件材料。

（7）同级机关、下级机关关于重要业务问题的来函、请示与本机关的复函、批复等文件材料。

2. 定期保管的文书档案

（1）本机关职能活动中形成的一般性业务文件材料。

（2）本机关召开会议、举办活动等形成的一般性文件材料，如会议讨论文件、典型材料、代表发言、会议简报、小组会议记录、参考材料。

（3）本机关人事管理工作形成的一般性文件材料。

（4）本机关一般性事务管理文件材料，如税收业务工作日常事务性工作开展情况的通报。

（5）本机关关于一般性问题的请示与上级机关的批复、批示，一般性工作报告、总结、统计报表等。

（6）上级机关制发的属于本机关主管业务的一般性文件材料。

（7）上级机关和同级机关制发的非本机关主管业务但要贯彻执行的文件材料。

（8）同级机关、下级机关关于一般性业务问题的来函、请示与本机关的复函、批复等文件材料。

（9）下级机关报送的年度或年度以上计划、总结、统计、重要专题报告等文件材料。

【知识点4】档案的鉴定、销毁

各级税务机关的档案管理部门会同有关业务单位，根据档案保管期限表，定期对档案进行鉴定，核定保管期限，剔出无保存价值的档案。

销毁确无保存价值的档案时，应当写出销毁档案报告，说明销毁理由、原保管期限、数量和简要内容，连同编写的销毁清册一起送有关业务单位领导和办公室（厅）负责人审核，报机关领导批准后方可销毁，并在原案卷目录上注销。在销毁档案时，应当与机关保卫部门取得联系，指定两人以上监销，并由监销人员在销毁清册上签字。

【知识点5】档案管理的注意事项

各级税务机关要建立健全档案资源体系、档案利用体系和档案安全体系，把档案工作纳入本单位发展规划和年度工作计划，列入工作考核检查的内容；分管领导要定期听取档案主管部门工作汇报，定期督促检查，及时研究并协调解决档案工作中的重大问题，为档案工作顺利开展提供人力、财力、物力等方面保障，支持档案主管部门依法监督指导本系统、机关和所属单位的档案工作，推动档案工作发展同税收事业发展相协调。

## 三 档案的利用与开发

【知识点1】档案利用

档案利用，是指对档案的阅览、复制和摘录。

税务机关工作人员因工作需要可以借阅库存档案。借（查）阅本部门业务范围有关非涉密档案，经档案管理人员同意即可。借阅非本人主管业务的机密文件，必须经办公室（厅）负责人批准。档案一般不对外提供，如有特殊情况，借阅者须由相关部门工作人员陪同或介绍并持有关单位正式介绍信。

借阅档案，原则上只限于在机关档案室内阅读。借阅者应爱护和妥善保管档案，不得涂损档案，不得转借他人，阅完及时归还。

各级税务机关档案主管部门要大力开展传统载体档案数字化工作，实现对电子文件形成、积累和归档的全程监督指导，及时以数字化档案代替原件提供利用，通过网络传送，实现档案信息的远程利用、便捷利用、多人异地同时利用。

【知识点2】档案开发

档案开发，是指对档案信息的分析研究、综合加工，提供档案信息产品，挖掘档案的内在价值。各级税务机关档案主管部门要增强大局意识、服务意识和创新意识，主动跟进税收改革重大事项、税收工作重要部署，配合重大纪念活动，加强对档案信息的深度开发，通过开展网上利用、主动宣传推介、编辑出版档案选编、举办档案展览等形式，最大限度地发挥档案存凭、留史、咨政、育人等效用，更好为各级税务机关决策、管理提供参考。

【知识点3】档案工作的法律责任

根据《中华人民共和国档案法》规定，有下列行为之一的，由县级以上人民政府档案行政管理部门、有关主管部门对直接负责的主管人员或者其他直接责任人员依法给予行政处分；构成犯罪的，依法追究刑事责任：

1. 损毁、丢失属于国家所有的档案的。
2. 擅自提供、抄录、公布、销毁属于国家所有的档案的。
3. 涂改、伪造档案的。
4. 擅自出卖或者转让档案的。
5. 倒卖档案牟利或者将档案卖给、赠送给外国人的。
6. 不按规定归档或者不按期移交档案的。
7. 明知所保存的档案面临危险而不采取措施，造成档案损失的。
8. 档案工作人员玩忽职守，造成档案损失的。

## >> 第五节
## 机关日常管理——督查督办

### 一 督查督办概述

**【知识点1】督查督办的概念**

督查督办是确保政令畅通，上级和本级机关作出的重大决策、工作部署以及各项工作顺利实现的重要措施。督查督办是政府机关工作的重要组成部分，是政府部门全面履行职责的重要环节，是落实党和政府重大决策部署的重要保障。

**【知识点2】督查督办的管理机构**

各级税务机关办公室（厅）是督查督办的管理机构，主管本机关的督查督办并负责指导下级机关督查督办工作的开展。各级税务机关办公室（厅）应当建立和完善督查督办各项制度，如分级负责制、岗位责任制、督查时限制、督查报告制、情况通报制、责任追究制、督查报告制、安全保密制等。督查督办应按照分级负责的原则，一级督查一级，一级对一级负责。

**【知识点3】税务机关督查督办工作的主要内容**

税务机关的督查督办工作主要包括以下几个方面内容：

1. 党中央、国务院，上级党委、政府和上级税务机关作出的重大决策和工作部署以及上级文件和上级会议决定中需要报告贯彻落实情况的事项；上级领导重要批示的贯彻落实情况。

2. 本级税务机关年度工作会议、党委会议、局务会议、局长办公会议、重要专题会议作出的重要工作部署、决定和议定事项的贯彻落实情况；本级领导重要批示和交办事项的落实情况；年度重要工作目标和阶段性重要工作的贯彻落实情况；局领导调研时基层税务机关反映问题的办理情况。

3. 各级人大代表议案、建议和政协委员提案的办理情况；重要信访案件和群众反映的"热点""难点"问题的办理情况；社会新闻媒体以及税务系统内部媒体反映税收有关问题的办理情况；有关部门来电、来函征求意见、会签文件的办理情况；下级税务机关请示答复的办理情况。

4. 其他需要列入督办事项的办理情况。

## 二、机关督办工作的基本流程

【知识点1】机关督办的程序

机关督办工作按照立项、交办、承办、督促、反馈、审核、归档等程序进行。

【知识点2】机关督办的开始环节

开始环节主要包括立项和交办。

1. 立项，是指督办工作范围内明确要求督办的事项，由督办部门填写《督办立项审批单》或拟定文件报办公室主任审定立项。没有明确要求督办的事项，由办公室提出建议报局领导审定立项。

2. 交办，是指办公室根据督办事项的内容和处室职责分工，及时以《督办通知单》或文件等形式将督办事项交给承办单位办理。交办应明确督办依据、办理要求和办理时限。需要多个单位共同完成的督办事项，应明确主办单位，由主办单位向相关单位提出协办要求。

【知识点3】机关督办的中间环节

中间环节主要包括承办和督促。

1. 承办，是指承办单位接到督办任务后，应按要求和时限办理，不得延误。承办单位如认为督办事项不属于本单位职责范围，应及时与办公室沟通，不得自行将督办事项转送其他单位办理。涉及多个单位的督办事项，主办单位应主动与协办单位商议共同办理。

2. 督促，是指办公室应采取电话催办、网络提醒、实地查看等多种方式，及时掌握督办事项的办理情况，督促工作进展。对重要的督办事项，要跟踪催办。

【知识点4】机关督办的事后环节

事后环节主要包括反馈、审核和归档。

1. 反馈，是指督办事项应在规定时间内办结并反馈。通过《督办通知单》立项交办的，承办单位应及时在相关栏目上填写"办理情况"并反馈给督办部门；通过文件立项交办的，承办单位应及时将办理结果书面反馈给督办部门。

2. 审核，是指办公室对承办单位反馈的办理情况应认真进行审核。对一些重要事项的办理情况，必要时可要求承办单位进一步提供相关资料或进行现场核查。

3. 归档，是指对已办结的督办事项，按有关规定进行收集、整理，定期归档备查。

## 三 系统督查工作的常用方法

【知识点1】实地督查

1. 前期准备工作。税务机关开展实地督查，尤其是系统督查，要做好相应准备工作，主要包括：①拟定方案。会同相关部门制定督查方案，一般包括督查事项、依据、标准、方式、对象和时间安排等。②组建督查组。会商相关部门和税务机关，抽调人员组成若干督查组，并确定督查组组长、联络员。要充分发挥督查专员、税务领军人才、专业人才、业务能手等人员作用。③开展培训。编印督查工作手册，分发全体督查人员；组织开展业务培训，讲解业务政策、督查重点、方式方法、注意事项等。④下发督查通知。一般提前3个工作日向被督查单位下发督查通知，告知督查事项、工作安排、督查组成员及有关要求。⑤发布督查公告。按照督查工作要求，被督查单位应在办公楼、内外网站、办税服务厅等显著位置发布督查组公告，一般包括：督查事项、对象、时间和联系方式等。

2. 主要工作方式。实地督查中，一般由2位以上督查组成员参加。督查人员要认真做好记录，填写督查工作底稿，主要工作方式有：听取被督查单位关于督查事项的工作汇报；召开税务干部和纳税人座谈会，围绕督查事项听取意见建议；查阅相关文件、会议纪要、税收执法卷宗和文书等资料；查询税收信息系统有关数据、文档；选择部分市、县税务机关，深入了解基层工作落实情况；走访纳税人，征求意见建议；对纳税人通过电话、邮件等途径反映的相关问题进行调查、核实；督查工作中发现被督查单位存在问题的，必要时可以约谈相关人员，进一步了解情况。

3. 反馈意见。督查组与被督查单位交换意见，对总体情况作出评价，指出存在问题，提出对策建议，推动有关问题的解决。

4. 总结汇报。各督查组组长负责组织起草，形成内容翔实、观点鲜明、建议明确的督查分报告，督查督办部门根据各督查组报告汇总形成总报告。

5. 督促整改。针对督查发现的问题，督查部门向被督查单位分别制发整改通知，明确需要整改的问题、时限及有关要求。对于普遍出现的共性问题，通知各级税务机关进行自查整改。被督查单位按照整改通知要求，制定整改方案，建立整改台账，坚持对账销号，做到认真整改到位，并将整改报告以正式公文报督查督办部门。督查督办部门要审核汇总被督查单位的整改方案、整改报告，跟踪整改情况，督促整改到位，将整改结果及时汇总报局领导。

### 【知识点2】案头督查

对部分事项，可以采取文件、电话等方式开展案头督查。主要程序有四个环节。一是立项通知，经领导批准下发督查通知，布置督查任务。二是跟踪催办，对需要落实和整改的事项，进行跟踪催办，督促被督查单位落实整改到位。三是情况反馈。被督查单位按要求认真整改到位，并将整改报告以正式公文报督查部门。四是总结报告。对整改落实情况进行审核分析，报局领导审示。

### 【知识点3】暗访督查

根据工作需要，采取暗访的形式开展督查。对税务机关的暗访，可以通过拍照、录音、录像等留存记录，填写督查工作底稿；必要时暗访人员可以公开身份，进一步核实有关问题。

### 【知识点4】交叉督查

上级税务机关可以适时组织下级税务机关开展交叉督查。承担督查任务的税务机关按照上级税务机关确定的督查方案，组建督查组对被督查单位实施督查，并提交督查报告。

### 【知识点5】"二次督查"

为确保督查发现的问题整改落实到位，可对部分单位组织开展"二次督查"。主要内容有：整改通知中指出问题的整改落实情况；整改落实长效机制建设情况；尚未整改落实的问题及原因；需要了解的其他情况。

开展系统督查过程中，可以邀请第三方机构，对有关政策措施落实情况开展评估，或通过互联网络对落实效果进行评价。可以邀请税务新闻媒体或其他社会新闻媒体，报道督查工作开展情况，对落实情况好的单位进行宣传，对落实不力的典型情况予以曝光。

督查工作结束后，督查组应及时将被督查单位的汇报材料、电话记录、电子邮件、座谈会记录、工作底稿等资料整理后报督查督办部门按档案管理规定进行整理归档。

## >> 第六节
## 政务公开

### 一 政府信息公开概述

**【知识点1】政府信息公开的概念**

政府信息公开是指行政机关在履行职责过程中制作或者获取的，以一定形式记录、保存的信息，及时、准确地公开发布。

广义上的政府信息公开主要包括两方面的内容，一是政务公开，二是信息公开。狭义上的政府信息公开主要指政务公开。政务公开主要是指行政机关公开其行政事务，强调的是行政机关要公开其执法依据、执法程序和执法结果，属于办事制度层面的公开。广义上的政府信息公开的内涵和外延要比政务公开广阔得多，它不仅要求政府事务公开，而且要求政府公开其所掌握的其他信息。

**【知识点2】政府信息公开的主管部门**

国务院办公厅是全国政府信息公开工作的主管部门，负责推进、指导、协调、监督全国的政府信息公开工作。

县级以上地方人民政府办公厅（室）是本行政区域的政府信息公开工作主管部门，负责推进、指导、协调、监督本行政区域的政府信息公开工作。

实行垂直领导的部门的办公厅（室）主管本系统的政府信息公开工作。

**【知识点3】政府信息公开工作机构的具体职能**

各级人民政府及县级以上人民政府部门应当建立健全本行政机关的政府信息公开工作制度，并指定机构（以下统称政府信息公开工作机构）负责本行政机关政府信息公开的日常工作。

政府信息公开工作机构的具体职能是：

1. 办理本行政机关的政府信息公开事宜。

2. 维护和更新本行政机关公开的政府信息。

3. 组织编制本行政机关的政府信息公开指南、政府信息公开目录和政府信息公开工作年度报告。

4. 组织开展对拟公开政府信息的审查。

5. 本行政机关规定的与政府信息公开有关的其他职能。

**【知识点4】政府信息公开的原则**

行政机关公开政府信息，应当坚持以公开为常态、不公开为例外，遵循公正、公平、合法、便民的原则。

行政机关应当及时、准确地公开政府信息。

行政机关发现影响或者可能影响社会稳定、扰乱社会和经济管理秩序的虚假或者不完整信息的，应当发布准确的政府信息予以澄清。

各级人民政府应当积极推进政府信息公开工作，逐步增加政府信息公开的内容。

各级人民政府应当加强政府信息资源的规范化、标准化、信息化管理，加强互联网政府信息公开平台建设，推进政府信息公开平台与政务服务平台融合，提高政府信息公开在线办理水平。

公民、法人和其他组织有权对行政机关的政府信息公开工作进行监督，并提出批评和建议。

**【知识点5】政府信息公开的特殊情况**

依法确定为国家秘密的政府信息，法律、行政法规禁止公开的政府信息，以及公开后可能危及国家安全、公共安全、经济安全、社会稳定的政府信息，不予公开。

涉及商业秘密、个人隐私等公开会对第三方合法权益造成损害的政府信息，行政机关不得公开。但是，第三方同意公开或者行政机关认为不公开会对公共利益造成重大影响的，予以公开。

行政机关的内部事务信息，包括人事管理、后勤管理、内部工作流程等方面的信息，可以不予公开。

行政机关在履行行政管理职能过程中形成的讨论记录、过程稿、磋商信函、请示报告等过程性信息以及行政执法案卷信息，可以不予公开。法律、法规、规章规定上述信息应当公开的，从其规定。

**【知识点6】政府信息的公开审查机制**

行政机关应当建立健全政府信息公开审查机制，明确审查的程序和责任。

行政机关应当依照《中华人民共和国保守国家秘密法》以及其他法律、法规和国家有关规定对拟公开的政府信息进行审查。

行政机关不能确定政府信息是否可以公开的，应当依照法律、法规和国家有关规定报有关主管部门或者保密行政管理部门确定。

行政机关应当建立健全政府信息管理动态调整机制，对本行政机关不予公开的政府信息进行定期评估审查，对因情势变化可以公开的政府信息应当公开。

## 二 信息公开流程

**【知识点1】主动公开的内容**

对涉及公众利益调整、需要公众广泛知晓或者需要公众参与决策的政府信息，行政机关应当主动公开。行政机关应当主动公开本行政机关的下列政府信息：

1. 行政法规、规章和规范性文件。
2. 机关职能、机构设置、办公地址、办公时间、联系方式、负责人姓名。
3. 国民经济和社会发展规划、专项规划、区域规划及相关政策。
4. 国民经济和社会发展统计信息。
5. 办理行政许可和其他对外管理服务事项的依据、条件、程序以及办理结果。
6. 实施行政处罚、行政强制的依据、条件、程序以及本行政机关认为具有一定社会影响的行政处罚决定。
7. 财政预算、决算信息。
8. 行政事业性收费项目及其依据、标准。
9. 政府集中采购项目的目录、标准及实施情况。
10. 重大建设项目的批准和实施情况。
11. 扶贫、教育、医疗、社会保障、促进就业等方面的政策、措施及其实施情况。
12. 突发公共事件的应急预案、预警信息及应对情况。
13. 环境保护、公共卫生、安全生产、食品药品、产品质量的监督检查情况。
14. 公务员招考的职位、名额、报考条件等事项以及录用结果。
15. 法律、法规、规章和国家有关规定规定应当主动公开的其他政府信息。

除以上政府信息外，设区的市级、县级人民政府及其部门还应当根据本地方的具体情况，主动公开涉及市政建设、公共服务、公益事业、土地征收、房屋征收、治安管理、社会救助等方面的政府信息；乡（镇）人民政府还应当根据本地方的具体情况，主动公开贯彻落实农业农村政策、农田水利工程建设运营、农村土地承包经营权流转、宅基地使用情况审核、土地征收、房屋征收、筹资筹劳、社会救助等方面的政府信息。

行政机关应当确定主动公开政府信息的具体内容，并按照上级行政机关的部署，不断增加主动公开的内容。

**【知识点2】建立健全政府信息发布机制**

行政机关应当建立健全政府信息发布机制，将主动公开的政府信息通过政府公报、政府网站或者其他互联网政务媒体、新闻发布会以及报刊、广播、电视等途径予以公开。

各级人民政府应当加强依托政府门户网站公开政府信息的工作，利用统一的政府信息公开平台集中发布主动公开的政府信息。政府信息公开平台应当具备信息检索、查阅、下载等功能。

各级人民政府应当在国家档案馆、公共图书馆、政务服务场所设置政府信息查阅场所，并配备相应的设施、设备，为公民、法人和其他组织获取政府信息提供便利。

行政机关可以根据需要设立公共查阅室、资料索取点、信息公告栏、电子信息屏等场所、设施，公开政府信息。

行政机关应当及时向国家档案馆、公共图书馆提供主动公开的政府信息。

【知识点3】政府信息主动公开的时限要求

属于主动公开范围的政府信息，应当自该政府信息形成或者变更之日起20个工作日内及时公开。法律、法规对政府信息公开的期限另有规定的，从其规定。

【知识点4】依申请公开的概念

除行政机关主动公开的政府信息外，公民、法人或者其他组织可以向地方各级人民政府、对外以自己名义履行行政管理职能的县级以上人民政府部门申请获取相关政府信息。

行政机关应当建立完善政府信息公开申请渠道，为申请人依法申请获取政府信息提供便利。

公民、法人或者其他组织申请获取政府信息的，应当向行政机关的政府信息公开工作机构提出，并采用包括信件、数据电文在内的书面形式；采用书面形式确有困难的，申请人可以口头提出，由受理该申请的政府信息公开工作机构代为填写政府信息公开申请。

【知识点5】政府信息公开申请

政府信息公开申请应当包括下列内容：

1. 申请人的姓名或者名称、身份证明、联系方式。
2. 申请公开的政府信息的名称、文号或者便于行政机关查询的其他特征性描述。
3. 申请公开的政府信息的形式要求，包括获取信息的方式、途径。

政府信息公开申请内容不明确的，行政机关应当给予指导和释明，并自收到申请之日起7个工作日内一次性告知申请人作出补正，说明需要补正的事项和合理的补正期限。答复期限自行政机关收到补正的申请之日起计算。申请人无正当理由逾期不补正的，视为放弃申请，行政机关不再处理该政府信息公开申请。

**【知识点6】行政机关收到政府信息公开申请的时间确定**

行政机关收到政府信息公开申请的时间，按照下列规定确定：

1. 申请人当面提交政府信息公开申请的，以提交之日为收到申请之日。

2. 申请人以邮寄方式提交政府信息公开申请的，以行政机关签收之日为收到申请之日；以平常信函等无须签收的邮寄方式提交政府信息公开申请的，政府信息公开工作机构应当于收到申请的当日与申请人确认，确认之日为收到申请之日。

3. 申请人通过互联网渠道或者政府信息公开工作机构的传真提交政府信息公开申请的，以双方确认之日为收到申请之日。

依申请公开的政府信息公开会损害第三方合法权益的，行政机关应当书面征求第三方的意见。第三方应当自收到征求意见书之日起15个工作日内提出意见。第三方逾期未提出意见的，由行政机关依照《中华人民共和国政府信息公开条例》的规定决定是否公开。第三方不同意公开且有合理理由的，行政机关不予公开。行政机关认为不公开可能对公共利益造成重大影响的，可以决定予以公开，并将决定公开的政府信息内容和理由书面告知第三方。

**【知识点7】依申请政府信息的答复要求**

行政机关收到政府信息公开申请，能够当场答复的，应当当场予以答复。

行政机关不能当场答复的，应当自收到申请之日起20个工作日内予以答复；需要延长答复期限的，应当经政府信息公开工作机构负责人同意并告知申请人，延长期限最长不得超过20个工作日。

行政机关征求第三方和其他机关意见所需时间不计算在前款规定的期限内。

申请公开的政府信息由两个以上行政机关共同制作的，牵头制作的行政机关收到政府信息公开申请后可以征求相关行政机关的意见，被征求意见机关应当自收到征求意见书之日起15个工作日内提出意见，逾期未提出意见的视为同意公开。

申请人申请公开政府信息的数量、频次明显超过合理范围，行政机关可以要求申请人说明理由。行政机关认为申请理由不合理的，告知申请人不予处理；行政机关认为申请理由合理，但是无法在《中华人民共和国政府信息公开条例》第三十三条规定的期限内答复申请人的，可以确定延迟答复的合理期限并告知申请人。

**【知识点8】依申请政府信息的答复方式**

对政府信息公开申请，行政机关根据下列情况分别作出答复：

1. 所申请公开信息已经主动公开的，告知申请人获取该政府信息的方式、途径。

2. 所申请公开信息可以公开的,向申请人提供该政府信息,或者告知申请人获取该政府信息的方式、途径和时间。

3. 行政机关依据《中华人民共和国政府信息公开条例》的规定决定不予公开的,告知申请人不予公开并说明理由。

4. 经检索没有所申请公开信息的,告知申请人该政府信息不存在。

5. 所申请公开信息不属于本行政机关负责公开的,告知申请人并说明理由;能够确定负责公开该政府信息的行政机关的,告知申请人该行政机关的名称、联系方式。

6. 行政机关已就申请人提出的政府信息公开申请作出答复、申请人重复申请公开相同政府信息的,告知申请人不予重复处理。

7. 所申请公开信息属于工商、不动产登记资料等信息,有关法律、行政法规对信息的获取有特别规定的,告知申请人依照有关法律、行政法规的规定办理。

申请公开的信息中含有不应当公开或者不属于政府信息的内容,但是能够作区分处理的,行政机关应当向申请人提供可以公开的政府信息内容,并对不予公开的内容说明理由。

行政机关向申请人提供的信息,应当是已制作或者获取的政府信息。除按规定能够作区分处理的外,需要行政机关对现有政府信息进行加工、分析的,行政机关可以不予提供。

申请人以政府信息公开申请的形式进行信访、投诉、举报等活动,行政机关应当告知申请人不作为政府信息公开申请处理并可以告知通过相应渠道提出。

申请人提出的申请内容为要求行政机关提供政府公报、报刊、书籍等公开出版物的,行政机关可以告知获取的途径。

行政机关依申请公开政府信息,应当根据申请人的要求及行政机关保存政府信息的实际情况,确定提供政府信息的具体形式;按照申请人要求的形式提供政府信息,可能危及政府信息载体安全或者公开成本过高的,可以通过电子数据以及其他适当形式提供,或者安排申请人查阅、抄录相关政府信息。

公民、法人或者其他组织有证据证明行政机关提供的与其自身相关的政府信息记录不准确的,可以要求行政机关更正。有权更正的行政机关审核属实的,应当予以更正并告知申请人;不属于本行政机关职能范围的,行政机关可以转送有权更正的行政机关处理并告知申请人,或者告知申请人向有权更正的行政机关提出。

**【知识点9】行政机关依申请提供政府信息收费**

行政机关依申请提供政府信息,不收取费用。但是,申请人申请公开政府信息的数量、频次明显超出合理范围的,行政机关可以收取信息处理费。

信息处理费可以按件计收，也可以按量计收，均按照超额累进方式计算收费金额。行政机关对每件申请可以根据实际情况选择适用其中一种标准，但不得同时按照两种标准重复计算。

按件计收适用于所有政府信息公开申请处理决定类型。申请人的一份政府信息公开申请包含多项内容的，行政机关可以按照"一事一申请"原则，以合理的最小单位拆分计算件数。

按件计收执行下列收费标准：

1. 同一申请人一个自然月内累计申请10件以下（含10件）的，不收费。

2. 同一申请人一个自然月内累计申请11～30件（含30件）的部分：100元/件。

3. 同一申请人一个自然月内累计申请31件及以上的部分：以10件为一档，每增加一档，收费标准提高100元/件。

按量计收适用于申请人要求以提供纸质件、发送电子邮件、复制电子数据等方式获取政府信息的情形。相关政府信息已经主动对外公开，行政机关依据《中华人民共和国政府信息公开条例》第三十六条第（一）项、第（二）项的规定告知申请人获取方式、途径等的，不适用按量计收。按量计收以单件政府信息公开申请为单位分别计算页数（A4及以下幅面纸张的单面为1页），对同一申请人提交的多件政府信息公开申请不累加计算页数。

按量计收执行下列收费标准：

1. 30页以下（含30页）的，不收费。

2. 31～100页（含100页）的部分：10元/页。

3. 101～200页（含200页）的部分：20元/页。

4. 201页及以上的部分：40元/页。

行政机关依法决定收取信息处理费的，应当在政府信息公开申请处理期限内，按照申请人获取信息的途径向申请人发出收费通知，说明收费的依据、标准、数额、缴纳方式等。申请人应当在收到收费通知次日起20个工作日内缴纳费用，逾期未缴纳的视为放弃申请，行政机关不再处理该政府信息公开申请。政府信息公开申请处理期限从申请人完成缴费次日起重新计算。

**【知识点10】针对申请情况进行完善和调整**

申请公开政府信息的公民存在阅读困难或者视听障碍的，行政机关应当为其提供必要的帮助。

多个申请人就相同政府信息向同一行政机关提出公开申请，且该政府信息属于可以公开的，行政机关可以纳入主动公开的范围。

对行政机关依申请公开的政府信息，申请人认为涉及公众利益调整、需要公众广泛知晓或者需要公众参与决策的，可以建议行政机关将该信息纳入主动公开的范围。行政机关经审核认为属于主动公开范围的，应当及时主动公开。

行政机关应当建立健全政府信息公开申请登记、审核、办理、答复、归档的工作制度，加强工作规范。

**【知识点11】税务系统政府信息公开**

1. 政府信息公开申请的提出

公民、法人或者其他组织可以采取当面申请、邮寄申请、互联网在线平台申请等方式提出政府信息公开申请，并在政府信息公开申请表中准确详实填写申请人信息、所需政府信息事项内容、信息获取方式等。税务机关应在政府信息公开指南中列明申请渠道和有关要求。

2. 政府信息公开申请的登记

税务机关信息公开机构应当建立台账，对收到的政府信息公开申请及办理情况逐一记载。应登记的内容主要包括：

（1）收到申请的时间。主要包括以下四种情形：①申请人当面提交政府信息公开申请的，信息公开机构应向申请人出具登记回执，以申请人提交之日为收到申请之日；②申请人以特快专递、挂号信等需要签收的邮寄方式提交政府信息公开申请的，以税务机关签收之日为收到申请之日；③申请人以平常信函等无须签收的邮寄方式提交政府信息公开申请的，信息公开机构应当于收到申请的当日与申请人进行确认，以确认之日为收到申请之日；④申请人通过互联网在线提交政府信息公开申请的，信息公开机构应当于收到申请的当日与申请人进行确认，以确认之日为收到申请之日。

上述所称"确认"，是指信息公开机构通过电话或者申请人提供的其他联系方式，向申请人告知税务机关已收到其政府信息公开申请。

（2）申请情况。主要包括申请人信息、申请渠道、申请公开的内容、信息获取的方式等，其中申请人情况分以下两种情况进行登记：

①申请人是公民的，应登记申请人姓名、身份证号码、联系电话、通信地址、邮政编码等。②申请人是法人或者其他组织的，应登记申请人名称、性质（按工商企业、科研机构、社会公益组织、法律服务机构、其他等划分）、统一社会信用代码、通信地址、邮政编码、联系电话、联系人姓名。

（3）办理情况。主要登记办理的过程及进展等情况，包括补正、征求意见、答复、送达等情况。

（4）复议诉讼情况。主要包括申请人提出行政复议、行政诉讼及相关进展、结果等情况。

3. 政府信息公开申请的审核

收到政府信息公开申请后，信息公开机构应当对申请内容进行审核。申请内容不符合规定要求的，应及时告知申请人进行补正。

（1）应当补正的情形。包括：①未提供申请人的姓名或者名称、身份证明、联系方式的；②申请公开的政府信息的名称、文号或者其他特征性描述不明确或有歧义的；③申请公开的政府信息的形式要求不明确的，包括未明确获取信息的方式、途径等。

（2）补正告知的方式。需要申请人补正的，信息公开机构应当在收到申请之日起7个工作日内一次性告知申请人补正事项、合理补正期限、逾期不补正的后果。

（3）补正结果。补正原则上不超过一次。申请人补正后仍无法明确申请内容的，税务机关应当通过与申请人当面或者电话沟通等方式明确其所需获取的政府信息；经沟通，税务机关认为申请内容仍不明确的，可以根据客观事实作出无法提供的决定。补正期限一般不超过15个工作日。申请人无正当理由，逾期不补正的，视为放弃申请，税务机关不再处理该政府信息公开申请。答复期限自税务机关收到申请人补正材料之日起计算。

（4）撤回申请。申请人自愿撤回政府信息公开申请的，税务机关自收到撤回申请之日起不再处理其政府信息公开申请，信息公开机构作结案登记，并留存申请人撤回申请等相关材料。

4. 政府信息公开申请的办理

（1）信息公开机构直接办理。对于政府信息公开申请内容明确，信息公开机构能够直接办理的，可自行起草政府信息公开申请答复文书。

（2）交承办部门办理。信息公开机构认为需要交本机关相关部门办理的，根据申请内容确定具体承办部门，填写《政府信息公开申请办理审批表》及交办单，经信息公开机构负责人签批后，将政府信息公开申请交承办部门办理。

承办部门应当在信息公开机构明确的期限内提出予以公开、不予公开、部分公开、无法提供、不予处理等办理意见并说明理由，经部门主要负责人签批后反馈信息公开机构；涉及多个部门的，由牵头承办部门协调办理。

5. 政府信息公开申请的答复

各级税务机关应对政府信息公开申请作出最终处理决定、制作相应法律文书并送达申请人。答复文书分为答复书和告知书，应当具备以下要素：标题、文号、申请人姓名（名称）、申请事实、法律依据、处理决定、申请人复议诉讼的权利和期限、答复主体、答复日期及印章。

（1）起草答复文书。信息公开机构应当自行或者按照承办部门意见起草政府信息公开答复文书。答复文书主要分为予以公开、不予公开、部分公开、无法提供、不予处理等五种类型。

（2）法规部门审核。法规部门对信息公开机构起草的答复文书进行审核，并及时反馈审核意见。

（3）报批。信息公开机构根据法规部门审核意见修改答复文书，并报本机关分管领导批准后，作出答复决定；涉及关键信息、敏感信息的，应报本机关主要领导批准。

（4）送达。税务机关依申请公开政府信息，应当根据申请人的要求及税务机关保存政府信息的实际情况，确定提供政府信息的具体形式，主要有当面提供、邮政寄送或者通过互联网在线申请平台发送三种形式。邮寄送达的，应通过邮政快递或者挂号方式，以邮政企业收寄并加盖邮戳日期为答复时间；通过互联网在线申请平台送达的，应将答复文书扫描上传并将相关政府信息作为附件一并发送，网络系统发出文书的日期为答复时间；当面送达的，申请人签收的日期为答复时间。

6. 政府信息公开申请资料的整理保管

（1）应当整理保管的资料。办理政府信息公开申请工作中产生的下列资料，应当由信息公开机构按件整理保管：政府信息公开申请表原件，申请人身份证明或者证明文件复印件，办理过程中形成的运转单、审批表，对申请人作出的告知书、答复书，向其他行政机关及第三方发出的征求意见函，其他行政机关及第三方意见，邮寄单据和相关签收单据以及应当保管的其他材料。

（2）保管期限。办理政府信息公开申请过程中产生的档案材料保管5年后，经分析研判无保存价值的，由信息公开机构负责人批准，可予销毁。因政府信息公开发生行政复议、行政诉讼以及具有查考利用价值的重要材料，按年度向机关档案管理部门移交归档。

本知识点所称税务机关，是指省和省以下税务局及经省税务局确定负责与所履行行政管理职能有关的政府信息公开工作的派出机构、内设机构。

## >> 第七节
## 宣传舆情——税收宣传

### 一 税收宣传基础知识

【知识点1】税收宣传的概念

税收宣传是税务部门通过报刊、图书、广播、电视、网络等媒体和社会公众易于接受的其他方式，使纳税人、税务干部和其他各界人士及时了解党中央、国务院关于税收工作的方针政策、税收法律法规及税收工作情况而开展的各类宣传活动。做好税收宣传工作，要把党中央关于宣传思想工作的决策部署与税务系统的实际有机对接，税收宣传要把握话语权、提升影响力、扩大覆盖面，务必扎实推进、落地生根、入脑入心。

**【知识点2】加强税收宣传的重要性**

1. 加强税收宣传可以有力推进税收事业的发展。要落实和执行好各项税收政策就必须加强税收宣传，让纳税人及时了解掌握涉税政策，发挥应有的政策效应，促进经济更好更快发展。同时，通过加强税收宣传可以有效减少工作阻力，缓解征纳矛盾，确保税收管理改革的稳步进行，推进税收事业的科学发展。

2. 加强税收宣传可以大力推进依法治税。依法治税既是贯彻依法治国基本方略的必然要求，也是建立和发展社会主义市场经济的必然要求。所以，应开展全方位、多层次、多形式的大规模税法宣传活动，切实增强依法治税的针对性、系统性和实效性，增强全民法治观念，提高其纳税意识，构建良好的治税环境。

3. 加强税收宣传可以彰显税收工作的重要价值。税收宣传就是要把税收政策、税收的性质向社会公众讲清楚、讲明白，寓管理于服务中，寓服务于社会中。从社会的角度来讲，税收宣传是否得到各级党政领导的支持、有关部门的配合、社会各界的理解，是能否形成税收工作良好社会环境的重要方面。

**【知识点3】税收宣传的主要内容**

1. 中央对税收工作的部署要求。大力宣传党中央、国务院关于税收工作的方针、政策、重大决策和部署以及重要指示等。

2. 税收法律、法规和政策。广泛宣传各项税收法律、法规和政策，加强对新出台的税收政策的解读和宣传，突出税法和办税缴费实务等方面知识的宣传。

3. 税收职能作用和基本知识。广泛深入地宣传税收取之于民、用之于民的性质，宣传税收筹集国家财政收入、调控经济和调节分配，推动科学发展，促进社会和谐的重要职能作用，普及税收基本知识。

4. 纳税人缴费人的权利和义务。深入宣传法律、法规赋予纳税人缴费人的权利和义务，以及纳税人缴费人维护权利和履行义务的基本要求。

5. 税收工作及税务干部队伍建设成效。大力宣传税务系统在坚持依法治税、落实税收制度、优化纳税服务、规范税收管理、加强队伍建设等方面取得的成效。

6. 税收工作中的正反典型。广泛宣传依法诚信纳税和依法治税、清正廉洁等方面的先进典型；集中反映涉税大案要案的查处、税收专项检查和区域专项整治的成果，曝光涉税违法典型案件。

7. 其他税收内容。包括办税流程，对国际税收制度、惯例和国外税收管理情况的介绍等。

【知识点4】税收宣传的方式

税收宣传的活动形式多样，应坚持"轻重结合、上下结合、内外结合、长短结合"的思路，构建立体的宣传架构和科学的宣传体系。

1. 轻重结合。税收宣传工作应从总体上、全局出发，对税收宣传工作进行分类、排队，优化税收宣传工作的战略战术，抓住税收宣传工作的侧重点。

2. 上下结合。上级税务机关应对年度宣传工作作出总体安排，定期下发宣传报道重点；下级税务机关应该按期向上级税务机关上报宣传情况，及时报送重大新闻线索，以便上下结合集中策划安排宣传，联手推出价值较高的重头新闻。

3. 内外结合。税收宣传工作不仅要注重利用内部力量，而且要注重借用外部力量。税务系统内部应该建立健全税收宣传工作制度，使税收宣传工作做到有章可循，同时建立点面结合的宣传网络。

4. 长短结合。既要抓好税收日常宣传工作，又要抓好税收宣传月工作。常年税收宣传要有计划，应根据各个时期中心工作及时确定宣传报道的重点。税收宣传月活动要根据上级关于开展税收宣传月活动的通知精神，结合实际筹划实施方案，力求推陈出新。

## 二、新闻稿件采写

【知识点】税收新闻宣传写作注意事项

税务机关通过新闻单位发表稿件，宣传税务机关工作情况、政策变动、重大事件或典型人物等，包括接受新闻单位约稿和主动向新闻单位投稿两种形式。

税收新闻宣传稿件写作应注意以下事项：一是所有新闻稿件必须坚持审稿制度，税收宣传管理部门要严格审核把关，主要审核信息的真实性、准确性和涉密性。省及以下税务机关向中央主流媒体提供的宣传报道稿必须报国家税务总局办公厅统一审核把关。二是新闻稿件应注重时效性和准确性。三是要严格遵守各项保密规定，对涉及国家秘密和税务工作秘密的文件、数据、图表等资料要严格管理、严格审核、严格保存，任何人员不得以任何理由对涉密内容宣传报道，严防失泄密事件发生。

## 三 新闻发布会管理

**【知识点1】税收新闻发布的概念及原则**

税收新闻发布是指运用广播、电视、网站等媒体向社会各界和广大纳税人发布税收政策、征管制度、税收统计数据、税收工作重大举措以及其他重要新闻的活动。

税收新闻发布工作，要保障社会公众的知情权和监督权；坚持实事求是，客观、准确、及时地发布税收新闻；坚持归口管理、统一发布。

**【知识点2】税收新闻发布的组织管理**

1. 国家税务总局办公厅负责税收新闻发布的归口管理，组织协调新闻发布工作，局内各单位配合。

2. 国家税务总局实行新闻发言人制度。

国家税务总局新闻发言人由办公厅主任担任，代表国家税务总局对外发布税收新闻。

税收新闻发言人的主要职责包括：协调、指导税收新闻发布筹备、实施工作；审核税收新闻发布建议、新闻发布稿和新闻答问口径；主持税收新闻发布会；代表本级税务机关对外发布税收新闻、声明和有关重要信息。

3. 税收新闻原则上由新闻发言人发布。根据工作需要，国家税务总局领导可以发布重要新闻。经国家税务总局领导批准，受新闻发言人委托，国家税务总局有关司局领导可以发布有关新闻。

**【知识点3】税收新闻发布的主要内容**

1. 发布党和国家税收工作方针、重大税收决策部署的贯彻执行情况，重要税收政策、征管制度及其实施情况。

2. 发布税收收入等统计数据、税收重点工作的阶段性进展和成效。

3. 发布涉税违法案件以及重大突发性税收事件及处理情况。

4. 针对社会舆论关注的税收热点和难点问题，及时发布权威信息，解疑释惑。

5. 需要发布的其他税收信息。

**【知识点4】税收新闻发布的主要方式**

税收新闻发布的主要方式有以下几种：

1. 新闻发布会。

2. 新闻通报会（包括记者招待会等）。

3. 以新闻发言人的名义发布新闻、声明、谈话。

4. 组织新闻记者集体采访或单独采访。

5. 国家税务总局网站。

6. 其他形式或渠道发布。

**【知识点5】税收新闻发布的主要程序**

1. 明确发布主题。国家税务总局办公厅根据工作需要拟定税收新闻发布主题，报新闻发言人和总局领导审定。

2. 组织发布材料。新闻发布材料一般包括主旨讲话和背景材料。主旨讲话主要介绍要发布的主题内容，应形成书面材料并在会上散发；背景材料应根据一个时期税收工作的热点和难点问题，做必要的答复准备；上述材料由参加发布的相关司局提供，国家税务总局办公厅负责汇总把关，报总局领导审定。

3. 确定发布形式和人员。以国务院新闻办公室名义召开的新闻发布会，一般由国家税务总局领导或新闻发言人发布；以国家税务总局名义召开的自主发布会，一般由新闻发言人发布，也可邀请总局领导或相关司局负责人发布。除新闻发言人外，其他发布人员由国家税务总局办公厅提出建议后，报总局领导确定。

4. 自主新闻发布会应在相对固定场所，对讲台、背景、标识等做规范化的场景布置。

**【知识点6】税收新闻发布有关要求**

税收新闻发布是政府信息公开和税收宣传工作的重要方式，要充分发挥税收新闻发布和新闻发言人制度的积极作用，服务于社会各界和广大纳税人；要严格执行新闻宣传纪律和国家有关保密规定，不得泄露国家秘密；未经批准，任何部门或个人不得以税务机关名义举办新闻发布活动或对外公开涉税新闻和信息。

## 四 新媒体运用

**【知识点1】新媒体的概念**

广义的新媒体包括两大类：一是基于技术进步引起的媒体形态的变革，尤其是基于无线通信技术和网络技术出现的媒体形态，如数字电视、交互式网络电视（IPTV）、手机终端等；二是随着人们生活方式的转变，以前已经存在，现在才被应用于信息传播的载体，如楼宇电视、车载电视等。狭义的新媒体仅指第一类，基于技术进步而产生的媒体形态。

税收宣传常用的新媒体一般指税务网站、微博、微信及移动客户端等。

**【知识点 2】新媒体传播的特点**

1. 传播方式双向化

传统媒体信息传播的方式是单向的、线性的、不可选择的。表现为特定的时间内由信息的发布者向受众发布信息，受众被动接受信息，缺少信息的反馈。这种静态的传播使得信息流畅性弱，传播效果不佳。而新媒体传播方式是双向的，每个受众既是信息的接受者，同样也是信息的传播者，进而互动性强，传播效果明显。

2. 接收方式从固定到移动

无线移动技术的发展使得新媒体具备移动性特点，通过移动互联网技术，使得用手机浏览网页、看电视等实现动态化，而不仅局限于固定场所。

3. 传播行为更加个性化

微博、微信、博客等新的传播方式使得每一个人都成为信息的发布者，个性地表达自己的观点，传播自己关注的信息。传播内容与传播形式等完全是"我的地盘我做主"。

4. 传播内容多元化

从传统媒介到新媒体，最大的变化体现为传播内容的多元化和融合化。传统纸质媒体通过平面展示文字信息、图片信息，而借助新媒体形式，同时传播集文字、图片、声音等于一身的信息已成为现实，既提高了信息量，又提升了信息广度。

5. 宣传方式的便捷化

以往的宣传往往是录制宣传片或做宣传页上传到网站，而在新媒体的平台协助下，只要合理运营好新媒体的平台及特点，通过策划优质、高传播度的内容和线上活动，向受众广泛或者精准推送消息，提高参与度，提高知名度，便可以吸引大量的人员，达到营销目的。

**【知识点 3】税务系统新媒体宣传的要求**

1. 强化税务网站建设管理。认真落实《政府网站发展指引》，优化考评体系，继续做好常态化抽查通报，不断提高网站管理服务水平。加强网站编辑部建设，规范信息采编审发流程，落实栏目内容保障责任，丰富信息资源，强化搜索、纳税服务、互动交流等功能。严格网站开办整合流程，规范网站名称和域名管理。大力推进网站建设集约化，升级完善集约化平台，建立健全站点建设、内容发布、组织保障等体制机制。推进网站部署互联网协议第六版（IPv6），配合开展公共信息资源相关试点工作。完善网站安全保障机制，做好防攻击、防篡改、防病毒等工作。建立健全网站用户信息保护制度，确保用户信息安全。

2. 用好"两微一端"新平台。充分发挥税务系统微博、微信、移动客户端灵活便捷的优势，做好信息发布、政策解读和纳税服务工作，进一步增强公开实效，提升服务水平。按照"谁开设、谁管理"的原则,落实主体责任,严格内容审查把关,不得发布与税务部门职能没有直接关联的信息,信息发布失当、造成不良影响的,要及时整改落实。加强"两微一端"日常监管和维护,对维护能力差、关注用户少的可关停整合。

## 第八节 宣传舆情——涉税舆情管理

### 一、涉税舆情概述

**【知识点1】涉税舆情管理的重大意义**

涉税舆情是指与税收工作、税务部门及其工作人员相关的舆情,主要通过互联网、新闻媒体和社会公众传播。近年来,随着社会公众法治意识和维权意识的不断增强,不同社会群体对税收的关注度日益高涨。几乎每一项税收法律法规、重大政策的变化,都会触动公众的敏感神经,引发社会舆论热议,"税感强烈"已经成为当今社会的一个显著特征。对税收政策的误读和谣传,对税收工作的质疑和不理解,使涉税舆论引导的难度显著增大。社会各界的高度关注,对税收舆论引导和管理提出新挑战。涉税舆情如得不到及时发现和正确处置,就可能迅速扩大,使简单问题复杂化、局部问题全局化、个体问题公众化、一般问题热点化,从而严重影响税务部门和纳税人之间的融洽关系,有损税务机关的良好形象,税务部门务必高度重视涉税舆情的监控与管理工作。

**【知识点2】涉税网络舆情的特点**

涉税网络舆情,是指在一定时期内,社会公众通过互联网围绕相关涉税新闻事件、社会问题、社会现象及税务人员等所表达的有较强影响力和倾向性的言论观点,是纳税人情绪、态度、意见的集合。

了解涉税网络舆情的特点,认识其发展规律,是正确开展网络舆论引导的前提。与传统媒体舆情相比,网络舆情有着自身鲜明的特点,其特点既有基于网络传播技术平台的因素,又有当下网络尚未实现规范管理情况下网民传播尺度的因素。

1. 直接性。当前,以互联网为代表的新技术、新媒体,正在广泛而深刻地影响媒体格局和舆论生态。一方面,新兴媒体覆盖面广、互动性强、传播速度快,为信息传播提供了更加便捷的渠道和更为广阔的空间。另一方面,"人人都是自媒体,个个都有麦克风",越来越多的人通过网络发表意见看法、表达利益诉求,在集聚和放大效应的作用下,很多意想不到的事情都可能引发"现场直播",造成"全民围观"。税务机关代表国家参与国民收入分配,征纳双方、不同利益群体之间的矛盾在一定时期内仍将存在,这导致涉税话题很容易挑动网民的神经,直接引发公众广泛地参与话题讨论。近年来,由新媒体引发的涉税舆情呈多发高发态势,进而对税务机关的舆情引导提出更高挑战。

2. 突发性。网络舆论的形成往往非常迅速,一个热点事件的存在加上一种情绪化的意见,就可以成为点燃一片舆论的导火索。税收关系到社会多个层面、阶层,几乎关涉每个公民的切身利益,因此一旦涉税舆论事件发生,无处不在的媒体通过各种渠道争相报道,在线率高的网民们迅速跟帖、转发,铺天盖地的各方言论就容易形成强大的舆论风暴。

3. 偏差性。由于网络平台发布和传播信息简单、直接、可隐蔽身份、规则限制和有效监督不足,加之在网络监督过程中群众的知情权、参与权、表达权和监督权得到很大程度的实现,导致无论是合法权利没有受到保护或者在现实生活中遇到挫折、对社会问题片面认识的普通民众,以及少数别有用心的违法乱纪分子,都可以就某一税务事件通过网络发帖、媒体传播迅速引起社会关注。这就要求税务机关在处理舆情工作时,既要理清舆情中公众的合理诉求并及时回应、妥善处理,也要积极防范负面偏激声音的发酵,减少不和谐因素的影响。

## 二 涉税舆情分析研判

**【知识点1】舆情监测的重要性**

对于舆情的监测和准确研判是舆情应对的前提。监测得越早、研判得越准,越有利于应急处置工作。相反,耽误最佳处置时机,一些负面导向会引发一系列矛盾,演变为社会问题,进而陷入被动。税务机关要加强涉税舆情的监测分析,运用现代技术手段,密切跟踪和掌握涉税舆情信息,做好分析研判,区别舆情性质,把握发展态势,及时有效地进行处理,不断提高涉税舆情的掌控和处置能力,为税收事业健康发展营造良好的舆论环境。

**【知识点2】舆情监测的举措**

各级税务机关要从思想上高度重视舆情工作,时刻保持对舆情的清醒认识,正视网络媒体挑战,把握网络舆情的发展趋势,把网络舆情当作重中之重来应对。按照全面覆盖、科学规划、分级负责、属地管理、重点突出、严密组织、细致疏导的原则,加强与有关管理部门的协作,完善网络涉税舆情监测机制,加强涉税舆情监控。

1. 健全涉税舆情领导机制。各级税务机关在由主要领导、分管税收宣传工作局领导、各部门主要负责人成立涉税舆情工作领导小组之外,还要明确网络舆情应对工作部门，配强网络舆情应对责任人及网络宣传员，负责日常的网络舆情的监测工作。省税务机关应配备专职人员或委托专业机构对涉税舆情进行24小时不间断监控。

税务机关内部各部门之间需加强舆情信息防控工作的沟通协作，共同研究解决工作中的难点、热点问题，提升涉税舆情的防控水平和应对能力。选拔一批政治过硬、业务精通、熟练掌握信息网络技术的税务人员，兼任网络宣传员，建立涉税舆情管理人才库。邀请相关领域的专家学者、媒体人士担任特邀税收评论员。加强对税收舆情工作人员和网络宣传员的培训，帮助他们加强对税收政策制定执行、税收征管、行政管理等工作的了解，防患于未然。

2. 健全涉税舆情监控制度。对监控出来的涉税舆情立即编写舆情报告，密切关注其发展动态，及时进行分类整理，研判舆情风险级别，提出处理意见，为领导和上级机关科学决策提供依据。

### 【知识点3】网络舆情研判

网络舆情研判旨在对涉税舆情进行判断、评估，形成舆情预警信息，及时做好各种应对准备，增强防范和化解舆情危机的能力。综观各类网络舆情事件的发展进程，如果在事件爆发之初对危机有较强的预警意识和较为准确的趋势研判，往往能够在很大程度上缓和冲突、化解危机。

应依据一定时期涉税网络舆情的内容和特征，组织做好舆情会商和量化分析工作，预判舆论热点、媒体焦点及其发展走势，根据其影响力和覆盖范围，科学界定舆情重要程度，分析研判舆情对税收工作的潜在影响和风险，根据网络舆情的活跃程度、影响深度和覆盖范围，有针对性地提出舆情应对措施和工作改进意见，编发网络舆情日志、舆情专报等，为领导科学决策提供依据。

舆情负责部门对重要社会舆情信息要进行长期跟踪分析研究，准确判断舆情变化的走势。对突发舆情事件，要及时形成舆情研判分析报告，报告应包含涉税舆情突发事件的各要素，包括：时间、地点、人物；事件起因、性质、规模、基本过程、已造成的危害、影响范围；信息来源、舆情现状、未来走势判断；目前处置情况、事态发展趋势和下一步工作建议。

## 三、涉税舆情引导与管理

### 【知识点】涉税舆情引导与管理的举措

税收舆情管理，就是着眼于营造和谐税收环境，根据社会舆论关注的涉税热点，科学应对和及时处置涉税舆情。舆情管理是税收宣传工作的重要一环，必须坚持底线思维，持续加强，不能放松。涉税网络舆情既是民众利用新媒体参与执法监督的重要途径，也是税务部门重建公信力、重塑和谐征纳关系的必经之路。只有深入研究涉税网络舆情的应对和管理办法，才能防舆情于未然。

1. 完善工作机制。把税收舆情管理工作作为一项重要任务，与税收业务工作紧密结合起来，一同部署，一同落实，一同推进。按照"上级指导、属地主责、分级管理、谁主管谁负责"的原则，严格落实属地管理责任，建立健全主要领导负总责、分管领导直接负责、宣传部门牵头组织协调、各部门参与配合的组织领导体系，健全完善税收舆论工作机制。要建立配套的信息交换、舆情通报、联席会议等制度，加强舆情应对处置的沟通协调。

2. 抓好重点环节。完善岗位职责和工作流程，规范舆情管理。要制定应急预案，明确舆情处置各环节的措施和要求，包括发布信息、引导公众、平衡舆论、消除影响等方面的操作流程和策略技巧，确保出现舆情时应对工作有条不紊。要充实舆情管理力量，安排专人实时监测，全面收集舆情信息，及时准确报告，加强分析研判，发生重大舆情要迅速启动应急预案，确保及时发现、准确判断、快速处置。认真落实主要负责人亲自研究应对重大负面舆情要求，出现重大舆情要在第一时间向上级税务机关和当地党委、政府及有关部门报告，及时采取防范措施，不得瞒报、漏报、迟报。

3. 正确引导舆论。加强与当地重点媒体的沟通合作，形成良好互动机制。舆情事发地税务机关应根据舆情事态发展情况采取相应引导措施，及时发布新闻通稿做好相关解读，结合实际选择信息发布形式、发布平台和发布时机，坚持速报事实、慎报原因、重报态度、续报进展的原则，客观、准确发布信息，包括调查核实情况、税务机关态度及处理意见等。针对负面的涉税舆论，要发挥网络宣传员和特邀评论员作用，发生重大涉税舆情时各方联动、及时发声，做到冷热均衡、疏密得当、深浅适宜，统一口径，快速发声，回应关切，以正视听。对于舆情中暴露的问题和矛盾要积极应对，第一时间发布客观、真实的信息，消除负面舆论，维护税务机关公信力。

4. 多部门联合应对。要加强对外协调，各地税务机关要主动向当地党委、政府报告舆情工作，加强与当地新闻宣传、公安、网监等部门的联系，密切与当地新闻媒体和重点网站的工作联系，建立多部门的信息交换、舆情通报、联席会议等制度，主动争取支持。要加强内部配合，相关业务部门要积极参与舆情管理，特别是涉及收入、政策、执法、服务等方面的舆情，要紧密配合，共同应对。

5. 落实舆情管理责任。舆情管理涉及方方面面，必须强化责任、狠抓落实。要强化舆情管理属地责任，按照分级负责的原则，坚持一级管一级、层层传导压力，哪里出现负面舆情，就在哪里处置，及时将舆情苗头化解在基层、遏止在萌芽状态。税务总局和省税务局要对下级舆情应对实行督办与绩效考核，督促指导舆情发生地税务机关做好应对处置工作，对舆情处置情况按月通报，对排名靠后或负面舆情明显增多的单位要求作出解释说明。加强责任追究，对工作不到位导致舆情处置不力，造成工作被动和不良影响的，严肃追究有关单位和人员的责任。各级税务机关要切实加强税收宣传归口管理，严肃新闻宣传纪律。

6. 形成舆情倒逼机制。各级税务机关特别是领导干部要强化舆情意识，根据舆情反映的问题，有针对性地加强自身建设，从源头上防范和减少负面舆情。特别是对国务院重大决策部署以及其他直接面向纳税人的关键环节、敏感问题，加强排查，发现苗头性问题迅速整改，最大限度防止负面舆情的发生、发酵。要针对税收治理能力不足的问题，进一步规范执法服务，强化内部管理，防止因决策不科学、政策不落实、执法不规范、为税不清廉等引发负面舆情。要针对少数干部宗旨意识、服务观念淡化的问题，加强群众观点和群众路线宣传教育，使其自觉摆正位置，尊重纳税人，服务纳税人。要针对群众诉求渠道不畅的问题，注重运用网上调查、投诉举报、在线访谈等方式，引导纳税人通过正常程序和途径反映问题、表达意见、维护权益，密切税务机关与纳税人的联系。

## >> 第九节 政务信息

### 一、税收信息工作概述

【知识点1】税收信息的分类

税收信息是反映税收工作情况、服务各级领导决策、指导基层税收工作的各类消息。从形式上可划分为动态性信息、经验性信息、问题建议性信息。从内容上可划分为行政管理信息、税收业务信息。从类型上可划分为快讯、专报。

【知识点2】税收信息的意义

1. 汇报情况。及时将本单位的工作情况向上级汇报和反映。

2. 交流工作。上级机关将下级单位的情况和经验在全系统推介，促进其他单位学习借鉴。

3. 推动发展。上下级机关通过信息沟通，把握动向，指导和推动全局工作的开展。

## 二、税收信息管理流程

**【知识点1】税收信息流程**

税收信息流程包括税收信息的收集、筛选、整理、刊发。

**【知识点2】信息收集**

收集是通过捕捉、搜集，把零散无序的税收信息聚集起来的过程，是信息处理流程的第一环节。税收信息的收集要多途径进行，并与工作调研相结合，努力做到有综合、有分析、有预测。

**【知识点3】信息筛选**

税收信息员按照为领导服务、为基层服务的原则，对收集到的税收信息进行筛选。对各类信息资料分门别类处理，评估其使用价值，去粗取精、综合分析。在筛选时，一要去伪存真，注意信息的真实性；二要围绕中心、聚焦税收改革发展，注意信息的针对性；三要深入分析，注意信息的典型性和价值性；四要权衡取舍，注意信息的增值利用。

**【知识点4】信息整理**

税收信息员要及时整理筛选后的税收信息，做到材料准确、主题突出、观点鲜明、层次清楚、文字精练，不断提高信息质量。

## 三、税收信息写作技能

**【知识点1】税收信息写作基本原则**

1. 真实性原则。税收信息必须来自税收工作实际，真实反映税收工作，必须实事求是，杜绝虚假信息。

2. 实用性原则。区分不同层次的服务对象提供各类信息资料。对预测性、综合性和突出性税收信息，做到有情况、有分析、有建议，为领导的决策提供参考依据。

3. 时效性原则。及时传递信息，以保证信息的使用价值。税收信息的传递采用专报、简报、动态、快报等刊物形式进行。传递信息要区分不同种类，根据不同报送对象合理分流，有选择地上报或下发。凡是需要上级机关及时掌握、立即处理的重要情况和紧急信息，都要迅速收集上报。

【知识点2】税收信息选题技巧

1. 重大决策部署落实情况。主要反映党中央、国务院对税收工作作出的重大决策部署，重要会议决定的事项，重要文件提出的要求，领导同志作出的重要批示、考察调研时的重要指示，以及国家税务总局重大工作安排在各级税务机关的贯彻落实情况。

2. 税务工作创新开展情况。主要反映各级税务机关工作创新情况，重点反映基层税务机关堵漏增收、依法治税、落实税收政策和税收改革、纳税服务、税收风险管理、信息管税、干部队伍建设等方面的创新举措及其成效。

3. 税收工作中的突出问题。主要反映税收工作中存在的突出问题，如需要上级领导重视和解决的问题；各项税收制度和税收政策在执行中存在的问题和建议；税收工作面临的新情况、新问题；重大涉税案件和重大涉税舆情问题；等等。

【知识点3】税收信息修改方法

1. 以政策为准绳。税收信息员必须学习掌握党和国家的方针政策，以及各项税收政策法规和重要文件要求，防止信息稿件出现违反现行政策或混淆政策界限的现象。

2. 压缩信息篇幅。主要应掌握以下几种方法：第一，紧扣主题，根据主题的需要来取舍；第二，摘取精华，保留信息稿件中含有较大信息价值的内容；第三，精选事例，只选取一两个典型的事例，或者将若干有共同点的事例概括起来；第四，删节文字，确保语言表达简洁、凝练。

3. 对原稿进行改写。主要有两种方法：第一，改变角度。常见的角度转换有领导角度与群众角度转换，从介绍经验角度改为报送成果，从报告工作情况角度改为研究问题，从某个具体、局部的小角度改为全局的大角度，等等。第二，改变结构。使稿件各部分之间紧密联系起来，有一个清晰的内在逻辑，或按时间顺序，或按事情的发展过程，或按事物之间的因果关系来写。

## >> 第十节
## 保密管理

### 一 国家秘密范围和密级

【知识点1】国家秘密范围和密级

涉及国家安全和利益的事项，泄露后可能损害国家在政治、经济、国防、外交等领域的安全和利益，应当确定为国家秘密。国家秘密的密级分为绝密、机密、秘密三级。"绝密"是最重要的国家秘密，泄露会使国家的安全和利益遭受特别严重的损害；"机密"是重要的国家秘密，泄露会使国家的安全和利益遭受严重损害；"秘密"是一般的国家秘密，泄露会使国家的安全和利益遭受损害。

### 【知识点2】保密期限

国家秘密的保密期限，除另有规定外，绝密级不超过30年，机密级不超过20年，秘密级不超过10年。各级税务机关应当根据工作需要，确定具体的保密期限、解密时间或者解密条件。国家秘密的保密期限已满的，自行解密。

### 【知识点3】国家秘密标志形式

国家秘密事项的密级一经确定，须在秘密载体上做出明显的标志。国家秘密标志形式为"密级★保密期限""密级★解密时间"或者"密级★解密条件"。按照有关规定，纸介质文件、资料的国家秘密标志应当标注在文件、资料首页或封面的左上角。

## 二 税务机关保密工作机构与工作职责

### 【知识点1】工作机构

各级税务机关建立保密委员会，领导本机关保密工作。保密委员会由本机关负责人和各部门主要负责人组成。保密委员会成员部门应有明确职责分工。保密委员会下设办公室。保密委员会实行例会制度，定期研究保密工作，并有专门的会议记录。保密工作开展情况有文字或音像、图片记载，内容完整，并分类建立保密工作档案，有条件的建立电子文档。

### 【知识点2】工作职责

税务机关应落实党政干部保密工作责任制。各级税务机关主要领导是本机关保密工作第一责任人，应当重视、关心和支持保密工作，带头执行保密工作方针政策和规定，定期听取保密工作汇报，及时研究解决保密工作中的重大问题，推动保密工作顺利开展。各级税务机关分管保密工作的领导对保密管理工作负有直接领导责任，应结合工作实际，提出贯彻执行上级对保密工作要求的具体意见和措施，指导协调和监督检查本机关、本系统的保密工作，及时解决保密工作中的问题。其他领导应协同抓好分管工作范围的保密工作。税务机关各部门负责人应做好业务工作范围内的保密管理工作，制定保密管理措施，加强保密监督检查，把工作任务落实到岗位、细化到人。

各级税务机关保密委员会应认真履行职责，及时传达贯彻党和国家保密工作方针政策、法律法规和工作部署，制定保密工作制度和年度保密工作计划，完善保密管理措施，加强保密工作监督检查，强化信息设备、信息系统保密和安全技术防范，开展保密教育培训和监督管理。

## 三、保密工作管理

**【知识点1】涉密人员管理**

涉密人员是经审查批准经常接触、处理国家秘密事项或知悉、掌握国家秘密事项，在保守国家秘密安全方面负有责任的人员。

税务机关按照下管一级的原则，对涉密人员实行分级管理。涉密人员按其涉及国家秘密事项的密级程度实行分类管理。核心涉密人员是产生、经管或经常接触、知悉绝密级国家秘密事项人员；重要涉密人员是产生、经管或经常接触、知悉机密级国家秘密事项人员；一般涉密人员是产生、经管或经常接触、知悉秘密级国家秘密事项人员。各级税务机关要严格控制接触国家秘密的人员范围，严格限制涉密人员接触国家秘密的范围。各级税务机关要定期对涉密人员进行保密形势、保密法律法规、保密技能等方面的培训。各级税务机关对涉密人员在岗期间履行保密职责、遵守保密纪律和接受保密教育等情况进行定期考核，加强日常管理和监督。

涉密人员离岗、离职的，按照人事管理权限和有关保密规定办理。经审核批准调离涉密岗位的，必须主动清退保存和使用的秘密载体，办理移交手续，并签订涉密人员离岗保密承诺书。涉密人员调离涉密岗位，实行脱密期管理，脱密期内未经审查批准，不得擅自出境，不得到境外驻华机构、组织或者外资企业工作，不得为境外组织、人员或者外资企业提供劳务、咨询或者服务等。涉密人员脱密期限为：一般涉密人员6个月至1年，重点涉密人员1～2年，核心涉密人员2～3年。

**【知识点2】保密要害部门、部位管理**

税务机关保密要害部门，是指日常工作中产生、传递、使用和管理绝密级、机密级、秘密级国家秘密的最小行政单位，如办公室、财务处等；保密要害部位，是指集中制作、存储、保管国家秘密载体的专用、独立、固定场所，如档案室、机要室、计算机中心等。

保密要害部门、部位必须严格管理制度，建立健全管理责任制，签订保密要害部门、部位负责人保密责任书。保密要害部门、部位必须具备完善的人防、技防、物防等防护措施，安装电子监控、防盗报警等安全防范设施。保密要害部门、部位使用的办公设备必须符合保密管理要求和保密技术标准，使用进口设备必须进行安全技术检查。各种保密设备的维护、维修应当在涉密工作人员全程陪同监督下进行，并建立维护维修记录。保密要害部门、部位的国家秘密载体必须在符合安全标准的设备中保存，并明确管理责任人。保密委员会办公室要定期检查保密要害部门部位技术防范措施落实情况，并进行记录。

**【知识点3】定密工作管理**

定密工作，是指对税务工作中所产生的国家秘密事项，及时准确确定密级、保密期限、知悉范围，并对国家秘密载体做出标志，及时通知应当知悉的机关单位和人员，并按规定进行全过程管理的活动。税务机关所产生的关系国家安全和利益的涉密事项，并在一定时间内只限一定范围的人员知悉的，应按国家秘密范围的规定定密。

税务总局具有国家秘密绝密级、机密级、秘密级定密权，省税务局、税务总局驻各地特派办具有国家秘密机密级、秘密级定密权。省税务局不得对市、县税务局进行定密授权。各级税务机关均依法具有派生定密的定密权，无须申请相应的定密授权。

**【知识点4】国家秘密载体管理**

国家秘密载体，简称涉密载体，是指以文字、数据、符号、图形、图像、声音等方式记载国家秘密信息的纸介质、光介质、电磁介质等各类物品。

收发涉密载体应当履行清点、登记、编号、签收等手续。各种形式传递的涉密载体，必须履行机要登记后方可使用。传递涉密载体应当通过机要交通或机要通信部门。

制作涉密载体应当标明密级和保密期限，注明发放范围、制作数量、编排顺序号。制作涉密载体应在税务机关保密室或国家保密行政管理部门审查批准的定点单位进行，制作场所必须符合保密要求。

收到涉密载体后，应按照制发单位的要求，确定知悉人员范围。任何部门和个人不得擅自扩大国家秘密的知悉范围。

涉密载体原则上不允许复制。确因工作需要复制，应履行审批手续，经主要领导批准。涉密载体复制后，机要室应对复制份数、复制件密级标识等进行核对，并逐份登记，加盖复制单位戳记，标明复制部门、编号和时间。涉密载体复制件要视同原件管理。

涉密载体应当存放在密码文件柜中，由专人管理。禁止携带涉密载体参加涉外活动或出境。

工作人员调离工作单位，或因退休、辞职等原因离开工作岗位，应对个人所保存的涉密载体进行登记，并定期清查、核对。涉密载体的归档按照国家有关档案管理规定执行。

涉密载体销毁要履行清点、登记、监销、批准手续，经主管领导审核批准后，送交专门的涉密载体销毁机构销毁。

**【知识点5】信息设备和信息系统的保密管理**

1. 信息设备保密管理

信息设备，是指计算机及存储介质、打印机、传真机、复印机、扫描仪、照相机、摄像机等具有信息存储和处理功能的设备。

税务机关人员在使用信息设备时不得有下列行为：

（1）将涉密信息设备接入互联网及其他公共信息网络。

（2）使用非涉密信息设备存储、处理国家秘密。

（3）在涉密计算机与非涉密计算机之间交叉使用存储介质。

（4）使用低密级信息设备存储、处理高密级信息。

（5）在未采取技术防护措施的情况下将互联网及其他公共信息网络上的数据复制到涉密信息设备。

（6）在涉密计算机与非涉密计算机之间共用打印机、扫描仪等信息设备。

（7）在涉密场所连接互联网的计算机上配备或安装麦克风或摄像头等音频视频输入设备。

（8）使用具有无线互联功能或配备无线键盘、无线鼠标等无线装置的信息设备处理国家秘密。

（9）擅自卸载涉密计算机上的安全保密防护软件或设备。

（10）将涉密信息设备通过普通邮政或其他无保密措施的渠道邮寄、托运。

2. 信息系统保密管理

信息系统，是指由计算机及其配套设备、设施构成，按照一定应用目标和规则存储、处理、传输信息的系统或者网络。

税务机关人员在使用信息系统时不得有下列行为：

（1）将涉密信息系统接入互联网及其他公共信息网络。

（2）在非涉密信息系统中存储、处理和传输国家秘密信息。

（3）在未经审批的涉密信息系统中存储、处理和传输国家秘密信息。

（4）在低密级涉密信息系统中存储、处理和传输高密级信息。

（5）擅自改变涉密信息系统的安全保密防护措施。

**【知识点6】涉密会议活动的保密管理**

举办涉密会议活动主办部门应当事先确定密级、参加人员范围以及活动涉及的涉密文件资料等，所涉及的涉密文件资料、密品等要经过保密审查。根据涉密程度不同，涉密会议分为绝密级会议、机密级会议、秘密级会议。其中，涉及绝密级和机密级内容的会议称为重大涉密会议。涉密会议按照"谁主办、谁负责"和"全过程管理"原则进行管理。涉密会议活动要选择符合保密要求的场所举办，不得使用无线话筒、移动电话、对讲机等无线设备或装置，不得使用不具备保密条件的电视电话会议系统。

涉密会议活动所用的涉密文件资料、密品等，须由专人统一保管、编号、登记、签字发放、清点回收。对参加活动单位发放涉密文件资料应通过机要渠道递送。涉密会议活动禁止录音录像。

**【知识点7】对外交流合作的保密管理**

公开发布信息和对外宣传提供资料，遵循"谁公开、谁审查"的原则，严格执行政府信息公开条例和有关保密规定，对拟在非涉密信息系统发布的信息进行保密审查，严格履行信息公开审查审批手续。税务机关对外提供资料不能确定是否涉及国家秘密时，应当报上级税务机关或同级保密行政管理部门确定。对外交往与合作中需要提供国家秘密事项，应当报经相关主管部门批准，并与对方签订保密协议。强化涉外保密管理，各级税务工作人员不得擅自对外提供国家秘密，做好因公出国审批和涉密人员出国出境管理，加强对外交流的保密审查和过程监管。

**【知识点8】泄密事件管理**

泄密事件，是指违反保密法律法规，使国家秘密被不应知悉者知悉，或者超出了限定的接触范围，而不能证明未被不应知悉者知悉的事件。

对属于国家秘密的密品、密件，自发现下落不明之日起，绝密级10日内，机密、秘密级60日内查无下落的，按泄密事件处理。

税务工作人员发现国家秘密已经泄露或者可能泄露时，应当立即采取补救措施，并及时报告上级税务机关和同级保密行政管理部门，填写泄露国家秘密事件报告表。泄密事件报告的主要内容：被泄露国家秘密事项的内容、密级、数量及其载体形式；泄密事件的发现经过；泄密责任人的基本情况；泄密事件造成或可能造成的危害；已进行或拟采取的补救措施及查处情况。

税务机关发生泄密事件，应当在发现后24小时内书面上报上级税务机关和同级保密行政管理部门。泄密事件后3个月内结案，并书面向上级税务机关和同级保密行政管理部门报告泄密事件查处结果，填写泄露国家秘密事件查处结案报告表。

税务机关工作人员违反规定，发生泄密案件的，按照干部管理权限，依据严重程度分别对直接负责的主管人员和其他直接责任人员给予党纪政纪处理。行为情节严重、构成犯罪的，由司法机关依法追究刑事责任。

**【知识点9】税务工作秘密**

税务工作秘密，是指各级税务机关在履行职能过程中产生或者获取的，不属于国家秘密，但泄露后会妨碍税务机关正常履行职能或者对国家安全、纳税人和缴费人权益造成不利影响的内部敏感事项。

工作秘密管理应当坚持"规范确定、严格管理、综合防范、便利工作"的原则，既确保工作秘密安全，又便于税收工作开展。各级税务机关应当按照"谁主管谁负责、谁产生谁负责"的原则，落实工作秘密管理主体责任。工作秘密一经确定，应当采取必要的保护措施；未经批准，不得公开。

各级税务机关确定工作秘密应当作出书面记录，注明承办人、审批人、确定依据或者理由，在相应载体左上方作出标志，并以附注形式明确管理要求。属于正式发文的工作秘密，应当明确标注"内部"字样；属于非正式发文的工作秘密，应当明确标注"内部资料 注意保管"字样；属于无法作出或者不宜作出工作秘密标志的文件资料和税费数据，确定该工作秘密的税务机关应当书面通知知悉范围内的机关、单位或者人员。

## >> 第十一节
## 信访维稳

### 一 信访工作概述

【知识点1】信访的含义

信访，是指公民个人或群体以书信、电子邮件、走访、电话、传真、短信等多种参与形式与国家的政党、政府、社团、人大、司法、政协、社区、企事业单位负责信访工作的机构或人员接触，反映情况、表达自身意见、请求解决问题，有关信访工作机构或人员采用一定的方式进行处理的一种制度。

【知识点2】信访工作体制机制

1. 信访工作的领导体制

各级税务机关的主要领导是信访工作的第一责任人，对本辖区的信访工作负总责。

分管信访工作的领导负责组织协调，做好各项具体工作的落实；其他领导成员按照分工对落实分管方面的信访工作负直接责任，构成协同配合、逐级落实的信访工作领导责任体系。

2. 联席会议制度

各级税务机关建立信访、舆情、应急管理工作联席会议（以下简称联席会议）制度。联席会议领导、组织、协调本机关的信访工作，指导、推动下级税务机关的信访工作。

联席会议召集人，总局机关由分管领导负责，省以下税务机关由主要领导负责。成员部门按照职责分工，加强协调配合，共同做好信访工作。联席会议办公室设在本机关的办公室，负责日常工作和会议组织。

3. 信访职能部门及其职责

（1）信访职能部门。各级税务机关的办公室是组织管理信访工作的职能部门，负责组织协调、督促检查，推动本机关有关工作部门和下级税务机关对信访工作的责任落实。办公室应当确定信访工作专、兼职机构（以下简称信访工作机构）和人员，具体负责信访工作。

（2）信访部门职责。办公室作为信访职能部门的主要职责是：综合管理和协调群众给本机关和机关领导来信、到本机关来访的处理，负责来信来访的初步办理和接待。转送、交办、督查信访事项。统计、分析来信来访情况，供领导科学决策参考。承办其他信访工作。

（3）其他工作部门的信访工作责任。各级税务机关的有关工作部门是本部门职责范围内相应信访工作的责任主体，负责具体处理相应信访问题，处理结束后应当定期向本机关信访工作机构通报转送信访事项的办理情况。政策法规部门负责确认信访事项是否依法应当通过行政诉讼、行政复议等法定途径解决，审核信访事项处理过程中适用税收法律、法规、规章和税收规范性文件的正确性。各税种管理部门负责处理反映税收政策和相应税种征收管理的业务问题。纳税服务部门负责处理反映纳税服务的问题。征管和科技发展部门负责处理反映税收征收管理和税收管理信息化的业务问题。财务管理部门负责处理反映财务管理的问题。稽查部门负责处理反映税收违法行为的问题。督察内审部门负责处理反映税务机关不依法行政或执法有偏差的问题。人事部门负责处理反映离退休人员、军队复员转业人员、助征员、招录公务员和选拔任用干部等人事方面的问题及工资福利待遇方面的问题。思想政治工作部门负责处理反映思想政治工作方面的问题。监察部门负责处理反映税务干部违法违纪的问题。采购中心负责处理反映政府采购的问题。保卫部门负责维护信访秩序。机关服务中心负责相应的后勤保障。

**【知识点3】信访工作责任制**

党政机关领导班子主要负责人对本地区、本部门、本系统的信访工作负总责，其他成员根据工作分工，对职权范围内的信访工作负主要领导责任。

各级党政机关工作部门对属于本部门职权范围内的信访事项，应当依照有关法律法规规定和程序，及时妥善处理。垂直管理部门负责本系统的信访工作，应当督促下级部门和单位依法、及时、就地解决信访问题。

各级党政机关及其领导干部、工作人员不履行或者未能正确履行信访工作责任，应当追究责任。对涉及的集体责任，领导班子主要负责人和直接主管的负责人承担主要领导责任，参与决策和工作的班子其他成员承担重要领导责任，对错误决策或者行为提出明确反对意见而没有被采纳的，不承担领导责任；涉及的个人责任，具体负责的工作人员承担直接责任，领导班子主要负责人和直接主管的负责人承担领导责任。

根据情节轻重，对各级党政机关领导干部、工作人员的责任追究采取通报、诫勉、组织调整或者组织处理、纪律处分的方式进行。上述追责方式，可以单独使用，也可以合并使用。涉嫌违法犯罪的，按照国家有关法律规定处理。

## 二、信访事项处理程序

**【知识点1】信访渠道和信访秩序的畅通与维护**

各级税务机关应当充分尊重和保护人民群众的信访权利，不断畅通信访渠道，完善信访诉求表达方式，引导群众更多地以书信、传真、电子邮件等书面形式表达诉求，确保民情、民意、民智顺畅上达；引导群众以理性合法形式表达利益诉求、解决利益矛盾，依法规范信访行为、维护信访秩序。

1. 各级税务机关应当设立统一规范的群众来访接待场所，为群众反映问题提供方便，并落实下列措施：

（1）严格执行机关出入管理制度，接待来访人员必须在指定的地点或场所进行，以保证正常办公秩序。

（2）各省级税务机关应在接待场所安装录音、录像监控设备，对接谈过程录音、录像。

（3）妥善保管录音、录像资料，按照规定及时存档。

（4）根据实际情况，装备必要的安全防护设备。

2. 群众来访涉及的事项专业性、政策性较强或影响较大的，由有关工作部门与信访工作机构共同接谈处理。

3. 税务机关应当建立领导接待群众来访工作台账，详细记录接访情况。信访工作机构应当提前向接访领导提供信访人基本情况、信访诉求、主办部门的拟处理意见及法律政策依据等。信访事项主办部门负责人应当陪同领导接访。主办部门应当在领导接访过程中做好文字记录，注重相关证据的收集、保存。

4. 税务机关应当及时、准确、全面、有效地向上级税务机关和地方党委、政府报送信访信息。对可能引发大规模集体上访和群体性事件的苗头性、倾向性问题，必须按规定及时报告并提前做好工作，不得迟报、漏报和瞒报。发生重大群体上访事件和突发事件、网络串联上访、缠访闹访等，有关税务机关应当立即向上级税务机关和地方党委、政府报告有关情况，并及时协调当地有关部门，落实稳控措施，劝返上访人员，化解矛盾隐患。

【知识点 2】信访事项的受理

信访工作机构收到信访事项，应当进行登记，并区分情况，在 15 日内加以处理。

【知识点 3】信访事项的办理

信访事项实行"谁首办、谁负责"的首办责任制。信访事项受理后，办理机关和主办部门为首办责任主体，应当明确责任、限时办理，确保办理质量，将来信来访解决在首次办理环节。

办理机关和主办部门应当认真分析研究，通过初信初访反映的信息，对具有倾向性和普遍性的问题，及时向领导报告并提出解决建议，防止问题扩大化，防止引发重复访、越级访。

对同一信访事项的重复信访，由首次办理的机关和部门负责处理。

1. 信访事项应当自受理之日起 60 日内办结；情况复杂的，经机关领导批准可以适当延长办理期限，但延长期限不得超过 30 日，并告知信访人延期理由。法律、行政法规另有规定的，从其规定。

主办部门对信访事项调查核实后，起草书面答复意见，经政策法规部门审核，分管本部门的领导审批，由信访工作机构报机关主要领导签字，加盖信访专用章后，在规定期限内答复信访人。重大信访事项的处理意见，应当经本机关联席会议议定。

2. 信访人对税务机关作出的信访事项处理意见不服，在规定期限内请求原办理机关的上一级税务机关复查的，原办理机关的信访工作机构应当将信访事项以及作出处理意见的证据材料，报送复查机关的信访工作机构。复查机关的信访工作机构对复查请求和相关材料进行登记后，转送有权处理的工作部门复查。

复查部门调查核实后，起草书面复查意见，经政策法规部门审核，分管本部门的领导审批，由信访工作机构报机关主要领导签字，加盖信访专用章后，在收到复查请求之日起 30 日内答复信访人。重大信访事项的复查意见，应当经本机关联席会议议定。信访事项的复查意见在答复信访人的同时，应当抄送原办理机关。

3. 信访人对复查意见不服，在规定期限内向复查机关的上一级税务机关请求复核的，复查机关的信访工作机构应当将信访事项以及作出处理、复查意见的证据材料报送复核机关的信访工作机构。复核机关的信访工作机构对复核请求和相关材料进行登记后，转送有权处理的工作部门复核。

复核部门调查核实后，起草书面复核意见，经政策法规部门审核，分管本部门的领导审批,由信访工作机构报机关主要领导签字,加盖信访专用章后,在收到复核请求之日起 30 日内答复信访人。重大信访事项的复核意见,应当经本机关联席会议讨论议定。

信访事项的复核意见在答复信访人的同时,应当抄送原办理机关和复查机关。

4. 省税务机关进行处理、复查、复核的,应当在答复信访人的同时,将处理、复查、复核情况报国家税务总局备案。

5. 税务机关对于新闻媒体和网络关注的涉税信访情况,应当及时向上级税务机关和地方党委、政府报告有关情况,积极与有关管理部门和媒体进行沟通协调;应当坚持信息公开透明的原则,密切关注、妥善应对、正确引导社会舆论,由信访事项主办部门牵头起草情况说明,经本机关联席会议讨论同意,由办公室组织向社会发布,确保正面权威信息的主导权。任何单位和个人未经批准不得擅自向媒体发布消息。

【知识点 4】信访事项的督促检查

信访事项督促检查的内容包括:上级关于信访工作重要部署和阶段性重点工作要求的落实情况、信访制度建设和执行情况、联席会议议定事项的落实情况、上级交办和领导批示需报送处理结果的信访事项办理情况等。信访督促检查坚持谁交办、谁督办和分级管理、分工协作的原则。各级税务机关的信访工作机构负责信访督促检查工作。督办可以采取督查调研、跟踪检查、实地督查、召开联席会议等多种形式进行。对涉及多个部门或重大疑难的信访事项,负责督办的部门应当会同主办部门实行联合督办。各级税务机关应当建立科学的信访工作考核评价办法,将信访工作情况纳入绩效管理内容,促进信访工作得到全面、有效落实。

## >> 第十二节
## 应急管理

### 一 应急管理概述

【知识点 1】应急管理的概念

应急管理,是指政府及其他公共机构在突发事件的事前预防、事发应对、事中处置和善后恢复过程中,通过建立必要的应对机制,采取一系列必要措施,保障公众生命、健康和财产安全,促进社会和谐稳定、健康发展的有关活动。应急管理是应对突发事件造成或可能造成损害、构成威胁等问题提出的。

**【知识点2】加强税务系统应急管理的意义**

加强税务系统应急管理工作，是关系服务经济社会发展全局和保护人民群众生命财产安全的大事；是各级税务机关坚持"为国聚财、为民收税"工作宗旨的重要体现；是税务系统加强社会管理、化解社会矛盾、应对事故灾害的形势所需。

## 二 涉税突发事件及其应对原则

**【知识点1】涉税突发事件定义及其分类分级**

突发事件，是指突然发生的，造成或可能造成损害、构成威胁，需要采取应急处置措施予以应对的自然灾害、事故灾难、社会安全和公共卫生事件。

上述各类涉税突发事件按照其性质、严重程度、可控性和影响范围等因素分成四级，特别重大的是Ⅰ级，重大的是Ⅱ级，较大的是Ⅲ级，一般的是Ⅳ级。突发事件有时相互交叉和关联，某类突发事件可能和其他类别的事件同时发生，或引发次生、衍生事件，要具体分析，统筹应对。

**【知识点2】涉税突发事件应对工作原则**

1. 以人为本，减少危害。把保障人员的生命健康作为首要任务，维护国家利益和税务系统财产安全，最大限度减少突发事件造成的危害。

2. 属地为主，分级负责。涉税突发事件应对工作以事发地税务机关和当地政府管理为主，建立健全条块结合、属地为主的应急管理体制，实行行政领导责任制，按照行政管理的层级和突发事件的范围、性质及危害程度，分级进行防控、处置和恢复重建。

3. 依法规范，统一指挥。涉税突发事件应急工作必须按照《中华人民共和国突发事件应对法》等有关法律法规的规定进行，坚持统一领导和指挥。

4. 注重预防，科学处置。坚持预防与应急相结合、常态与非常态相结合，加强税务系统应急基础建设，建立健全预警、响应和处置快速反应机制，运用先进技术及设施，科学指挥，合理调配，高效运转。

## 三 涉税突发事件的应对和处置

**【知识点1】涉税突发事件的预防预警**

各级税务机关要建立应对突发事件的预防、预警、处置、信息报告、信息发布、恢复重建等运行机制，提高应急预防、处置和指挥水平。做好全员防灾抗灾教育工作，普及紧急避险、自救互救知识，增强公共安全和防范风险的意识。要针对各类突发事件完善预防机制，开展风险分析和排查，做到早发现、早报告、早处置。对可能发生的突发事件，要及时进行综合评估，预防突发事件的发生。

各级税务机关应积极参与当地政府组织的应急预警工作，加强本部门的情况监测，最大限度地发现突发事件的苗头、征兆。根据预测分析结果，依据可能发生和可以预警的突发事件的级别，将预警等级对应划分为特别重大（Ⅰ级）、重大（Ⅱ级）、较大（Ⅲ级）、一般（Ⅳ级）四个等级，分别用红色、橙色、黄色、蓝色表示。

**【知识点2】涉税突发事件的先期处置**

涉税突发事件发生后，事发地税务机关应紧密依靠当地政府及有关部门采取措施控制事态发展，保护突发事件现场涉密资料、重要物资的安全，收集并保存相关证据，组织开展应急救援工作，并及时向上级税务机关报告。事发地税务机关应根据事件的发生范围、性质和影响程度，按照职责和规定权限启动有关应急预案，合理调配人力、财力、物力等应急资源。

**【知识点3】涉税突发事件的应急响应**

税务系统特别重大（Ⅰ级）、重大（Ⅱ级）突发事件发生后，事发地税务机关要立即报告上一级税务机关，最迟不超过1小时。必要时，可直接向税务总局报告，同时补报上一级税务机关。省税务机关最迟在3个小时内报告税务总局（即同时向税务总局应急工作领导小组办公室和相应的专项应急工作组报告），并报告省级政府，不得谎报、瞒报、漏报和迟报。需要上报国务院的突发事件信息，税务总局应在国务院规定时限（4小时）内将突发事件信息按程序上报国务院。

对较大（Ⅲ级）、一般（Ⅳ级）涉税突发事件因本身比较敏感、发生在敏感地区、敏感时间，或可能发展为重大（Ⅱ级）以上的涉税突发事件，事发地税务机关可不受特别重大、重大突发公共事件分级标准的限制，直接向上级机关报告信息。对当地省级人民政府规定的较大（Ⅲ级）以上突发事件，或出现税务工作人员非正常死亡的事件，事发地税务机关应及时逐级报告税务总局。对税务总局要求上报的突发事件，应在接到通知后立即上报。

报告形式包括口头报告、书面报告。口头报告内容为突发事件的时间、地点、事由、现状、影响、已采取的措施、联系人及联系方式等。其中，报告时间尽量精确到分钟。口头报告后应及时按要求报送书面报告。值班接报人员必须按规定填写报告记录。书面报告分初次报告、阶段报告和总结报告。其中，初次报告应报告突发事件基本情况，一般包括事件发生的时间、地点、信息来源、事件起因、主要性质、基本过程、已造成的后果、影响范围、事件发展趋势、先期处置情况、拟采取的措施以及下一步工作建议、联系人员和联系方式等。阶段报告应报告突发事件的详细处理情况及事态发展变化趋势、下一阶段的工作措施等，并对初次报告内容作为补充、修正。阶段性报告应根据突发事件事态发展随时报告。总结报告则应对突发事件的起因、过程、处置、后续工作、经验教训等进行总结。事发地税务机关要在突发事件处置结束后10个工作日内报送总结报告。

## 四 处置结束与恢复重建

**【知识点】涉税突发事件的后续管理**

涉税突发事件已处置完毕或取得预期处置结果后，应终止应急程序。由应急处置机构提出意见，经应急管理办公室审核，报应急工作领导小组批准。应急处置机构整理应急工作资料，清理遗留未结事项，移交相关职能部门处理，特别是要防止发生次生、衍生事件。

受突发事件影响的税务机关要根据伤亡损失情况有序开展救助、补偿、抚慰、抚恤、安置等恢复重建工作。需税务总局予以援助支持的，由事发地省税务机关提出申请，按有关规定报经批准后组织实施。

突发事件应急处置工作实行行政领导负责制和责任追究制。对在突发事件应急管理工作中作出突出贡献的单位和个人，给予表彰和奖励。对迟报、谎报、瞒报、漏报突发事件重要情况或应急管理工作中有其他失职、渎职行为的，对有关责任人追究责任。

## >> 第十三节 为基层减负

### 为基层减负

**【知识点1】减少发文**

1. 实施年度重点发文计划管理，加强发文统筹，避免多头、重复发文。贯彻落实上级文件除有明确要求的外，不再制定贯彻落实意见及其实施细则。制度性、政策性文件需要制定任务分工的，作为附件一并下发。除全局性重要工作外，一般性工作不下发通报。局领导讲话一般在内网发布，不再发文。减少议事协调机构类文件的数量。认真落实便函管理的有关规定，严格控制数量。

2. 反映全面工作的综合报告一般不超过5000字，反映单项工作的专项报告一般不超过3000字。制发的政策性文件原则上不超过10页。

3. 精简规范简报。大力压减现有简报数量。新增简报确有必要的，必须由主要负责同志批准。简报篇幅一般不超过2000字。根据简报内容合理确定发送范围。

【知识点2】清理规范报送资料报表

对现行制度性要求下级税务机关定期报告工作的情况进行梳理，加强统筹，列出清单后严格执行。未经司局主要负责同志、省局领导批准，不得要求下级税务机关填表报数、提供材料。不得随意通过微信工作群、QQ群等要求基层上报报表资料，不得对信息系统中已有的数据要求基层另行报送。确需上报报表、资料的，要为基层留出足够时间。对制度性、规范性文件征求意见，一般应为下级税务机关预留3天时间。

【知识点3】规范精简会议

加强会议统筹，可开可不开的一律不开，能合并的尽量合并，不能合并的尽量套开。未经主要负责同志批准，不得要求下级税务机关主要负责同志以及全体班子成员参会。不得要求无关人员陪会。

局领导出席的会议，讲话一般不超过2小时；视频会议一般不超过2小时；会议交流发言单位一般不超过5个，发言时间不超过6分钟。

视频会议一般只开到下一级。确需通过视频会议开到县级税务机关的，原则上不安排在征期召开；一般提前2天下发会议通知；尽量提前发放会议材料，便于在视频会议结束后下级税务机关接着进行部署，不得再层层开会。

【知识点4】严控督查检查总量频次

税务总局原则上每年对每个省税务局开展1次综合督查检查，年初按程序报批后实施；确需另行开展的，必须按程序报批后实施。各省税务局每年原则上开展1次综合督查检查，年初向税务总局报备后实施；确需另行开展的，必须提前报税务总局审批后实施。工作调研不得随意冠以督查检查等名义。

将综合督查检查与其他各类检查统筹开展；巡视巡察与"两个责任"落实情况检查、选人用人专项检查等统筹开展；离任经济责任审计和离任检查统筹开展。避免多头重复检查，强化信息交流、资源整合、成果共享。

减少督查检查、巡视巡察见面会的参会人员。加强信息共享，可通过信息系统调阅的文件资料、数据报表，不得要求被督查检查、被巡视巡察单位提供。强化结果导向，不得简单以留痕作为评价工作好坏的主要依据。注重实地走访和暗访，认真听取基层干部、纳税人和缴费人的意见建议，帮助解决困难。针对发现的共性问题，提出对策措施。

### 【知识点5】精简优化绩效考核指标和流程

突出税收工作重点，坚持可考性、可量化原则，改进和优化绩效考核指标。在编制和修订对下绩效考核指标时，凡是正常工作中已有报告、资料的，凡是可以通过已有信息系统提取数据、生成报表的，不得将是否报送报告、报表纳入考核。年度绩效考核预总结与第三季度分析讲评工作统筹进行。绩效考核结果、考核运行情况等能在绩效信息系统中公布的，不要求基层另行书面上报。

### 【知识点6】严禁变相向基层推卸责任

对税收工作中"一票否决"、签订责任状等事项进行清理，除党中央、国务院，以及税务总局和当地党委、政府有明确规定事项外，一律取消。

### 【知识点7】改进调查研究

加强统筹，防止"扎堆"调研。创新方式方法，多开展体验式、蹲点式、解剖式调研，掌握真实情况，尽量不要求提供汇报材料。针对发现的问题和提出的意见建议，建立反馈机制。调查研究要轻车简从，不搞层层陪同，不干扰基层正常工作。

## >> 第十四节
## 绩效管理

### 税务绩效管理

税务绩效管理，是指税务部门运用绩效管理原理和方法，建立符合税务系统实际的绩效管理制度机制，对各级税务机关围绕中心、服务大局、履行职责、完成任务等方面，实施管理及考评的过程。

### 【知识点1】实施税务绩效管理的主要目标

围绕提升站位、增强税务公信力和执行力的"一提双增"目标，打造一条索链、构筑一个闭环、形成一种格局、建立一套机制，激发干部队伍动力活力，提高税收工作效能效率，努力开拓税收事业更加广阔的前景。

一条索链是"工作项目化、项目指标化、指标责任化"的工作索链；一个闭环是"绩效管理有目标、目标执行有监控、执行情况有考评、考评结果有反馈、反馈结果有运用"的管理闭环；一种格局是"纵向到底、横向到边、双向互动、环环相扣、层层负责、人人向上"的责任格局；一套机制是落实重大决策部署的快速响应机制、税收工作持续改进的评价导向机制、树立税务队伍良好形象的内生动力机制、促进征纳关系和谐的服务增效机制。

**【知识点2】实施税务绩效管理的基本原则**

1. 统一领导，分级管理。税务系统绩效管理在国家税务总局统一领导下开展，各级税务机关按照管理层级，负责对本局机关内设机构和下一级税务机关实施绩效管理。

2. 改革引领，突出重点。围绕税收现代化建设战略目标，强化改革发展导向，着力解决税收工作重点、难点问题，完善税收治理体系，提升税收治理能力。

3. 科学合理，客观公正。建立科学完备的绩效管理制度，实现体系完整规范、指标可控可考、程序简便易行、数据真实有效、过程公开透明、结果公平可比。

4. 过程监控，动态管理。规范流程，健全机制，改进手段，构建"目标—计划—执行—考评—反馈"的管理闭环，实施过程管理，强化跟踪问效。

5. 激励约束，持续改进。正向激励与绩效问责相结合，强化绩效结果运用，完善评价导向机制，促进自我管理、自我改进、自我提升。

**【知识点3】税务绩效管理的总体布局**

税务系统绩效管理的总体规划是，围绕提升站位、增强执行力、增强公信力，在税务系统建成制度科学、机制健全、结构完整、手段先进、运行高效的绩效管理体系。

**【知识点4】税务绩效管理的主要流程**

实施绩效管理，要按照制定绩效计划、实施绩效监控、开展绩效考评、运用考评结果和抓好绩效改进的基本流程推进。

1. 科学制定绩效计划。根据党中央、国务院的决策部署，税收现代化战略目标，国家税务总局年度工作安排以及本单位工作要点等制定绩效计划。

2. 全面实施绩效监控。把绩效管理的过程作为自我管理、自我诊断、自我评估的过程，强化过程控制和动态管理，实现自我改进、自我提升。各级各部门要建立重点工作任务和关键指标的日常监控机制，掌握工作进度和重点指标完成情况，发现问题及时纠偏，确保绩效计划的有效执行和全面完成。

3. 严格开展绩效考评。绩效考评是绩效管理的重要内容和核心环节。要科学制定绩效考评工作方案，合理确定考评方式方法。被考评单位要对绩效计划和绩效指标完成情况开展自查自评，定期提交绩效分析报告，将计划绩效与实际绩效进行分析对比，查找问题和薄弱环节，制定绩效改进措施。上级考评单位应加强绩效考评工作指导，通过绩效考评，发现问题，提出改进工作、加强管理、提升绩效的意见和建议。

4. 有效运用考评结果。绩效考评结果是改进工作、加强管理的重要依据，要坚持正向激励为主，运用于干部问责、年度公务员评先评优，不断拓展运用范围。要将考评结果与领导班子和领导干部考评、干部选拔任用、评先选优紧密挂钩，加大结果运用力度。

5. 重点抓好绩效改进。绩效管理的根本目的在于促进工作绩效不断持续改进和提升。各级各部门要针对绩效考评反映的情况和问题，结合绩效计划，纵横比较分析，查找问题，分析原因，制定整改措施，对各项管理制度、业务流程存在的不足进行完善和优化，并纳入下一年度绩效计划。

6. 注重绩效工作沟通。绩效沟通是绩效管理的灵魂和主线，贯穿于绩效管理工作始终，渗透于绩效管理各环节，是区别于传统考评的重要标志。考评与被考评单位加强沟通协调，分别就绩效计划、指标设置、过程管理、绩效考评、绩效改进等环节内容，进行深入广泛交流，形成工作共识和价值认同，确保绩效管理工作良性运转。

# 第三章
# 干部管理

## >> 知识架构

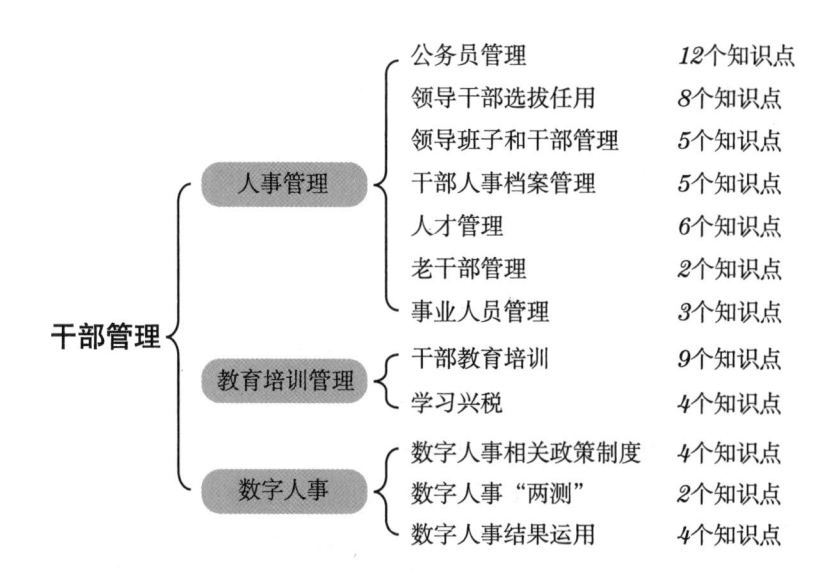

干部管理
- 人事管理
  - 公务员管理　　　　　12个知识点
  - 领导干部选拔任用　　8个知识点
  - 领导班子和干部管理　5个知识点
  - 干部人事档案管理　　5个知识点
  - 人才管理　　　　　　6个知识点
  - 老干部管理　　　　　2个知识点
  - 事业人员管理　　　　3个知识点
- 教育培训管理
  - 干部教育培训　　　　9个知识点
  - 学习兴税　　　　　　4个知识点
- 数字人事
  - 数字人事相关政策制度　4个知识点
  - 数字人事"两测"　　　2个知识点
  - 数字人事结果运用　　　4个知识点

## >> 第一节　人事管理

### 一　公务员管理

【知识点1】公务员的职位分类

国家实行公务员职位分类制度。职位分类是国家公务员制度一项重要的基础性工作，通过职能分解、设置职位、编制职位说明书，明确每个职位的任务、职责、权利和职位所需的资格条件，达到以事择人、人尽其才、才尽其用、精简机构和提高工作效率的目的；同时也为国家公务员的考试录用、考核、晋升、培训、工资待遇等提供依据。

根据《中华人民共和国公务员法》（以下简称《公务员法》）规定，公务员职位类别按照公务员职位的性质、特点和管理需要，划分为综合管理类、专业技术类和行政执法类。根据《公务员法》规定，对于具有职位特殊性，需要单独管理的，可以增设其他职位类别。

**【知识点2】公务员的职务、职级与级别**

1. 国家实行公务员职务与职级并行制度，根据公务员职位类别和职责设置公务员领导职务、职级序列。

领导职务层次分为：国家级正职、国家级副职、省部级正职、省部级副职、厅局级正职、厅局级副职、县处级正职、县处级副职、乡科级正职、乡科级副职。

公务员职级在厅局级以下设置。综合管理类公务员职级序列分为：一级巡视员、二级巡视员、一级调研员、二级调研员、三级调研员、四级调研员、一级主任科员、二级主任科员、三级主任科员、四级主任科员、一级科员、二级科员。

职级序列按照综合管理类、专业技术类、行政执法类等公务员职位类别分别设置。综合管理类以外其他职位类别公务员的职级序列，根据《公务员法》由国家另行规定。

2. 公务员领导职务、职级对应相应的级别。

领导职务对应的级别，按照国家有关规定执行。

综合管理类公务员职级对应的级别是：

（1）一级巡视员：十三级至八级；

（2）二级巡视员：十五级至十级；

（3）一级调研员：十七级至十一级；

（4）二级调研员：十八级至十二级；

（5）三级调研员：十九级至十三级；

（6）四级调研员：二十级至十四级；

（7）一级主任科员：二十一级至十五级；

（8）二级主任科员：二十二级至十六级；

（9）三级主任科员：二十三级至十七级；

（10）四级主任科员：二十四级至十八级；

（11）一级科员：二十六级至十八级；

（12）二级科员：二十七级至十九级。

3. 厅局级以下领导职务对应的综合管理类公务员最低职级是：

（1）厅局级正职：一级巡视员；

（2）厅局级副职：二级巡视员；

（3）县处级正职：二级调研员；

（4）县处级副职：四级调研员；

（5）乡科级正职：二级主任科员；

（6）乡科级副职：四级主任科员。

4. 公务员的领导职务、职级与级别是确定公务员工资以及其他待遇的依据。公务员的级别根据所任领导职务、职级及其德才表现、工作实绩和资历确定。

根据工作需要和领导职务与职级的对应关系，公务员担任的领导职务和职级可以互相转任、兼任；符合规定资格条件的，可以晋升领导职务或者职级。

**【知识点3】综合管理类公务员职级设置与职数比例**

1. 综合管理类公务员职级按照下列规格设置：

（1）中央机关，省、自治区、直辖市机关设置一级巡视员以下职级；

（2）副省级城市机关设置一级巡视员以下职级，副省级城市的区领导班子设置一级、二级巡视员；

（3）市（地、州、盟）、直辖市的区领导班子设置一级巡视员，市（地、州、盟）、直辖市的区机关设置二级巡视员以下职级，副省级城市的区机关设置一级调研员以下职级；

（4）县（市、区、旗）领导班子设置二级巡视员、一级调研员、二级调研员、三级调研员，县（市、区、旗）、乡镇机关设置二级调研员以下职级。

2. 职级职数按照各类别公务员行政编制数量的一定比例核定。综合管理类公务员职级职数按照下列比例核定：

（1）中央机关一级、二级巡视员不超过机关综合管理类职位数量的12%，其中，正部级单位一级巡视员不超过一级、二级巡视员总数的40%，副部级单位一级巡视员不超过一级、二级巡视员总数的20%；一级至四级调研员不超过机关综合管理类职位数量的65%。

（2）省、自治区、直辖市机关一级、二级巡视员不超过机关综合管理类职位数量的5%，其中一级巡视员不超过一级、二级巡视员总数的30%；一级至四级调研员不超过机关综合管理类职位数量的45%。

（3）副省级城市机关一级、二级巡视员不超过机关综合管理类职位数量的2%，其中一级巡视员不超过一级、二级巡视员总数的30%；一级至四级调研员不超过机关综合管理类职位数量的43%，其中一级调研员不超过一级至四级调研员总数的20%。

（4）市（地、州、盟）、直辖市的区领导班子一级巡视员不超过领导班子职数的15%。市（地、州、盟）、直辖市的区机关二级巡视员不超过机关综合管理类职位数量的1%；一级至四级调研员不超过机关综合管理类职位数量的20%，其中一级、二级调研员不超过一级至四级调研员总数的40%，一级调研员不超过一级、二级调研员总数的50%；一级至四级主任科员不超过机关综合管理类职位数量的60%，其中一级、二级主任科员不超过一级至四级主任科员总数的50%。

（5）副省级城市的区领导班子一级、二级巡视员不超过领导班子职数的15%，其中一级巡视员不超过一级、二级巡视员总数的40%；副省级城市的区机关一级调研员以下职级职数，按照第四项规定执行。

（6）县（市、区、旗）领导班子二级巡视员不超过领导班子职数的10%，一级、二级调研员不超过领导班子职数的20%。县（市、区、旗）、乡镇机关二级调研员不超过机关综合管理类职位数量的2%；三级、四级调研员不超过机关综合管理类职位数量的10%，其中三级调研员不超过三级、四级调研员总数的40%；一级至四级主任科员不超过机关综合管理类职位数量的60%，其中一级、二级主任科员不超过一级至四级主任科员总数的50%。

### 【知识点4】公务员录用

1. 录用对象及方法

录用担任一级主任科员以下及其他相当职级层次的公务员，采取公开考试、严格考察、平等竞争、择优录取的办法；民族自治地方依照法律和有关规定可对少数民族报考者予以适当照顾。

2. 录用程序

录用公务员，应当在规定的编制限额内，并有相应的职位空缺。

录用公务员，应当发布招考公告。招考公告应当载明招考的职位、名额、报考资格条件、报考需要提交的申请材料以及其他报考须知事项。招录机关根据报考资格条件对报考申请进行审查。报考者提交的申请材料应当真实、准确。

公务员录用考试采取笔试和面试等方式进行，考试内容根据公务员应当具备的基本能力和不同职位类别、不同层级机关分别设置。招录机关根据考试成绩确定考察人选，并进行报考资格复审、考察和体检。

招录机关根据考试成绩、考察情况和体检结果，提出拟录用人员名单，并予以公示。公示期不少于5个工作日。

公示期满，中央一级招录机关应当将拟录用人员名单报中央公务员主管部门备案；地方各级招录机关应当将拟录用人员名单报省级或者设区的市级公务员主管部门审批。

3. 不得录用公务员的规定

因犯罪受过刑事处罚的；被开除中国共产党党籍的；被开除公职的；被依法列为失信联合惩戒对象的等。

### 【知识点5】公务员考核

1. 考核内容：全面考核公务员的德、能、勤、绩、廉，重点考核政治素质和工作实绩。考核指标根据不同职位类别、不同层级机关分别设置。

2. 公务员的考核分为平时考核、专项考核和定期考核等方式。定期考核以平时考核、专项考核为基础。

非领导成员公务员的定期考核采取年度考核的方式。先由个人按照职位职责和有关要求进行总结，主管领导在听取群众意见后，提出考核等次建议，由本机关负责人或者授权的考核委员会确定考核等次。领导成员的考核由主管机关按照有关规定办理。

定期考核的结果分为优秀、称职、基本称职和不称职四个等次。

3. 考核结果运用：定期考核的结果作为调整公务员职位、职务、职级、级别、工资以及公务员奖励、培训、辞退的依据。

**【知识点6】公务员职务、职级任免与升降**

1. 任免：公务员领导职务实行选任制、委任制和聘任制。公务员职级实行委任制和聘任制。领导成员职务按照国家规定实行任期制。

选任制公务员在选举结果生效时即任当选职务；任期届满不再连任或者任期内辞职、被罢免、被撤职的，其所任职务即终止。

委任制公务员试用期满考核合格，职务、职级发生变化，以及其他情形需要任免职务、职级的，应当按照管理权限和规定的程序任免。

公务员任职应当在规定的编制限额和职数内进行，并有相应的职位空缺。

2. 晋升领导职务条件：具备拟任职务所要求的政治素质、工作能力、文化程度和任职经历等方面的条件和资格。公务员领导职务应当逐级晋升。特别优秀的或者工作特殊需要的，可以按照规定破格或者越级晋升。

3. 晋升领导职务程序：动议；民主推荐；确定考察对象，组织考察；按照管理权限讨论决定；履行任职手续。

4. 晋升职级，在职级职数内逐级晋升，并且具备一定条件和资格。

公务员晋升职级的基本条件如下：

（1）政治素质好，拥护中国共产党的领导和社会主义制度，坚决维护习近平总书记党中央的核心、全党的核心地位，坚决维护党中央权威和集中统一领导；

（2）具备职位要求的工作能力和专业知识，忠于职守，勤勉尽责，勇于担当，工作实绩较好；

（3）群众公认度较高；

（4）符合拟晋升职级所要求的任职年限和资历；

（5）作风品行好，遵纪守法，自觉践行社会主义核心价值观，清正廉洁。

公务员晋升职级的基本资格如下：

（1）晋升一级巡视员，应当任厅局级副职或者二级巡视员4年以上；

（2）晋升二级巡视员，应当任一级调研员4年以上；

（3）晋升一级调研员，应当任县处级正职或者二级调研员3年以上；

（4）晋升二级调研员，应当任三级调研员2年以上；

（5）晋升三级调研员，应当任县处级副职或者四级调研员2年以上；

（6）晋升四级调研员，应当任一级主任科员2年以上；

（7）晋升一级主任科员，应当任乡科级正职或者二级主任科员2年以上；

（8）晋升二级主任科员，应当任三级主任科员2年以上；

（9）晋升三级主任科员，应当任乡科级副职或者四级主任科员2年以上；

（10）晋升四级主任科员，应当任一级科员2年以上；

（11）晋升一级科员，应当任二级科员2年以上。

5. 公务员晋升职级根据工作需要、德才表现、职责轻重、工作实绩和资历等因素综合考虑，不是达到最低任职年限就必须晋升，也不能简单按照任职年限论资排辈，应体现正确的用人导向。

6. 晋升职级程序。

（1）党委（党组）或者组织（人事）部门研究提出工作方案。

（2）对符合晋升职级资格条件的人员进行民主推荐或者民主测评，提出初步人选。

（3）考察了解并确定拟晋升职级人选。

（4）对拟晋升职级人选进行公示，公示期不少于5个工作日。

（5）审批。中央机关公务员晋升职级由本机关党委（党组）及其组织（人事）部门审批，一级、二级巡视员职级职数使用等情况按年度报中央公务员主管部门备案。省级以下机关公务员晋升职级的审批权限，由省级公务员主管部门提出意见，报省、自治区、直辖市党委审定。

7. 公务员的职务、职级实行能上能下，具有下列情形之一的，应当按照规定降低职级：

（1）不能胜任职位职责要求的；

（2）年度考核被确定为不称职等次的；

（3）受到降职处理或者撤职处分的；

（4）法律法规和党内法规规定的其他情形。

8. 公务员具有下列情形之一的，不得晋升职级：

（1）不具备晋升职级的基本条件和基本资格的；

（2）受到诫勉、组织处理或者处分等影响期未满或者期满影响使用的；

（3）涉嫌违纪违法正在接受审查调查尚未作出结论的；

（4）影响晋升职级的其他情形。

## 【知识点7】公务员奖励

1. 奖励原则：坚持定期奖励与及时奖励相结合，精神奖励与物质奖励相结合、以精神奖励为主的原则。

2. 奖励条件（有下列情形之一的）：忠于职守，积极工作，勇于担当，工作实绩显著的；遵纪守法，廉洁奉公，作风正派，办事公道，模范作用突出的；在工作中有发明创造或者提出合理化建议，取得显著经济效益或者社会效益的；为增进民族团结，维护社会稳定作出突出贡献的；爱护公共财产，节约国家资财有突出成绩的；防止或者消除事故有功，使国家和人民群众利益免受或者减少损失的；在抢险、救灾等特定环境中作出突出贡献的；同违纪违法行为作斗争有功绩的；在对外交往中为国家争得荣誉和利益的；有其他突出功绩的。

3. 奖励种类及标准：嘉奖、记三等功、记二等功、记一等功、授予称号。

4. 对受奖励的公务员或者公务员集体予以表彰，并对受奖励的个人给予一次性奖金或者其他待遇。

**【知识点8】公务员监督与惩戒**

1. 监督内容：思想政治、履行职责、作风表现、遵纪守法等情况。

2. 发现问题的处置：对公务员监督发现问题的，应当区分不同情况，予以谈话提醒、批评教育、责令检查、诫勉、组织调整、处分。对公务员涉嫌职务违法和职务犯罪的，应当依法移送监察机关处理。

3. 公务员纪律的内容。

公务员应当遵纪守法，不得有下列行为：散布有损宪法权威、中国共产党和国家声誉的言论，组织或者参加旨在反对宪法、中国共产党领导和国家的集会、游行、示威等活动；组织或者参加非法组织，组织或者参加罢工；挑拨、破坏民族关系，参加民族分裂活动或者组织、利用宗教活动破坏民族团结和社会稳定；不担当，不作为，玩忽职守，贻误工作；拒绝执行上级依法作出的决定和命令；对批评、申诉、控告、检举进行压制或者打击报复；弄虚作假，误导、欺骗领导和公众；贪污贿赂，利用职务之便为自己或者他人谋取私利；违反财经纪律，浪费国家资财；滥用职权，侵害公民、法人或者其他组织的合法权益；泄露国家秘密或者工作秘密；在对外交往中损害国家荣誉和利益；参与或者支持色情、吸毒、赌博、迷信等活动；违反职业道德、社会公德和家庭美德；违反有关规定参与禁止的网络传播行为或者网络活动；违反有关规定从事或者参与营利性活动，在企业或者其他营利性组织中兼任职务；旷工或者因公外出、请假期满无正当理由逾期不归；违纪违法的其他行为。

4. 处分种类与期间。

处分分为：警告、记过、记大过、降级、撤职、开除。

受处分的期间为：警告，6个月；记过，12个月；记大过，18个月；降级、撤职，24个月。

5. 处分有关规定。

对公务员的处分，应当事实清楚、证据确凿、定性准确、处理恰当、程序合法、手续完备。公务员有权进行陈述和申辩；处分决定机关不得因公务员申辩而加重处分。处分决定应当以书面形式通知公务员本人。

公务员在受处分期间不得晋升职务、职级和级别，其中受记过、记大过、降级、撤职处分的，不得晋升工资档次。受撤职处分的，按照规定降低级别。公务员受开除以外的处分，在受处分期间有悔改表现，并且没有再发生违纪违法行为的，处分期满后自动解除。解除处分后，晋升工资档次、级别和职务、职级不再受原处分的影响。但是，解除降级、撤职处分的，不视为恢复原级别、原职务、原职级。

### 【知识点9】公务员工资、福利、保险

1. 公务员工资制度

公务员实行国家统一规定的工资制度。公务员工资制度贯彻按劳分配的原则，体现工作职责、工作能力、工作实绩、资历等因素，保持不同领导职务、职级、级别之间的合理工资差距。国家建立公务员工资的正常增长机制。

2. 工资构成

公务员工资包括基本工资、津贴、补贴和奖金。公务员按照国家规定享受地区附加津贴、艰苦边远地区津贴、岗位津贴等津贴以及住房、医疗等补贴、补助。在定期考核中被确定为优秀、称职的，可以享受年终奖金。

3. 禁止

不得违反国家规定自行更改公务员工资、福利、保险政策，擅自提高或者降低公务员的工资、福利、保险待遇。任何机关不得扣减或者拖欠公务员的工资。

4. 待遇

按照国家规定享受福利待遇。国家根据经济社会发展水平提高公务员的福利待遇。公务员执行国家规定的工时制度，按照国家规定享受休假。公务员在法定工作日之外加班的，给予相应的补休，不能补休的按照国家规定给予补助。公务员依法参加社会保险，按照国家规定享受保险待遇。公务员因公牺牲或者病故的，其亲属享受国家规定的抚恤和优待。

### 【知识点10】公务员辞职、辞退与退休

1. 辞职

公务员辞去公职，应当向任免机关提出书面申请。任免机关自接到申请之日起30日内予以审批，其中对领导成员辞去公职的申请，自接到申请之日起90日内予以审批。

公务员有下列情形之一的，不得辞去公职：
(1) 未满国家规定的最低服务年限的；
(2) 在涉及国家秘密等特殊职位任职或者离开上述职位不满国家规定的脱密期限的；
(3) 重要公务尚未处理完毕，且须由本人继续处理的；
(4) 正在接受审计、纪律审查、监察调查，或者涉嫌犯罪，司法程序尚未终结的；
(5) 法律、行政法规规定的其他不得辞去公职的情形。

2. 领导干部辞职

因个人或者其他原因，可以自愿提出辞去领导职务；因工作严重失误、失职造成重大损失或者恶劣社会影响的，或者对重大事故负有领导责任的，引咎辞去领导职务；因其他原因不再适合担任现任领导职务的，或者应当引咎辞职本人不提出辞职的，责令其辞去领导职务。

3. 辞退

公务员有以下情形之一的，予以辞退：在年度考核中，连续2年被确定为不称职的；不胜任现职工作，又不接受其他安排的；因所在机关调整、撤销、合并或者缩减编制员额需要调整工作，本人拒绝合理安排的；不履行公务员义务，不遵守法律和公务员纪律，经教育仍无转变，不适合继续在机关工作，又不宜给予开除处分的；旷工或者因公外出、请假期满无正当理由逾期不归连续超过15天，或者1年内累计超过30天的。

4. 不得辞退

公务员有以下情形之一的，不得辞退：因公致残，被确认丧失或者部分丧失工作能力的；患病或者负伤，在规定的医疗期内的；女性公务员在孕期、产假、哺乳期内的；法律、行政法规规定的其他不得辞退的情形。

5. 退休

公务员达到国家规定的退休年龄或者完全丧失工作能力的，应当退休。

6. 提前退休

公务员符合下列条件之一的，本人自愿提出申请，经任免机关批准，可以提前退休：
(1) 工作年限满30年的；
(2) 距国家规定的退休年龄不足5年，且工作年限满20年的；
(3) 符合国家规定的可以提前退休的其他情形的。

【知识点11】公务员申诉规定

(1) 公务员对涉及本人的下列人事处理不服的，可以自知道该人事处理之日起30

日内向原处理机关申请复核;对复核结果不服的,可以自接到复核决定之日起15日内,按照规定向同级公务员主管部门或者作出该人事处理的机关的上一级机关提出申诉;也可以不经复核,自知道该人事处理之日起30日内直接提出申诉:①处分;②辞退或者取消录用;③降职;④定期考核定为不称职;⑤免职;⑥申请辞职、提前退休未予批准;⑦不按照规定确定或者扣减工资、福利、保险待遇;⑧法律、法规规定可以申诉的其他情形。

对省级以下机关作出的申诉处理决定不服的,可以向作出处理决定的上一级机关提出再申诉。

受理公务员申诉的机关应当组成公务员申诉公正委员会,负责受理和审理公务员的申诉案件。

公务员对监察机关作出的涉及本人的处理决定不服向监察机关申请复审、复核的,按照有关规定办理。

(2)原处理机关应当自接到复核申请书后的30日内作出复核决定,并以书面形式告知申请人。受理公务员申诉的机关应当自受理之日起60日内作出处理决定;案情复杂的,可以适当延长,但是延长时间不得超过30日。复核、申诉期间不停止人事处理的执行。公务员不因申请复核、提出申诉而被加重处理。

(3)公务员申诉的受理机关审查认定人事处理有错误的,原处理机关应当及时予以纠正。

**【知识点12】公务员公开遴选**

(1)公开遴选,是指市(地)级以上机关从下级机关公开择优选拔任用内设机构公务员。

公开遴选是公务员转任方式之一。公开遴选必须在规定的编制限额和职数内进行,并有相应的职位空缺。

(2)公开遴选按程序:①发布公告;②报名与资格审查;③考试;④组织考察;⑤决定与任职。

(3)公务员主管部门根据公开遴选方案,制定公告,面向社会公开发布。公告应当包括以下内容:①公开遴选机关、职位、职位简介和资格条件;②公开遴选范围、程序、方式和相关比例要求;③报名方式和需要提交的相关材料;④考试科目、时间和地点;⑤其他相关事项。

(4)报名参加公开遴选的公务员,应当具备的资格条件:①具有良好的政治、业务素质,品行端正,实绩突出,群众公认;②具有2年以上基层工作经历和2年以上公务员工作经历;③公务员年度考核均为称职以上等次;④具有公开遴选职位要求的工作能力和任职经历;⑤报名参加中央机关、省级机关公开遴选的应当具有大学本科以上文化程度，报名参加市（地）级机关公开遴选的应当具有大学专科以上文化程度；⑥身体健康；⑦公务员主管部门规定的其他资格条件；⑧法律、法规规定的其他条件。

公务员主管部门和公开遴选机关不得设置与公开遴选职位要求无关的报名资格条件。

（5）不得参加公开遴选的情形：①涉嫌违纪违法正在接受有关的专门机关审查尚未作出结论的；②受处分期间或者未满影响期限的；③按照国家有关规定，到定向单位工作未满服务年限或对转任有其他限制性规定的；④尚在新录用公务员试用期的；⑤法律、法规规定的其他情形。

（6）考试：考试采取分级分类的方式，根据职务层次和职位类别进行。考试分为笔试和面试，由公务员主管部门统一组织实施。经公务员主管部门授权，面试可以由公开遴选机关组织实施。面试考官一般不少于7人，其中公开遴选机关以外的考官一般应占1/3。根据笔试、面试成绩，按照公告规定的权重确定考试综合成绩。笔试、面试成绩和考试综合成绩应当及时通知本人。

（7）组织考察：公开遴选采取差额考察的办法。考察可以采取个别谈话、民主测评等方法进行，也可以采取德的专项测评、实绩公示、业绩评价和履历分析等方法。公开遴选机关派出两名以上人员组成考察组。

## 二 领导干部选拔任用

**【知识点1】选拔任用党政领导干部原则**

选拔任用党政领导干部，必须坚持党管干部原则；德才兼备、以德为先，五湖四海、任人唯贤原则；事业为上、人岗相适、人事相宜原则；公道正派、注重实绩、群众公认原则；民主集中制原则；依法依规办事原则。

**【知识点2】选拔任用党政领导干部条件和资格**

1. 基本条件

（1）自觉坚持以马克思列宁主义、毛泽东思想、邓小平理论、"三个代表"重要思想、科学发展观、习近平新时代中国特色社会主义思想为指导，努力用马克思主义立场、观点、方法分析和解决实际问题，坚持讲学习、讲政治、讲正气，牢固树立政治意识、大局意识、核心意识、看齐意识，坚决维护习近平总书记党中央的核心、全党的核心地位，坚决维护党中央权威和集中统一领导，自觉在思想上政治上行动上同党中央保持高度一致，经得起各种风浪考验。

（2）具有共产主义远大理想和中国特色社会主义坚定信念，坚定道路自信、理论自信、制度自信、文化自信，坚决贯彻执行党的理论和路线方针政策，立志改革开放，献身现代化事业,在社会主义建设中艰苦创业,树立正确政绩观,做出经得起实践、人民、历史检验的实绩。

(3)坚持解放思想,实事求是,与时俱进,求真务实,认真调查研究,能够把党的方针政策同本地区本部门实际相结合,卓有成效地开展工作,落实"三严三实"要求,主动担当作为,真抓实干,讲实话,办实事,求实效。

(4)有强烈的革命事业心、政治责任感和历史使命感,有斗争精神和斗争本领,有实践经验,有胜任领导工作的组织能力、文化水平和专业素养。

(5)正确行使人民赋予的权力,坚持原则,敢抓敢管,依法办事,以身作则,艰苦朴素,勤俭节约,坚持党的群众路线,密切联系群众,自觉接受党和群众的批评、监督,加强道德修养,讲党性、重品行、作表率,带头践行社会主义核心价值观,廉洁从政、廉洁用权、廉洁修身、廉洁齐家,做到自重自省自警自励,反对形式主义、官僚主义、享乐主义和奢靡之风,反对任何滥用职权、谋求私利的行为。

(6)坚持和维护党的民主集中制,有民主作风,有全局观念,善于团结同志,包括团结同自己有不同意见的同志一道工作。

2. 基本资格

(1)工作经历。提任县处级领导职务的,应当具有5年以上工龄和2年以上基层工作经历。提任县处级以上领导职务的,一般应当具有在下一级2个以上职位任职的经历。提任县处级以上领导职务,由副职提任正职的,应当在副职岗位工作2年以上;由下级正职提任上级副职的,应当在下级正职岗位工作3年以上。

(2)文化要求。一般应当具有大学专科以上文化程度,其中厅局级以上领导干部一般应当具有大学本科以上文化程度。

(3)培训经历。应当经过党校(行政学院)、干部学院或者组织(人事)部门认可的其他培训机构的培训,培训时间应当达到干部教育培训的有关规定要求;确因特殊情况在提任前未达到培训要求的,应当在提任后1年内完成培训。

(4)身体条件。党政领导干部应当具有正常履行职责的身体条件。

(5)其他要求。提拔担任党政领导干部应当符合有关法律规定的资格要求。提任党的领导职务的,还应当符合《中国共产党章程》等规定的党龄要求。职级公务员担任领导职务,按照有关规定执行。

【知识点3】破格提拔

党政领导干部应当逐级提拔。特别优秀或者工作特殊需要的干部,可以突破任职资格规定或者越级提拔担任领导职务。

破格提拔的特别优秀干部,应当政治过硬、德才素质突出、群众公认度高,且符合下列条件之一:在关键时刻或者承担急难险重任务中经受住考验、表现突出、作出重大贡献；在条件艰苦、环境复杂、基础差的地区或者单位工作实绩突出；在其他岗位上尽职尽责，工作实绩特别显著。

**【知识点4】选拔任用程序**

1. 分析研判和动议

根据日常了解情况，对领导班子和领导干部进行综合分析研判，为党委（党组）选人用人提供依据和参考。研判和动议时，根据工作需要和实际情况，如确有必要，也可以把公开选拔、竞争上岗作为产生人选的一种方式。公开选拔、竞争上岗一般适用于副职领导职位。

2. 民主推荐

选拔任用党政领导干部，应当经过民主推荐。民主推荐包括谈话调研推荐和会议推荐，推荐结果作为选拔任用的重要参考，在1年内有效。

民主推荐的程序包括：进行谈话调研推荐，提前向谈话对象提供谈话提纲、换届政策说明、干部名册等相关材料，提出有关要求，提高谈话质量；综合考虑谈话调研推荐情况以及人选条件、岗位要求、班子结构等，经与本级党委沟通协商后，由上级党委或者组织部门研究提出会议推荐参考人选，参考人选应当差额提出；召开推荐会议，由本级党委主持，考察组说明换届有关政策，介绍参考人选产生情况，提出有关要求，组织填写推荐表；对民主推荐情况进行综合分析；向上级党委或者组织部门汇报民主推荐情况。

3. 考察

（1）确定考察对象。

确定考察对象，根据工作需要和干部德才条件，将民主推荐与日常了解、综合分析研判以及岗位匹配度等情况综合考虑，深入分析、比较择优，防止把推荐票等同于选举票、简单以推荐票取人。对拟新进党政领导班子的考察对象，在一定范围内公示。

有下列情形之一的，不得列为考察对象：违反政治纪律和政治规矩的；群众公认度不高的；上一年年度考核结果为基本称职以下等次的；有跑官、拉票等非组织行为的；除特殊岗位需要外，配偶已移居国（境）外，或者没有配偶但子女均已移居国（境）外的；受到诫勉、组织处理或者党纪政务处分等影响期未满或者期满影响使用的；其他原因不宜提拔或者进一步使用的。

（2）考察内容。

考察党政领导职务拟任人选，必须全面考察其德、能、勤、绩、廉，严把政治关、品行关、能力关、作风关、廉洁关。

（3）考察工作的组织。

考察党政领导职务拟任人选，应当保证充足的考察时间，经过下列程序：制定考察工作方案；同考察对象呈报单位或者所在单位党委（党组）主要领导成员就考察工作方案沟通情况，征求意见；根据考察对象的不同情况，通过适当方式在一定范围内发布干部考察预告；采取个别谈话、发放征求意见表、民主测评、实地走访、查阅干部人事档案和工作资料等方法，广泛深入地了解情况，根据需要进行专项调查、延伸考察等，注意了解考察对象生活圈、社交圈情况；同考察对象面谈，进一步了解其政治立场、思想品质、价值取向、见识见解、适应能力、性格特点、心理素质等方面情况，以及缺点和不足，鉴别印证有关问题，深化对考察对象的研判；综合分析考察情况，与考察对象的一贯表现进行比较、相互印证，全面准确地对考察对象作出评价；向考察对象呈报单位或者所在单位党委（党组）主要领导成员反馈考察情况，并交换意见；考察组研究提出人选任用建议，向派出考察组的组织（人事）部门汇报，经组织（人事）部门集体研究提出任用建议方案，向本级党委（党组）报告。

4. 讨论决定

（1）决定权限。

选拔任用党政领导干部，按照干部管理权限由党委（党组）集体讨论作出任免决定，或者决定提出推荐、提名的意见。属于上级党委（党组）管理的，本级党委（党组）可以提出选拔任用建议。

（2）集体决定。

党委（党组）讨论决定干部任免事项，必须有 2/3 以上成员到会，并保证与会成员有足够时间听取情况介绍、充分发表意见。与会成员对任免事项，逐一发表同意、不同意或者缓议等明确意见，党委（党组）主要负责人最后表态。在充分讨论的基础上，采取口头表决、举手表决或者无记名投票等方式进行表决。意见分歧较大时，暂缓进行表决。

（3）讨论程序。

党委（党组）分管组织（人事）工作的领导成员或者组织（人事）部门负责人，逐个介绍领导职务拟任人选的推荐、考察和任免理由等情况，其中涉及破格提拔等需要按照要求事先向上级组织（人事）部门报告的选拔任用有关工作事项，应当说明具体事由和征求上级组织（人事）部门意见的情况；参加会议人员进行充分讨论；进行表决，以党委（党组）应到会成员超过半数同意形成决定。

（4）呈报审批。

需要报上级党委（党组）审批的拟提拔任职的干部，必须呈报党委（党组）请示并附干部任免审批表、干部考察材料、本人档案和党委（党组）会议纪要、讨论记录、民主推荐情况等材料。上级组织（人事）部门对呈报的材料应当严格审查；需要报上级备案的干部，应当按照规定及时向上级组织（人事）部门备案。

5. 任职

（1）任前公示。

实行党政领导干部任职前公示制度。提拔担任厅局级以下领导职务的，除特殊岗位和在换届考察时已进行过公示的人选外，在党委（党组）讨论决定后、下发任职通知前，应当在一定范围内进行公示。公示内容应当真实准确，便于监督，涉及破格提拔的，还应当说明破格的具体情形和理由。公示期不少于5个工作日。公示结果不影响任职的，办理任职手续。任职时间自党委（党组）决定之日起计算。

（2）任职试用。

实行党政领导干部任职试用期制度，提拔担任非选举产生的厅局级以下领导职务的，试用期为1年。试用期满后，经考核胜任现职的，正式任职；不胜任的，免去试任职务，一般按照试任前职级或者职务层次安排工作。

（3）任职谈话。

实行任职谈话制度，对决定任用的干部，由党委（党组）指定专人同本人谈话，肯定成绩，指出不足，提出要求和需要注意的问题。

【知识点5】党政领导干部交流制度

公务员可以在公务员队伍内部交流，也可以与国有企业事业单位、人民团体和群众团体中从事公务的人员交流。交流的方式包括调任、转任和挂职锻炼。

交流的对象包括：因工作需要交流的；需要通过交流锻炼提高领导能力的；在一个地方或者部门工作时间较长的；按照规定需要回避的；因其他原因需要交流的。

党政机关内设机构处级以上领导干部在同一职位上任职时间较长的，应当进行交流。经历单一或者缺少基层工作经历的年轻干部，应当有计划地派到基层、艰苦边远地区和复杂环境工作，坚决防止"镀金"思想和短期行为。

【知识点6】党政领导干部任职回避制度

有夫妻关系、直系血亲关系、三代以内旁系血亲以及近姻亲等亲属关系的，不得在同一机关担任双方直接隶属于同一领导人员的职务或者有直接上下级领导关系的职务，也不得在其中一方担任领导职务的机关从事组织（人事）、纪检监察、审计、财务工作。

【知识点7】党政领导干部免职、辞职、降职

1. 免职。党政领导干部有下列情形之一的，一般免去现职：达到任职年龄界限或者退休年龄界限的；受到责任追究应当免职的；不适宜担任现职应当免职的；因违纪违法应当免职的；辞职或者调出的；非组织选派，个人申请离职学习期限超过1年的；

因健康原因，无法正常履行工作职责1年以上的；因工作需要或者其他原因应当免去现职的。因不适宜担任现职调离岗位、免职的，1年内不得提拔。

2. 辞职。辞职包括因公辞职、自愿辞职、引咎辞职和责令辞职。引咎辞职、责令辞职和因问责被免职的党政领导干部，1年内不安排领导职务，2年内不得担任高于原任职务层次的领导职务。同时受到党纪政务处分的，按照影响期长的规定执行。

3. 降职。党政领导干部在年度考核中被确定为不称职的，因工作能力较弱、受到组织处理或者其他原因不适宜担任现职务层次的，降职使用。降职使用的干部，其待遇按照新任职务职级的标准执行。

### 【知识点8】党政领导干部选拔任用的纪律和监督

1. 选拔任用党政领导干部纪律

（1）不准超职数配备、超机构规格提拔领导干部、超审批权限设置机构配备干部，或者违反规定擅自设置职务名称、提高干部职务职级待遇；

（2）不准采取不正当手段为本人或者他人谋取职务、提高职级待遇；

（3）不准违反规定程序动议、推荐、考察、讨论决定任免干部，或者由主要领导成员个人决定任免干部；

（4）不准私自泄露研判、动议、民主推荐、民主测评、考察、酝酿、讨论决定干部等有关情况；

（5）不准在干部考察工作中隐瞒或者歪曲事实真相；

（6）不准在民主推荐、民主测评、组织考察和选举中搞拉票、助选等非组织活动；

（7）不准利用职务便利私自干预下级或者原任职地区、系统和单位干部选拔任用工作；

（8）不准在机构变动，主要领导成员即将达到任职年龄界限、退休年龄界限或者已经明确即将离任时，突击提拔、调整干部；

（9）不准在干部选拔任用工作中任人唯亲、排斥异己、封官许愿、拉帮结派、搞团团伙伙，营私舞弊；

（10）不准篡改、伪造干部人事档案，或者在干部身份、年龄、工龄、党龄、学历、经历等方面弄虚作假。

2. 干部选拔任用工作监督与责任追究

加强干部选拔任用工作全程监督，严格执行干部选拔任用全程纪实和任前事项报告、"一报告两评议"、专项检查、离任检查、立项督查、"带病提拔"问题倒查等制度。实行党政领导干部选拔任用工作责任追究制度。凡用人失察失误造成严重后果的，本地区本部门用人上的不正之风严重、干部群众反映强烈以及对违反组织（人事）纪律的行为查处不力的，根据具体情况，严肃追究党委（党组）及其主要领导成员、有关领导成员、组织（人事）部门、纪检监察机关、干部考察组有关领导成员以及其他直接责任人的责任。中共中央办公厅印发了《干部选拔任用工作监督检查和责任追究办法》，自 2019 年 5 月 13 日起施行。

## 三、领导班子和干部管理

### 【知识点 1】干部选拔任用任前事项报告

在干部选拔任用工作中，有下列情形之一，应当在事前向上级组织（人事）部门报告：机构变动或者主要领导成员即将离任前提拔、调整干部的；除领导班子换届外，一次集中调整干部数量较大或者一定时期内频繁调整干部的；因机构改革等特殊情况暂时超职数配备干部的；党委和政府及其工作部门个别特殊需要的领导成员人选，不经民主推荐，由组织推荐提名作为考察对象的；破格、越级提拔干部的；领导干部秘书等身边工作人员提拔任用的；领导干部近亲属在领导干部所在单位（系统）内提拔任用，或者在领导干部所在地区提拔担任下一级领导职务的；国家级贫困县、集中连片特困地区地市在完成脱贫任务前党政正职职级晋升或者岗位变动的，以及市（地、州、盟）、县（市、区、旗）、乡（镇）党政正职任职不满 3 年进行调整的；领导干部因问责引咎辞职或者被责令辞职、免职、降职、撤职，影响期满拟重新担任领导职务或者提拔任职的；各类高层次人才中配偶已移居国（境）外或者没有配偶但子女均已移居国（境）外人员、本人已移居国（境）外的人员（含外籍专家），因工作需要在限制性岗位任职的；干部达到任职或者退休年龄界限，需要延迟免职（退休）的；其他应当报告的事项。

### 【知识点 2】干部选拔任用工作"一报告两评议"

党委（党组）应每年结合全会或者领导班子和领导干部年度总结考核，报告干部选拔任用工作情况，接受对年度干部选拔任用工作和所提拔任用干部的民主评议。参加民主评议人员范围，地方一般为参加和列席全会人员，其他单位一般为参加领导班子和领导干部年度总结考核会议人员，并有一定数量的干部群众代表。提拔任用干部民主评议对象，地方一般为本级党委近一年内提拔的正职领导干部；其他单位一般为近一年内提拔担任内设机构领导职务的人员和直属单位领导班子成员。

"一报告两评议"由上级组织（人事）部门会同被评议地方和单位组织实施，评议结果应当及时反馈，并作为考核领导班子和领导干部的重要参考。对评议反映的突出问题，上级组织（人事）部门应当采取约谈、责令作出说明等方式，督促被评议地方和单位整改。对认可度明显偏低的干部，被评议地方和单位应当对其选拔任用过程进行分析、作出说明，并视情进行教育或者处理。

**【知识点3】民主生活会制度**

1. 民主生活会制度重要作用

坚持和完善民主生活会制度，对于新形势下加强和规范党内政治生活，增强党自我净化、自我完善、自我革新、自我提高能力，实现党的正确领导，维护党的团结和集中统一，引导党员领导干部牢固树立政治意识、大局意识、核心意识、看齐意识特别是核心意识、看齐意识，自觉践行"三严三实"要求，始终做到忠诚干净担当，具有重要作用。

2. 民主生活会的内容

民主生活会围绕主题，就以下基本内容进行对照检查，开展批评和自我批评：

（1）遵守党章，坚定理想信念，贯彻党的理论、路线、方针、政策和决议，执行党的政治纪律和政治规矩，维护党中央权威的情况。

（2）加强领导班子自身建设，实行民主集中制，维护领导班子团结，严格党的组织生活制度，坚持正确用人导向，开展批评和自我批评的情况。

（3）正确行使权力，履职尽责，积极作为，坚持科学决策、民主决策、依法决策，反对特权、秉公用权的情况。

（4）带头践行社会主义核心价值观，艰苦奋斗，清正廉洁，遵纪守法，注重家庭、家教、家风，教育管理好亲属和身边工作人员的情况。

（5）执行党的群众路线，站稳人民立场，改进领导作风，深入调查研究，密切联系群众的情况。

（6）履行全面从严治党主体责任和监督责任，加强党风廉政建设和反腐败工作的情况。

3. 召开民主生活会的时间

每年召开1次，一般安排在第四季度。

4. 民主生活会的程序步骤

会前的四个准备工作：一是领导班子成员认真学习党章党规和党的创新理论以及有关文件，提高思想认识，把握标准要求。二是由党委（党组）或者委托组织部门、机关党委征求党员、干部和群众的意见建议，并如实向领导班子及其成员反馈。领导班子成员应当就反映本人的有关问题，向组织作出说明。三是领导班子成员之间互相谈心谈话，交流思想，交换意见，并与分管单位主要负责人谈心，也接受党员、干部约谈。四是撰写领导班子对照检查材料和个人发言提纲，查摆问题，进行党性分析，提出整改措施。个人发言提纲自己动手撰写，并按规定说明个人有关事项。

会上的四个程序：一是通报上一次民主生活会整改措施落实情况和本次民主生活会征求意见情况。二是主要负责人代表领导班子作对照检查。三是领导班子成员逐一进行对照检查，作自我批评，其他成员对其提出批评意见。四是主要负责人总结会议情况，提出整改工作要求。

5. 民主生活会的领导督导

各级党委（党组）履行组织开好民主生活会的领导责任。上级党组织应当通过派出督导组、派人列席等方式，对下级单位召开的民主生活会进行督促检查和指导，具体工作由组织部门会同纪律检查机关负责。对问题突出的领导班子，上级党组织主要负责人应当亲自过问，派出得力的负责人列席民主生活会，严肃指出问题、深入分析原因、切实帮助解决。

6. 民主生活会的责任追究

执行民主生活会制度情况，纳入领导班子及其成员履行全面从严治党责任考核内容，作为考核评价领导班子的重要依据。对不按规定召开民主生活会的应当严肃指出、限期整改，对走过场的责令重新召开，并在一定范围通报批评，情节严重的追究主要负责人责任。对无正当理由不参加民主生活会的党员领导干部，给予严肃批评教育。

## 【知识点4】领导干部个人有关事项报告相关规定

1. 领导干部

（1）各级党的机关、人大常委会机关、行政机关、政协机关、审判机关、检察机关、民主党派机关中县处级副职以上的干部（含非领导职务干部）；

（2）参照公务员法管理的人民团体、事业单位中县处级副职以上的干部，未列入参照公务员法管理的人民团体、事业单位的领导班子成员及内设管理机构领导人员（相当于县处级副职以上）；

（3）中央企业领导班子成员及中层管理人员，省（自治区、直辖市）、市（地、州、盟）管理的国有企业领导班子成员。

2. 领导干部应当报告事项——婚姻和配偶、子女移居国（境）外、从业等方面

（1）本人的婚姻情况；

（2）本人持有普通护照以及因私出国（境）的情况；

（3）本人持有往来港澳通行证、因私持有大陆居民往来台湾通行证以及因私往来港澳、台湾的情况；

（4）子女与外国人、无国籍人通婚的情况；

（5）子女与港澳以及台湾居民通婚的情况；

（6）配偶、子女移居国（境）外的情况，或者虽未移居国（境）外，但连续在国（境）外工作、生活一年以上的情况；

（7）配偶、子女及其配偶的从业情况，含受聘担任私营企业的高级职务，在外商独资企业、中外合资企业、境外非政府组织在境内设立的代表机构中担任由外方委派、

聘任的高级职务，以及在国（境）外的从业情况和职务情况；

（8）配偶、子女及其配偶被司法机关追究刑事责任的情况。

"子女"，包括领导干部的婚生子女、非婚生子女、养子女和有抚养关系的继子女。"移居国（境）外"，是指取得外国国籍或者获取国（境）外永久居留资格、长期居留许可。

3. 领导干部应当报告事项——收入、房产、投资等方面

（1）本人的工资及各类奖金、津贴、补贴等；

（2）本人从事讲学、写作、咨询、审稿、书画等劳务所得；

（3）本人、配偶、共同生活的子女为所有权人或者共有人的房产情况，含有单独产权证书的车库、车位、储藏间等；

（4）本人、配偶、共同生活的子女投资或者以其他方式持有股票、基金、投资型保险等的情况；

（5）配偶、子女及其配偶经商办企业的情况，包括投资非上市股份有限公司、有限责任公司，注册个体工商户、个人独资企业、合伙企业等，以及在国（境）外注册公司或者投资入股等的情况；

（6）本人、配偶、共同生活的子女在国（境）外的存款和投资情况。

"共同生活的子女"，是指领导干部不满18周岁的未成年子女和由其抚养的不能独立生活的成年子女。

4. 报告个人有关事项时间要求

领导干部应当于每年1月31日前集中报告一次上一年度上述所列事项，并对报告内容的真实性、完整性负责，自觉接受监督。

5. 违反报告个人有关事项制度的责任追究

一是规定领导干部无正当理由不按时报告、漏报少报、隐瞒不报或者查核发现有其他违规违纪问题的，根据情节轻重，给予批评教育、组织调整或者组织处理、纪律处分。二是规定党委（党组）及其组织（人事）部门把查核结果作为衡量领导干部是否忠诚老实、清正廉洁的重要参考，充分运用到选拔任用、管理监督等干部工作中。对未经查核提拔或者进一步使用干部，或者对查核发现的问题不按照规定处理的，追究党委（党组）、组织（人事）部门及其有关领导成员的责任。三是规定组织（人事）部门和查核联系工作机制成员单位，严格遵守工作纪律和保密纪律。对违反工作纪律、保密纪律或者在查核工作中敷衍塞责、徇私舞弊的，追究有关责任人的责任。

**【知识点5】税务系统因私出国（境）管理制度的有关要求**

国家税务总局制定了关于进一步加强领导干部因私出国（境）管理工作的规定，从审批把关、证件保管和日常管理三个方面对税务系统领导干部因私出国（境）提出

了要求。

1. 因私出国（境）的审批。在职厅局级干部因私出国（境）原则上每年不超过一次，国（境）外停留时间一般不超过15日。在职处级干部和退（离）休厅局级、处级干部因私出国（境）次数不作限制，一次出国（境）在外停留时间一般不超过3个月。国家税务总局机关各司局和各省（区、市）税务局主要负责人只批准因私出国（境）探亲、看病，其他因私出国（境）情形不予批准。同一领导班子成员不得在同一时间段内安排因私出国（境）。

在职厅局级、处级干部和退（离）休厅局级干部因私出国（境）向所在单位提出书面申请，人事部门按照干部管理权限进行认真审核，并征求纪检监察部门的意见。退（离）休处级干部因私出国（境）于10日前向所在单位人事部门备案。对涉及管理人、财、物，机要档案和其他重要岗位的领导干部，以及配偶已移居国（境）外和没有配偶、子女均已移居国（境）外的领导干部因私出国（境）从严把关。发现有法律法规规定不准出国（境）的人员，以及涉嫌严重违纪违法的人员，一律不批准其出国（境）。

2. 因私出国（境）证件的管理。在职厅局级、处级干部，退（离）休厅局级干部和退休3年（含3年）以内的处级干部的因私出国（境）证件均交由所在单位人事部门集中保管。上述人员回国（境）后7日内，将证件交回所在单位人事部门集中保管，所在单位人事部门按规定于15日内向出国（境）人员主管单位人事部门备案。对违反因私出国（境）证件管理规定，拒不交出所持出国（境）证件的领导干部，按相关规定进行严肃处理。

3. 因私出国（境）管理工作的要求。一是狠抓日常管理。各级人事部门对登记备案人员信息进行及时更新，并通过领导干部个人有关事项报告及时了解掌握领导干部持有因私出国（境）证件、因私出国（境）等情况。二是强化责任追究。对发现违反有关规定办理因私出国（境）证件、未经批准出国（境）、瞒报因私出国（境）情况等问题的领导干部，按照《中国共产党纪律处分条例》等相关规定进行处理。对于出现干部滞留不归、借机外逃等问题的，除对当事人依纪依规处理外，还追究所在单位主要负责人和相关责任人的责任。国家税务总局机关和税务系统科级领导干部因私出国（境）管理工作，可参照上述规定执行。

## 四 干部人事档案管理

**【知识点1】干部人事档案工作机构（含干部人事档案工作岗位）职责**

1. 负责干部人事档案的建立、接收、保管、转递，档案材料的收集、鉴别、整理、归档，档案信息化等日常管理工作。

2. 负责干部人事档案的查（借）阅、档案信息研究等利用工作，组织开展干部人事档案审核工作。

3. 配合有关方面调查涉及干部人事档案的违规违纪违法行为。

4. 指导和监督检查下级单位干部人事档案工作。

5. 办理其他有关事项。

【知识点2】干部人事档案主要内容和分类

1. 履历类材料。主要有《干部履历表》和干部简历等材料。

2. 自传和思想类材料。主要有自传、参加党的重大教育活动情况和重要党性分析、重要思想汇报等材料。

3. 考核鉴定类材料。主要有平时考核、年度考核、专项考核、任（聘）期考核，工作鉴定，重大政治事件、突发事件和重大任务中的表现，援派、挂职锻炼考核鉴定，党组织书记抓基层党建评价意见等材料。

4. 学历学位、专业技术职务（职称）、学术评鉴和教育培训类材料。主要有中学以来取得的学历学位，职业（任职）资格和评聘专业技术职务（职称），当选院士、入选重大人才工程，发明创造、科研成果获奖、著作译著和有重大影响的论文目录，政策理论、业务知识、文化素养培训和技能训练情况等材料。

5. 政审、审计和审核类材料。主要有政治历史情况审查，领导干部经济责任审计和自然资源资产离任审计的审计结果及整改情况、履行干部选拔任用工作职责离任检查结果及说明，证明，干部基本信息审核认定、干部人事档案任前审核登记表，廉洁从业结论性评价等材料。

6. 党、团类材料。主要有《中国共产党入党志愿书》、入党申请书、转正申请书、培养教育考察，党员登记表，停止党籍、恢复党籍，退党、脱党，保留组织关系、恢复组织生活，《中国共产主义青年团入团志愿书》、入团申请书，加入或者退出民主党派等材料。

7. 表彰奖励类材料。主要有表彰和嘉奖、记功、授予荣誉称号，先进事迹以及撤销奖励等材料。

8. 违规违纪违法处理处分类材料。主要有党纪政务处分，组织处理，法院刑事判决书、裁定书，公安机关有关行政处理决定，有关行业监管部门对干部有失诚信、违反法律和行政法规等行为形成的记录，人民法院认定的被执行人失信信息等材料。

9. 工资、任免、出国和会议代表类材料。主要有工资待遇审批、参加社会保险，录用、聘用、招用、入伍、考察、任免、调配、军队转业（复员）安置、退（离）休、辞职、辞退，公务员（参照公务员法管理人员）登记、遴选、选调、调任、职级晋升，职务、职级套改，事业单位管理岗位职员等级晋升，出国（境）审批，当选党的代表大会、人民代表大会、政协会议、群团组织代表会议、民主党派代表会议等会议代表（委员）及相关职务等材料。

10. 其他可供组织参考的材料。主要有毕业生就业报到证、派遣证，工作调动介绍信，国（境）外永久居留资格、长期居留许可等证件有关内容的复印件和体检表等材料。

【知识点3】干部人事档案日常管理

主要包括档案建立、接收、保管、转递、信息化、统计和保密，档案材料的收集、鉴别、整理和归档等。

1. 干部人事档案分为正本和副本。副本由正本主要材料的复制件构成。正本有关材料和信息变更时，副本相应变更。

2. 干部人事数字档案是按照国家相关技术标准，利用扫描等技术手段将干部人事纸质档案转化形成的数字图像和数字文本。组织人事部门及其干部人事档案工作机构在干部人事档案数字化过程中，严格规范档案目录建库、档案扫描、图像处理、数据存储、数据验收、数据交换、数据备份、安全管理等基本环节，保证数字档案的真实性、完整性、可用性、安全性，确保与纸质档案一致。

3. 组织人事部门及其干部人事档案工作机构按照预防为主、防治结合的要求，建立和维护科学合理的档案存放秩序，按照有关标准要求建设干部人事档案库房，加强库房安全管理和技术防护。档案数量较少的单位，设置专用房间保管档案。阅档场所、整理场所、办公场所要分开。

4. 干部人事档案管理权限发生变动的，原管理单位的干部人事档案工作机构对档案进行认真核对整理，保证档案内容真实准确、材料齐全完整，并在2个月内完成转递；现管理单位的干部人事档案工作机构认真审核，严格把关，一般在接到档案2个月内完成审核入库。

5. 各级党政机关、国有企事业单位和其他组织及个人，对于属于国家秘密、工作秘密的干部人事档案材料和信息，严格保密；对于涉及商业秘密、个人隐私的材料和信息，按照国家有关法律规定进行管理。

【知识点4】干部人事档案利用和审核

干部人事档案利用方式主要包括查（借）阅、复制和摘录等。

可以查阅干部人事档案的情形：

1. 政治审查、发展党员、党员教育、党员管理等；

2. 干部录用、聘用、考核、考察、任免、调配、职级晋升、教育培养、职称评聘、表彰奖励、工资待遇、公务员登记备案、退（离）休、社会保险、治丧等；

3. 人才引进、培养、评选、推送等；

4. 巡视、巡察，选人用人检查、违规选人用人问题查核，组织处理，党纪政务处分，涉嫌违法犯罪的调查取证、案件查办等；

5. 经具有干部管理权限的党委（党组）、组织人事部门批准的编史修志，撰写大事记、人物传记，举办展览、纪念活动等；

6. 干部日常管理中，熟悉了解干部，研究、发现和解决有关问题等；

7. 其他因工作需要利用的事项。

查阅干部人事档案的程序和要求：

1. 查阅单位如实填写干部人事档案查阅审批材料，按照程序报单位负责同志审批签字并加盖公章；

2. 两人以上查阅档案，一般均为党员；

3. 干部人事档案工作机构按照程序审批；

4. 在规定时限内查阅。

干部人事档案一般不予外借，确因工作需要借阅的，借阅单位履行审批手续，在规定时限内归还，归还时干部人事档案工作机构认真核对档案材料。

【知识点5】干部人事档案工作纪律

1. 严禁篡改、伪造干部人事档案；

2. 严禁提供虚假材料、不如实填报干部人事档案信息；

3. 严禁转递、接收、归档涉嫌造假或者来历不明的干部人事档案材料；

4. 严禁利用职务、工作上的便利，直接实施档案造假，授意、指使、纵容、默许他人档案造假，为档案造假提供方便，或者在知情后不及时向组织报告；

5. 严禁插手、干扰有关部门调查、处理档案造假问题；

6. 严禁擅自抽取、撤换、添加干部人事档案材料；

7. 严禁圈划、损坏、扣留、出卖、交换、转让、赠送干部人事档案；

8. 严禁擅自提供、摘录、复制、拍摄、保存、丢弃、销毁干部人事档案；

9. 严禁违规转递、接收和查（借）阅干部人事档案；

10. 严禁擅自将干部人事档案带出国（境）外；

11. 严禁泄露或者擅自对外公开干部人事档案内容。

## 五 人才管理

【知识点1】新时代税务人才工作目标

到2025年，税务人才工作机制制度体系较为完备；各类税务人才规模进一步拓展；人才质量进一步提升，拥有硕士研究生以上学历学位人数占干部队伍人数的比例提高到10%左右，获得税务师、注册会计师、法律职业资格、软件工程师、系统架构师等资格证书总人数占干部队伍人数的比例提高到10%左右；人才结构布局更加合理，人才分布更加均衡；税务人才高地、培训基地、学习阵地、实践营地建设取得明显成效；人才自主培养能力不断增强，形成具有国内一流水准的人才方阵。

到2030年，税务人才工作机制制度体系更加成熟；人才规模相对稳定，人才质量全面提升，人才创新能力、创造活力和社会竞争力显著增强；税务人才高地建设取得标志性成果；人才自主培养能力显著提升，拥有一大批服务税收改革发展、服务各级党委政府决策、参与全球税收治理的税务人才，形成具有国内国际重要影响力的人才方阵。

到2035年税务人才工作机制制度体系作用充分发挥，中国成为税务人才强国，中国税务成为全球税务人才高地。

【知识点2】税务系统素质提升"2271"工程

在继承和发扬素质提升"1115"工程的基础上进行提档升级，实施素质提升"2271"工程，构建由200名左右战略人才、2000名左右领军人才、7万名左右业务标兵、1万名左右青年才俊构成的税务人才队伍新体系。

【知识点3】税收战略人才

税收战略人才以税务领军人才4年培养周期为基础，逐年筛选已经结业的优秀处级以上领军人才，通过6年左右的继续跟踪培养，争取到2030年，在税务系统培养百名左右税收战略人才，到2035年，战略人才数量累计达到200名左右。

税收战略人才具备坚定的政治信仰，具有突出的战略思维能力和优秀的专业素养，能够立足税收工作全局、经济社会大局、国际发展大势，在持续推进税收现代化、国际化过程中发挥关键性作用，在团结和带领干部队伍干事创业、兴税强国中作出重要贡献。

按照综合型和国际化两种途径统筹推进战略人才培养。将担任厅局级领导职务的领军人才纳入综合型战略人才，将担任正处级及以上领导职务的外派回国人员纳入国际化战略人才。通过分途培养，不断提高战略思维能力、综合决策能力和驾驭全局能力。

【知识点4】税务领军人才

1. 领军人才基本定位：具有国际视野、战略思维、德才兼备、精通业务、善于管理，并具有引领带动作用的复合型、国际化、现代化高端人才。

2. 培养目标：在不断加强已有全国税务领军人才培养使用的基础上，继续面向税务系统内外选拔培养领军人才。严格选拔条件，加大培育力度，强化考核管理，增强培养质效，不断提升领军人才综合素质能力。到2035年，领军人才数量累计达到2000名左右。

3. 培养对象：全国税务系统具有较高政治业务素质、突出工作业绩和较大发展潜力的优秀年轻干部；大型企业主管税务的负责人，涉税中介机构中高级执业管理人员，高等院校及科研机构从事税收教学科研的中坚力量。

4. 培养方向：分为综合管理、税费业务和税收信息化管理3类。

5. 培养方式：以集中培训、在职自学、实践锻炼相结合的方式进行，培养周期为4年。

6. 选拔程序：包括预录取、学习能力评估、工作能力评估、综合评价等4个环节，满分为100分。其中，预录取成绩占50%，学习能力评估成绩占25%，工作能力评估成绩占25%。综合评价选拔期各个环节的表现后，正式确定录取人员名单。

（1）预录取包括资格审查、推荐、素质和业绩评价、笔试、面试和考察等。推荐、素质和业绩评价、笔试、面试分别占预录取成绩的5%、25%、35%和35%。

（2）学习能力评估包括综合测试、专项测试和作风表现等3个方面，分别占学习能力评估成绩的40%、40%、20%，总分为100分。

（3）工作能力评估包括工作作风、业务能力、团队协作、业绩贡献、培养潜能等5个方面，各占工作能力评估成绩的20%，总分为100分。

（4）综合评价和录取，根据预录取成绩、学习能力评估成绩、工作能力评估成绩，得出综合评价成绩，结合预录取考察情况和选拔期间的现实表现，形成综合评价意见，确定正式录取学员名单。

【知识点5】业务标兵

将专业骨干、岗位能手和税务总局专业人才库人才整合为业务标兵。常态化开展"岗位大练兵、业务大比武"活动，结合数字人事平时考核、业务能力级档、现实工作表现等情况，逐级选拔市局级、省局级、总局级业务标兵。到2025年，各层级业务标兵总量达到7万名左右，各省税务系统业务标兵总量达到全省税务干部人数的10%左右，其中，省局级与市局级业务标兵比例在1∶3左右。

业务标兵因工作岗位调整，所在业务条线发生变化时，可结合工作岗位相关性，转为新岗位所属条线业务标兵。

参加省级税务局业务比武名列前5名的业务标兵，可在省级税务局组织的业务能力测试中跨1档报名参加测试。参加全国税务系统业务比武名列前5名的业务标兵，经组织推荐可破格报名参加领军人才学员选拔，全国税务系统业务比武获通报表扬的业务标兵，可在领军人才学员选拔素质和业绩评价中给予加分。

**【知识点6】青年才俊**

青年才俊培养工作是实施"领军工程育俊才"的基层方案，税务总局统筹指导，省级税务局具体负责，培养对象为全国税务系统各市、县税务局政治突出、业绩优良、具备培养潜力、年龄在35岁以下的副科级及副科级以下的优秀年轻干部。有计划地安排青年才俊到税收执法服务监管一线进行专业训练和岗位历练，增强解决实际问题的能力。到2025年，青年才俊数量达到1万名左右，在保持规模相对稳定的基础上，实行动态更新，不断提高质量、优化结构。

## 六 老干部管理

**【知识点1】干部离休、退休和退职**

1. 离休。离休全称叫"离职休养"，是指对新中国成立前参加中国共产党所领导的革命战争、脱产享受供给制待遇的和从事地下革命工作的老干部，达到离职休养年龄的，实行离职休养。

2. 退休。退休是指国家为到达一定年龄因年老或因工、因病完全丧失劳动能力并退出工作岗位的人员所制定的一项社会保障制度。国家公务员中，男年满60周岁、女年满55周岁或丧失工作能力的，可以退休。根据中共中央组织部、人力资源社会保障部关于机关事业单位县处级女干部和具有高级职称的女性专业技术人员退休年龄问题的相关规定，从2015年3月1日起，党政机关、人民团体中的正、副县处级及相应职务层级的女干部年满60周岁退休。

公务员符合下列条件之一的，本人自愿提出申请，经任免机关批准，可以提前退休：①工作年限满30年的；②距国家规定的退休年龄不足5年，且工作年限满20年的；③符合国家规定的可以提前退休的其他情形的。

3. 退职。退职是指国家对经医院证明，并经劳动鉴定委员会确认完全丧失劳动、工作能力，而又不具备退休条件的人员所制定的一项社会保障制度。

离休制度是退休制度中的一种特殊方式，制度上将干部离休、退休、退职统称为干部退休，习惯上称为干部离退休。

**【知识点2】老干部政治待遇和生活待遇**

"一个不变"和"三个原则"："一个不变"，即老干部离休、退休以后基本政治待遇不变。"三个原则"，一是从优原则，离休干部生活待遇略为从优；二是平衡原则，要逐步做好企业离休干部与机关、事业单位离休干部生活待遇上的平衡工作；三是分享原则，随着经济社会的不断发展，在职人员增加工资和收入时，离退休人员应相应地增加离退休费，使老同志与在职人员一起分享改革开放和社会主义现代化建设的成果。

政治待遇包括：

（1）按规定组织离退休干部看文件，听报告，参加有关重要会议和重要政治活动。

（2）认真组织离退休干部进行政治理论学习。

（3）定期向离退休干部通报情况。

（4）组织离退休干部党员定期过党的组织生活，参加党的活动。

（5）积极组织离退休干部参观经济建设新成就。

（6）认真组织离退休干部开展科学健康的文化健身活动。

（7）坚持做好春节慰问和重大节日活动等工作。

（8）进一步做好社会优待和服务工作。

生活待遇包括：工资、福利补贴、生活补贴、护理费、高龄补贴、电话费、住房用车照顾、医药费、健康休养等。

## 七 事业人员管理

**【知识点1】事业人员管理概况**

1. 岗位设置

事业单位根据职责任务和工作需要，按照国家有关规定设置岗位。岗位应当具有明确的名称、职责任务、工作标准和任职条件。

2. 公开招聘和竞聘上岗

公开招聘程序：①制定公开招聘方案；②公布招聘岗位、资格条件等招聘信息；③审查应聘人员资格条件；④考试、考察；⑤体检；⑥公示拟聘人员名单；⑦订立聘用合同，办理聘用手续。

竞聘上岗程序：①制定竞聘上岗方案；②在本单位公布竞聘岗位、资格条件、聘期等信息；③审查竞聘人员资格条件；④考评；⑤在本单位公示拟聘人员名单；⑥办理聘任手续。

3. 聘用合同

事业单位与工作人员订立的聘用合同，期限一般不低于3年。初次就业的工作人员与事业单位订立的聘用合同期限3年以上的，试用期为12个月。事业单位工作人员在本单位连续工作满10年且距法定退休年龄不足10年，提出订立聘用至退休的合同的，事业单位应当与其订立聘用至退休的合同。

事业单位工作人员连续旷工超过15个工作日，或者1年内累计旷工超过30个工作日的，事业单位可以解除聘用合同。事业单位工作人员年度考核不合格且不同意调整工作岗位，或者连续两年年度考核不合格的，事业单位提前30日书面通知，可以解除聘用合同。

事业单位工作人员提前30日书面通知事业单位，可以解除聘用合同。但是，双方对解除聘用合同另有约定的除外。

事业单位工作人员受到开除处分的，解除聘用合同。自聘用合同依法解除、终止之日起，事业单位与被解除、终止聘用合同人员的人事关系终止。

4. 考核与培训

考核分为平时考核、年度考核和聘期考核。年度考核的结果可以分为优秀、合格、基本合格和不合格等档次，聘期考核的结果可以分为合格和不合格等档次。考核结果作为调整事业单位工作人员岗位、工资以及续订聘用合同的依据。

事业单位应当根据不同岗位的要求，编制工作人员培训计划，对工作人员进行分级分类培训。工作人员应当按照所在单位的要求，参加岗前培训、在岗培训、转岗培训和为完成特定任务的专项培训。

5. 奖励与处分

奖励分为嘉奖、记功、记大功、授予荣誉称号。

奖励情形：①长期服务基层，爱岗敬业，表现突出的；②在执行国家重要任务、应对重大突发事件中表现突出的；③在工作中有重大发明创造、技术革新的；④在培养人才、传播先进文化中作出突出贡献的；⑤有其他突出贡献的。

处分分为警告、记过、降低岗位等级或者撤职、开除。受处分的期间为：警告，6个月；记过，12个月；降低岗位等级或者撤职，24个月。

处分情形：①损害国家声誉和利益的；②失职渎职的；③利用工作之便谋取不正当利益的；④挥霍、浪费国家资财的；⑤严重违反职业道德、社会公德的；⑥其他严重违反纪律的。

## 【知识点2】事业人员工资、福利、保险待遇等相关政策

国家建立激励与约束相结合的事业单位工资制度。事业单位工作人员工资包括基本工资、绩效工资和津贴补贴。国家建立事业单位工作人员工资的正常增长机制。事业单位工作人员的工资水平应当与国民经济发展相协调、与社会进步相适应。

事业单位工作人员享受国家规定的福利待遇。事业单位执行国家规定的工时制度和休假制度。

事业单位及其工作人员依法参加社会保险，工作人员依法享受社会保险待遇。

事业单位工作人员符合国家规定退休条件的，应当退休。

**【知识点3】事业人员职级晋升相关政策**

在人社部印发的《人力资源和社会保障事业发展"十四五"规划》里提出，持续推进事业单位人事制度改革，建立健全符合分类推进事业单位改革要求的人事管理制度，在县以下事业单位推行管理岗位职员等级晋升制度。

2021年2月19日，中央全面深化改革委员会第十八次会议审议通过了《关于县以下事业单位建立管理岗位职员等级晋升制度的意见》。全面推行县以下事业单位建立管理岗位职员等级晋升制度，要坚持党管干部、党管人才，着眼于建设高素质专业化事业单位干部队伍，改造现有职员等级，将县以下事业单位职员等级与岗位等级适当分离，建立主要体现德才素质、个人资历、工作实绩的等级晋升制度，拓展县以下事业单位管理人员职业发展空间。

## 第二节 教育培训管理

### 一、干部教育培训

**【知识点1】税务干部教育培训高质量发展的主要目标**

到2027年，税务干部教育培训迈上新台阶，理论教育、党性教育更加深入扎实，分类分级培训更加精准有效，数字人事"两测"更加权威管用，教育培训体系更加科学规范，打造"五十百千万"量级工程，即建成五大系列教材库、十类重点培训项目库、百名税务名师库、千门精品课程库、万道标准试题库，深化学习兴税平台数字化升级和智能化改造，充分发挥学习兴税平台新载体、新模式和税务院校主渠道、主阵地作用，构建线上与线下优势互补、融合贯通的教育培训格局。税务干部政治素质和业务能力持续增强，税务人才队伍不断壮大，着力锻造一支堪当新征程税收现代化重任的高素质专业化税务干部队伍。

**【知识点2】建设高质量税务干部教育培训体系**

1. 加强领导干部培训

聚焦"关键少数"能力提升，培养具备领导税收现代化建设能力的骨干队伍。突出政治纪律和政治规矩教育，提高领导干部政治素质和党性修养。围绕党中央、国务院重大决策部署和关系税收工作全局的重大问题开展专题培训，强化领导税收工作相关的新思维新理念学习。分析研判各级领导干部履职需要，按照干部管理权限分级实施内容统一规范、各有侧重的任职培训，切实提升领导干部政治能力和领导能力。

2. 加强青年干部培训

把青年干部教育培训作为战略性任务，培养堪当兴税强国重任的时代新人。实施青年干部能力素质提升规划，围绕"宽基础、强主业、担重任"，打造源头培养、跟踪培养、全程培养的能力素质培养体系。分类分级开展初任培训，增强岗位适应能力，教育引导新进人员扣好从税"第一粒扣子"。每年针对非财经专业新进人员加强税费、会计、法律等基础知识培训，不断提升岗位履职能力。落实新进人员指导老师制度，实施持续式传帮带培养。加强税务精神和税务文化教育，增强青年干部职业认同感、归属感和荣誉感。鼓励青年干部参加税务师、注册会计师、法律职业资格、软件工程师、系统架构师等考试和在职学历学位教育。

3. 加强税务人才培训

持续推进素质提升"2271"工程，构建定位精准、目标明确的税务人才培训体系。面向税收现代化关键领域培育领军人才，开发高质量的领军人才培训系列课程，重点提升战略思维和改革攻坚能力。组织开展业务标兵培训，综合运用业务传授、专项工作、课题攻关、交流学习等方式，使其立足岗位发挥模范带头作用。推动青年才俊理论学习、知识拓展、素质提升、能力训练，发挥青年生力军作用。

4. 加强基层干部培训

注重业务性、应用性、实操性专业技能培训，让税费政策落实的"最后一公里"更顺畅。大规模培训基层行政执法类公务员，切实提升税源管理、税费服务、税收执法和应急处突等能力。加强新政策新业务培训，发挥网络学习高效便捷优势，确保权威政策宣传解读第一时间直达基层。完善教育培训共建机制，通过送教下基层、对口支援、结对帮扶等方式，推动优质教育资源向基层延伸倾斜。

5. 加强国际化培训

发挥"一带一路"税务学院教学资源优势，推动"一带一路"税收征管能力促进联盟培训课程在税务系统内应用，推荐领军人才、联盟师资和业务骨干参加联盟培训。以"中国—OECD联合培养税务法学硕士项目"为抓手，加强与国际组织、相关部委、知名高校等合作共建，以学历学位教育等方式培养税收领域国际化人才，更好适应国际税收规则制定和国际税收治理体系建设需要。

## 【知识点3】岗位学习日常化

发挥学习兴税平台教育培训新载体作用，以司局条线为主导加强日常化全员学习，提升学习内容与岗位履职的关联性和匹配度，探索答题闯关、擂台比武、竞技挑战等学习形式强化激励引导。拓展日常学习成绩应用范围和占比，以数字人事"两测"为抓手，推动"工作学习化、学习日常化、测试平时化、成果累积化、应用挂钩化"，激发学习内驱力，引导税务干部学在日常，功夫用在平常。

**【知识点4】教育培训实战化**

探索完善"线上学习、线下集训、实战锻炼、复盘总结"四位一体的实战化培训模式，推动教育培训向实战化转型。坚持"仗怎么打、兵就怎么练"，注重在改革攻坚、智慧税务建设、重大专项任务等大战大考中锤炼税务干部，完善实战化培训模式，制定培训操作指引，评选推介特色项目和示范教学点，建立项目共享机制。

**【知识点5】税务干部教育培训机构、师资、学习资源及经费的相关规定**

1. 教育培训机构

培训机构原则上应当在税务系统干部院校和当地党校、行政学院等院校内择优选择，确需在其他地方举办的，应选择省级以上主管部门认可的培训机构。不得在无培训资质的各类培训中心、高档宾馆、风景名胜区举办培训班。

2. 师资

按照"政治坚定、素质优良、规模适当、结构合理、专兼结合"原则，建立以税务系统内专兼职教师为主体、社会外聘教师为补充的师资队伍。兼职教师是指国家税务总局各省、自治区、直辖市税务局按照一定标准和程序选拔聘用，能够独立承担培训教学任务，纳入本系统干部教育培训主管部门统筹管理的在职税务干部。兼职教师管理工作坚持分类组建、择优选聘，规模适当、结构合理，注重质效、资源共享，奖惩分明、动态管理的原则。

从事税务干部教育培训工作的教师，必须对党忠诚、政治坚定，严守纪律、严谨治学，具有良好的职业道德修养、较高的理论政策水平、扎实的专业知识基础，有一定的实际工作经验，熟悉税务工作，掌握现代教育培训理论和方法，具备胜任教学、科研工作的能力。从事税务干部教育培训工作的教师，应当联系实际开展教学，有的放矢，力戒空谈，严守讲坛纪律，不得传播违反党的理论和路线方针政策、违反中央决定和税务总局决策部署的错误观点。对违反讲坛纪律的，给予批评教育直至纪律处分。

加强专兼职教师知识更新和实践锻炼，强化师德师风建设，规范从教行为。坚持优中选优，打造专兼结合的百名税务名师库，承担培训授课、资源建设、科研课题等任务。推动领导干部上讲台常态化制度化，税务总局各司局、各级税务局班子成员和处级领导干部结合工作实际每年带头授课。邀请离退休干部讲党课、述税史，与青年干部对话，传承红色基因，传递税收薪火。聘请税务相关领域知名专家学者和先进典型人物授课教学，逐步建立外聘师资库。

3. 学习资源

加快组织编写税务通用能力、专业能力、领导能力、高等教育和国际化培训等五大系列教材。系统构建政治训练、综合管理、税费征管、税费服务、国际税收、初任、任职、人才、师资、实战化等十大重点培训项目库。聚焦税收改革发展重点难点，汇聚众智、上下联动开发务实管用的千门精品课程库。适应日常化、标准化练习测试需要，建设科学规范的万道标准试题库。发挥各司局"工作主管、资源主建、学习主抓"工作机制优势，实现学习资源共建共享共用。

4. 经费

各级税务机关要将干部教育培训经费列入年度预算，保障工作需要。教育培训管理部门对本级干部教育培训经费实行归口管理，严格控制教育培训专项经费支出范围，教育培训经费专款专用。按照《中央和国家机关培训费管理办法》和税务总局的培训费管理办法要求，严格培训项目经费支出范围，严格在标准限额和预算内支出，严格审核报销资料和凭证，严格按程序支付结算。规范执行培训费综合定额标准和师资费标准，不得向参训人员收取任何费用，不得以任何方式转嫁或摊派培训费用。税务干部个人参加社会化培训，费用一律由本人承担，不得由财政经费和单位经费报销，不得接受任何机构和他人的资助或者变相资助。

**【知识点6】税务干部教育培训的考核与评估**

1. 税务干部教育培训考核

（1）考核内容。税务干部教育培训考核的内容包括干部的学习态度和表现，理论、知识掌握程度，党性修养和作风养成情况，以及解决实际问题的能力等。

（2）考核方法。税务干部教育培训考核区分不同教育培训方式分别实施。脱产培训的考核，由主办单位和干部教育培训机构实施；网络培训和境外培训的考核，由主办单位和干部所在单位实施。

干部教育培训实行登记管理。各级税务机关干部教育培训主管部门和干部所在单位按照干部管理权限，建立完善干部教育培训档案，如实记载干部参加教育培训情况和考核结果。建立健全跟班管理制度，加强对干部学习培训的考核与监督。

各级税务机关人事部门在干部年度考核、任用考察时，将干部接受教育培训情况作为一项重要内容。干部参加脱产培训情况记入干部年度考核表，参加2个月以上的脱产培训情况记入干部任免审批表。

2. 税务干部教育培训评估

税务干部教育培训评估包括对干部教育培训机构、培训项目及培训课程的评估。

（1）教育培训机构评估。税务干部教育培训主管部门负责对干部教育培训机构进行评估，也可以委托干部教育培训主管部门认可的机构进行评估。干部教育培训机构评估的内容包括办学方针、培训质量、师资队伍、组织管理、学风建设、基础设施、经费管理等。干部教育培训主管部门充分运用评估结果，指导干部教育培训机构改进工作。

（2）培训项目评估。税务干部教育培训项目评估由项目委托方组织实施。项目评估的内容包括培训设计、培训实施、培训管理、培训效果等。评估结果作为评价教育培训机构办学质量的重要标准，作为确定教育培训机构承担培训任务的重要依据。

（3）培训课程评估。税务干部教育培训课程评估由教育培训机构组织实施。课程评估的内容包括教学态度、教学内容、教学方法、教学效果等。教育培训机构将评估结果作为指导教学部门和教师改进教学的重要依据。

【知识点7】税务干部教育培训学时要求

处级以上领导干部、四级调研员及相当层次职级以上公务员（含同时担任科级领导职务的干部）、事业单位六级管理岗位（职员）以上人员，每5年参加集中培训累计不少于3个月或550学时；科级领导干部（不含已晋升四级调研员及相当层次职级以上公务员）、一级主任科员及相当层次职级以下公务员、事业单位其他管理人员、专业技术人员，每年参加集中培训累计不少于12天或90学时。以上所有税务干部每年参加网络自学累计不少于50学时。

集中培训主要包括以下4种情形：①经组织选调参加的脱产培训；②参加党委理论学习中心组学习；③经组织统一安排、在规定时限内参加并完成学习任务的网络专题培训；④由组织安排，采取线上、线下等方式，在特定时间、指定地点参加的集中宣讲、专题讲座等。

网络自学学时，主要指干部个人在学习兴税平台和其他组织人事部门认可的网络平台完成的学时。

【知识点8】初任培训

初任培训对象为新录用进入各级税务局（含参照公务员法管理的事业单位）担任一级主任科员以下及其他相当职级层次的公务员。其他新录（聘）用人员，按照干部管理权限经组织人事部门批准，也可以参加初任培训。

初任培训一般采取集中脱产培训的方式进行，落实中央组织部统一举办的初任培训班，税务总局、各省级税务局结合实际开展入职培训。税务总局统一组织编写适合税务系统初任培训的教材。各省级税务局可以补充其他辅导资料。

初任培训考核成绩构成：总局入职培训测试得分×40% + 省局入职培训测试得分×50% + 日常表现和遵规守纪情况得分×10%。

入职培训时间一般不少于15天，其中，税务总局组织的入职培训不少于8天，各省级税务局组织的入职培训根据实际需要确定培训时间，一般不少于7天。省级税务局入职培训采取线下集中脱产方式进行。对于初任培训成绩不合格的新录用公务员，组织人事部门不予任职定级。

**【知识点9】税务系统培训管理规范**

1. 加强培训计划管理

（1）各级税务机关紧密结合年度重点工作和干部队伍建设需要，统筹研究制定年度培训计划，合理确定经费预算，按时报上级主管部门备案。

（2）教育培训项目计划明确项目名称、培训对象、培训目标、培训内容、培训规模、培训时间、培训地点等内容；培训管理项目计划明确项目名称、负责人、申报理由、主要内容、总体目标、阶段性目标、组织实施条件、经费保障、评估与验收方案等内容。

（3）坚持勤俭务实高效办培训，努力提高培训质量和经费使用效率，严禁组织无实质内容的培训班，严禁以培训名义召开会议或组织其他活动。

（4）年度培训计划一经批准，原则上不得调整。因特殊情况或工作需要变更或增加培训班次及调整预算的，严格履行报批程序。

（5）培训机构原则上在税务系统干部院校和当地党校、行政学院等院校内择优选择，确需在其他地方举办的，应选择省级以上主管部门认可的培训机构。不得在无培训资质的各类培训中心、高档宾馆、风景名胜区举办培训班。

（6）年度培训结束后，教育培训主管部门将年度培训计划执行情况，向本单位干部教育培训联席会议或干部教育培训工作领导小组汇报，并自觉接受人事、财务、审计等有关部门的监督检查。

2. 规范培训组织实施

（1）培训主办单位认真进行培训需求调查分析，紧紧围绕税收工作需要，合理编制培训项目实施方案，科学安排教学与相关活动专题，并严格按照要求落实培训计划和培训项目，不得随意变更培训安排。

（2）落实党风廉政必修课。将党风廉政建设和党规党纪教育作为干部教育培训的必修课，以《中国共产党纪律处分条例》等为重点，基础类、综合类、领导干部类及7天以上（不含7天）的其他类培训班均要设置廉政教育课程，培训时间在7天以下的，可安排4课时；培训时间在8~15天的，安排4~8课时；培训时间在16~30天的，安排8~12课时；培训时间超过30天的，安排12~16课时。

（3）培训主办单位综合运用多种形式进行培训效果评估，听取学员意见，并汇总分析考评情况，及时向培训机构和教育培训管理部门反馈。对培训评估中发现的问题，认真总结经验，找出原因，不断改进培训工作。

（4）教育培训主管部门对培训实施情况进行督促检查，加强培训教学和学员选派工作的管理及审核监督，防止出现不按照规定选派学员、违规安排考察、违规收费等问题。

（5）培训机构根据培训主办单位的培训需求，认真拟定培训项目计划，灵活选择培训形式，积极运用科学、有效的教学方法，充分调动学员的学习积极性，不断提高培训的针对性和实效性。

3. 加强学员与教师的管理、学风建设

（1）培训机构坚持从严治校，完善规章制度，严格校规校纪，从严安排教学，从严要求学员，教育引导教师、班主任、组织员等做好学员的服务和管理。要加强学员的入学教育，增强学员遵规守纪意识，熟知各项纪律规定，遵守学习纪律和廉洁自律规定。充分发挥班（支）委会作用，引导学员开展集体学习，加强自我管理。对重点培训班次，干部教育培训管理部门派人跟班。

（2）参加培训的干部特别是各级领导干部，在守纪律、讲规矩上作表率。无论什么级别的干部参加学习培训都是普通学员，必须端正学习态度，树立学员意识，不准请人代写发言材料、学习体会、调研报告和论文等，不准抄袭他人学习研究成果，不准工作人员"陪读"。对违反规定的学员，视情节轻重予以取消成绩、通报批评或责令退学。

（3）7日以内的培训不得组织调研、考察、参观；7日以上的培训班，如确需安排与培训内容有关的调研、考察活动的，有具体的内容和要求，并列入培训需求，由主办单位领导批准，提交培训机构根据实际进行课程设计并组织实施。调研及考察结束后形成书面报告。

（4）干部在校学习期间，住在学员宿舍，吃在学员食堂。学员之间、教员和学员之间不得用公款相互宴请。班级、小组不得以集体活动为名聚餐吃请。学员不得外出参加任何形式的可能影响公正执行公务的宴请和娱乐活动。对违反规定的学员予以退学处理，并通报学员所在单位依照有关规定处理。

（5）学员学习培训期间，不得留公车驻校，不得借用其他单位和个人的车辆"伴读"。对违反规定的学员，予以通报批评。

（6）学员参加学习期间不再承担所在单位的工作、会议、出国（境）考察等任务。如因特殊情况确需请假的，必须严格履行请假手续。累计请假时间超过总学时1/7的，按退学处理。未经批准擅自离校的，予以退学处理。

（7）学员不准接受和赠送礼品、礼金、有价证券和支付凭证及土特产等，不得接待以探望为名的各种礼节性来访。学员之间不准以学习交流、对口走访、交叉考察、集体调研等名义互请旅游。对违反规定的学员，视情节轻重予以约谈提醒、通报批评或责令退学。对于接受和赠送贵重礼品、礼金、有价证券和支付凭证的，将有关情况通报干部主管部门和所在单位，按规定处理。

（8）学员在校期间及结（毕）业以后，一律不准以同学名义搞"小圈子"，不得成立任何形式的联谊会、同学会等组织，也不得确定召集人、联系人等开展有组织的活动。不得利用同学关系在干部任用和人事安排以及子女入学、就业、经商等方面相互提供方便、谋取私利。对违反规定的在校学员，牵头人予以退学处理，参与者予以通报批评；对结（毕）业后的学员，由有关部门严肃查处。

（9）干部教育培训管理部门和培训机构不得在高档宾馆、风景名胜区举办培训班，不得超标准安排食宿，不得发放高档消费品和纪念品，严禁借培训之名搞公款旅游。对违反规定的，追究主办单位和承办单位领导及相关人员责任。

（10）税务干部院校的教师，要认真遵守教学管理的有关规定，不准散布与中国特色社会主义理论体系和党的路线方针政策相违背的言论，不准讲授违反国家法律法规和税务总局党委决策部署的内容。对违反规定的，要进行批评教育，情节严重的，取消任教资格。

（11）学员所在单位要做好训前谈话、训中跟踪、训后考察等工作；干部教育培训机构作为学员管理的直接组织者、实施者，必须履职尽责，不断完善学员管理办法，健全学员管理制度，严格校规校纪，从紧安排教学，从严要求学员，教育引导教师、班主任等做好学员的服务和管理；干部教育培训主管部门要发挥整体协调、宏观指导、制定规章、督促检查等职能，指导培训机构、学员所在单位共同抓好学员管理工作；组织人事部门要将学员在校期间的主要表现记入个人档案，作为干部考核内容和任职、晋升的重要依据；加强监督检查，严格制度落实，对不遵守纪律的行为严肃查处，决不姑息迁就。

4. 严格控制经费使用

（1）培训费要严格控制在规定的综合定额标准以内，不得超标准支付培训费和师资费。

培训费是指开展培训直接发生的各项费用支出，包括师资费、住宿费、伙食费、培训场地费、培训资料费、交通费以及其他费用。除师资费外，培训费实行分类综合定额标准，分项核定、总额控制，各项费用之间可以调剂使用。除师资费外，三类培训（参训人员主要为处级及以下人员的培训项目）每人天不超过550元。讲课费（税后）执行以下标准：副高级技术职称专业人员每学时最高不超过500元；正高级技术职称专业人员每学时最高不超过1000元；院士、全国知名专家每学时一般不超过1500元。讲课费按实际发生的学时计算，每半天最多按4学时计算。

（2）严禁借培训名义安排公款旅游、组织会餐或安排宴请；严禁组织高消费娱乐和健身活动；严禁使用培训费购置电脑、复印机、打印机、传真机等固定资产以及开支与培训无关的其他费用；严禁在培训费中列支公务接待费、会议费；严禁套取培训费设立"小金库"。

（3）报销培训费，综合定额范围内的，提供培训计划审批文件、培训通知、实际参训人员签到表以及培训机构出具的收款票据、费用明细等凭证；师资费范围内的，提供讲课费签收单或合同，异地授课的城市间交通费、住宿费、伙食费按照差旅费报销办法提供相关凭据；执行中经单位主要负责同志批准临时增加的培训项目，还应提供单位主要负责同志审批材料。财务部门应当严格按照规定审核培训费开支，对未履行审批备案程序的培训，以及超范围、超标准开支的费用不予报销。

（4）培训费由培训举办单位承担，不得向学员收取其他费用。施教机构不得以实现销售或劳务为目的，为学员开具培训票据。

## 二 学习兴税

### 【知识点1】学习兴税平台

1. 学习兴税平台概念

学习兴税平台是集学习、培训、测试、评价、应用于一体的网络学习培训平台，是推进税务干部教育培训数字化的重要载体，是学习强国平台在税务系统的部门化拓展。

2. 职责分工

税务总局教育中心负责学习兴税平台的制度建设，统筹、指导、协调各单位应用学习兴税平台。税务总局电子税务管理中心负责学习兴税平台的运维升级和安全保障。税务总局各司局负责学习兴税平台本司局主管频道和专区学习资源建设管理，组织本条线开展学习培训测试等活动。

各省税务局在税务总局统一安排下，组织管理本省应用学习兴税平台开展学习培训测试等活动，维护本单位用户和机构基础信息，并配合税务总局建设学习资源，督促干部及时完成学习培训测试。

各市、县税务局负责协助省税务局维护本单位用户和机构基础信息，督促干部按要求及时完成学习培训测试，收集反馈意见建议。税务总局将结合学习兴税平台应用情况，逐步开放各市税务局、税务干部学校学习培训测试等活动管理权限。

### 【知识点2】学习兴税平台日常学习测试条线管理

学习兴税平台日常学习测试实行条线化管理，原则上税务总局每个司局为一类业务条线，各司局是本条线的责任单位。税务干部应根据所在部门岗位，自选确定唯一业务条线，原则上年度内所选条线应保持相对稳定。

**【知识点3】学习兴税平台日常学习**

日常学习指税务干部完成税务总局在学习兴税平台组织的必学知识学习，分为必学必练和集中练习，内容包括党建知识、公共知识和专业知识。

本条线年度必学必练计划由总局各司局根据工作需要制定发布，内容以专业知识为主，同时应包含党建知识和公共知识相关课程和习题。其中，必学课程年度累计不少于8门，必练习题年度累计不少于200道。集中练习原则上于每年11月开放，干部在开放时间内择时完成。集中练习题从平台已发布的条线必学必练习题中随机抽取。学习兴税平台实时记录税务干部日常学习情况，并于每年11月30日根据所选条线自动生成税务干部日常学习年度得分。日常学习年度得分实行百分制，其中，必学必练占60%，按实际完成进度计算得分；集中练习占40%，以最高成绩计入。根据数字人事制度有关规定，参加业务能力评定升级的税务干部，日常学习年度得分需达到60分。

税务干部因公外派、出国（境）培训、系统外交流任职，因公离岗以及身体等其他原因脱离岗位半年以上的，经省（区、市）税务局教育培训主管部门批准，可不参加日常学习，该年度不纳入结果运用范围。

**【知识点4】学习兴税平台活动管理**

税务总局和各省税务局可应用学习兴税平台开展网络培训、日常学习、练习测试、直播课堂、竞技挑战等活动。各级税务局教育培训主管部门发挥统筹协调作用，会同相关业务部门做好各类活动的组织管理工作。各单位应用平台举办参与人数超过300人的培训、测试、直播等重大活动时，应至少提前5个工作日向税务总局教育中心报备。

## >> 第三节
## 数字人事

### 一 数字人事相关政策制度

**【知识点1】数字人事政策制度文件依据**

2022年2月税务总局印发《税务系统数字人事实施办法》等"1+9"制度体系文件。"1"是《税务系统数字人事实施办法》，"9"是相关的配套文件，分别是《税务系统数字人事量化计分规则》《税务系统新录用公务员初任培训管理办法》《税务系统干部平时考核实施办法（试行）》《税务系统个人绩效指标编制指引（试行）》《税务系统外部评价管理办法》《税务系统业务能力升级管理办法》《税务系统领导胜任力测试管理办法》《税务系统数字人事结果运用办法》《税务系统深化数字人事数据应用工作指导意见（试行）》。2023年3月，税务总局对数字人事"1+9"制度体系有关内容进行了修订。2024年3月，税务总局对数字人事制度有关内容进行了优化。

【知识点2】数字人事相关概念

1. 数字人事：是指税务系统根据中央关于干部考核评价和日常管理制度规定，运用大数据理念和方法，建立形成的数字化干部考核评价管理体系。

2. 核心要义：是将现行按"事"考核评价和日常管理干部的制度规定，转化为按"人（岗）"量化归集的评价和管理指标。

3. 数字人事四大支柱：平时考核、公认评价、业务能力评价、领导胜任力评价。

4. 个人成长账户：德、能、勤、绩、廉、评、基。

5. 干部考核评价管理制度机制特点：科学化、日常化、多维化、数据化、累积化、可比化。

【知识点3】平时考核

平时考核，是指各级税务局党委按照干部管理权限，以岗位职责和所承担的工作任务为依据，对税务干部日常工作和德、能、勤、绩、廉等方面一贯表现所进行的了解、核实和评价。结合岗位职责、工作任务，区分不同类别、层级和职位干部特点，设置考核指标及权重。根据职务特征将人员分为领导班子正职、副职，部门正职、副职，其他人员5类。自2024年3月开始，平时考核得分由组织绩效挂钩得分、个人绩效得分、领导评鉴得分和加减分构成，取消平时考核中的现实表现测评。平时考核一般以季度为周期。根据工作需要，也可以按月组织开展。

【知识点4】职业基础

职业基础，包括从业基础和职位基础。

从业基础包括税务干部接受教育信息、考录信息以及新进培养信息等。主要适用于开展数字人事工作当年及以后通过公务员考录、事业单位公开招聘等方式进入税务系统工作的税务干部。

职位基础，是指税务干部在同一职务（职级）层级一定考核期间内的年度考核情况，作为评价干部工作努力程度的基准，适用于全体税务干部。

## 二 数字人事"两测"

**【知识点1】数字人事"两测"概述**

数字人事"两测"指开展业务能力升级和领导胜任力"两项测试"。

1. 业务能力升级测试

业务能力升级测试是业务能力升级的一种方式,测试主要面向45岁以下(不含45岁)税务干部,年满45岁的税务干部自愿参加业务能力升级测试的,给予卷面加分。业务能力专业类别分为综合管理、纳税服务、征收管理、税务稽查和信息技术等5类;业务能力级档分为初级、中级和高级,共11档。其中,初级对应1~5档,中级对应6~9档,高级对应10~11档。税务干部晋升领导职务,应具备相应的业务能力级档。税务干部晋升职级,原则上应具备相应的业务能力级档。

业务能力测试实行百分制,由日常学习考核得分和集中测试得分按各占50%权重量化计算得出。日常学习考核得分,实行百分制,按从取得当前业务能力级档到本次升级之间各年度日常学习年度得分的平均分计算,通过学习兴税平台产生,由教育部门负责维护。日常学习年度得分根据学习兴税平台必学知识学习情况按一定权重量化计算得出。集中测试采取机测或者笔试的方式,由税务总局和省级税务局根据干部管理权限分别组织实施考务工作。8档以上由税务总局统一组织实施,7档以下由各省税务局自行组织实施。原则上每年举行1次,根据工作情况适时组织测试。由教育部门负责。

税务总局根据干部队伍结构,研究确定每年的业务能力升级测试各类各级档的通过率。对税务总局统一确定的通过率,由各省级税务局确定是否再以市级税务局为单位进行分配。由考核考评部门负责。

2. 领导胜任力测试

领导胜任力测试,是指对拟晋升领导职务的税务干部,在履行岗位职责必备的领导决策、组织管理、统筹落实等方面进行的素质能力测试。达到干部任用条例规定任职年限,晋升领导职务的(含职级公务员转任、兼任领导职务,未担任领导职务的事业单位干部调任领导职务公务员),应通过相应层级的领导胜任力测试。领导胜任力测试坚持严格标准、规范管理、能力导向、公正权威、自愿参加的原则。测试分为正厅、副厅、正处、副处、正科、副科等6个层级。主要测试对马克思列宁主义、毛泽东思想、邓小平理论、"三个代表"重要思想、科学发展观、习近平新时代中国特色社会主义思想的理解认识,引导、激励领导干部不断提高政治能力、调查研究能力、科学决策能力、改革攻坚能力、应急处突能力、群众工作能力和抓落实能力。

领导胜任力测试原则上每年组织1次,根据工作情况适时组织测试。正处级以上测试由税务总局统一组织实施，副处级以下测试由省级税务局统一组织实施。领导胜任力测试工作按照发布通知、个人报名、资格审核、组织测试、成绩反馈程序进行。其中发布通知、个人报名、资格审核、成绩反馈通过数字人事信息管理系统进行。

领导胜任力测试实行百分制，按通过率确定测试合格人员。税务总局各层级领导胜任力测试和系统正处级以上领导胜任力测试通过率为70%，系统副处级以下测试通过率由各省级税务局确定，原则上不得超过70%。自2024年3月起，领导胜任力测试成绩有效期延长至5年，之前已经取得的测试成绩，也可适用。

【知识点2】业务能力升级跨档报名

获得与税收工作相关的高级专业技术职务任职资格的，正高可跨2档、副高可跨1档报名参加测试；获得与税收工作相关的资格证书，可跨1~2档报名参加测试；经培养合格的与税收工作相关的领军人才，可跨2档报名参加测试；在省局练兵比武中获前5名的，可在省局组织的测试中跨1档报名参加测试；在职取得更高层次学历或者学位（按照本科、硕士、博士3个层次），每提升1个层次，可跨1档报名参加测试。税务干部符合以上条件申请跨档报名参加测试的，申请跨档测试的上年度数字人事年度考核得分必须位于第1段。跨档报名参加测试只在9档以下进行。每名干部最多可跨2档，可根据跨档条件选择一次性跨2档或分两次各跨1档。

## 三 数字人事结果运用

【知识点1】数字人事结果运用基本情况

数字人事结果运用，是指在数字人事"德、能、勤、绩、廉、评、基"量化计分的基础上，根据工作需要建立数据模型，挖掘数字人事结果数据价值潜力，加强对税务干部进行量化分析，作为各级税务局党委做好干部培育、选拔、管理、使用工作的重要参考。数字人事结果运用坚持党管干部原则，坚持把政治标准放在首位，坚持严管和厚爱结合、激励和约束并重，坚持依法依规、考用结合、奖惩分明。

各级税务局党委在开展下列工作时，应充分运用数字人事的相关数据信息：①年度考核、评先评优；②干部选拔任用；③推进领导干部能上能下、问责追责；④干部职级晋升；⑤干部交流遴选；⑥干部教育培养；⑦思想工作和人文关怀；⑧干部人事管理中的其他重要事项。

数字人事结果运用，在各级税务局党委统一领导下，由组织人事部门具体负责实施。考核考评部门负责提供平时考核、年度考核得分及划段结果。数字人事实行得分划段制度，各级税务局根据实际需要对税务干部进行适当分类，建立数据模型，计算个人得分，按照得分高低进行排序划段。

**【知识点2】干部年度考核得分划段**

1. 干部年度考核得分划分为3个分数段，得分排在前40%的（含40%，小数部分进位取整）为第1段。

2. 自2024年3月起，上年度与当前年度得分排序均位于40%～60%且未被确定为第1段的干部，经数字人事评议委员会评定，在结果运用时当前年度可视为第1段。

3. 年度考核不得确定为第1段的情形：

（1）因履行职责不力，个人被通报批评或者被责令书面检查的；

（2）受到诫勉的；

（3）受到停职检查、调整职务、责令辞职免职降职等组织处理措施的；

（4）当年度平时考核有一次被评定为"较差"等次的；

（5）受记过、降级、撤职处分的第2年、受留党察看1年处分的第2年、受留党察看的第2年、开除党籍处分的第2年和第3年；

（6）在总局机关党支部书记抓党建工作述职评议考核和各省级局党委书记抓党建工作述职评议考核中，被评为"差"等次的；

（7）单位主要负责人干事创业精气神不足，组织领导能力较弱，年度工作目标任务完成不好，本单位年度组织绩效成绩处于末位的；

（8）履行推进法治建设第一责任人职责不力的；

（9）巡视、巡察、审计问题整改不力的；

（10）经数字人事工作领导小组认定不得确定为第1段的其他事项。

4. 年度考核直接确定为第3段的情形：

（1）当年受党纪处分、政务处分、处分的；

（2）出现政治表现负面清单所列情形且查证属实的；

（3）当年平时考核结果超过半数被评为"一般"或者"较差"等次的；

（4）不能完成工作任务，工作出现重大失误、责任事故或者作风形象差，造成严重后果、重大损失或者恶劣社会影响的；

（5）旷工或者因公外出、请假期满无正当理由逾期不归连续超过10天，或者一年内累计超过20天的；

（6）违反信访工作"六类"禁止性规定的；

（7）无正当理由不参加考核的；

（8）履行推进法治建设第一责任人职责不力，造成严重后果的；

（9）巡视、巡察、审计问题整改不力造成严重后果的；

（10）经数字人事工作领导小组认定确定为第3段的其他事项。

5. 年度考核确定为第1段的干部，应当在本机关范围内公开。

**【知识点3】年度考核、评先评优运用**

1. 公务员年度考核确定为"优秀"等次的，应当从数字人事年度考核得分位于第1段，且当年平时考核结果"好"等次较多、无"一般"或者"较差"等次的干部中产生。当年平时考核结果均为"好"等次的，公务员年度考核可以在规定比例内优先确定为"优秀"等次。

2. 对连续两年数字人事年度考核位于第3段的，各级税务局可视情况将其评定为"基本称职"或者"不称职"等次。

3. 评选或者推荐税务系统各类先进个人时，区分综合项目和专项项目，综合考虑数字人事年度考核得分和分要素得分排名情况。综合项目评先评优时，推荐人选的数字人事年度考核得分近两年必须均位于第2段以上且其中一年位于第1段，同时，当年截至评先评优时平时考核结果总体较好（即非领导班子成员当年平时考核结果"好"等次较多、无"一般"或者"较差"等次，领导班子成员当年平时考核得分排名前40%）；专项项目评先评优时，推荐人选的数字人事年度考核近两年不得位于第3段及当年截至评先评优时平时考核结果无"一般"或者"较差"等次。

4. 优秀共产党员、优秀党务工作者推荐人选数字人事年度考核得分近两年必须均位于第2段以上且其中一年位于第1段，当年截至评选时平时考核结果总体较好。

**【知识点4】其他方面运用**

1. 干部选拔任用运用。税务干部晋升领导职务，应具备相应的业务能力级档，并通过相应层级的领导胜任力测试。在选拔任用领导干部时，数字人事年度考核得分近两年必须均位于第2段以上且其中一年位于第1段，同时，当年截至干部任用时平时考核结果无"一般"或者"较差"等次。近两年均位于第1段和当年平时考核结果总体较好的优先选拔任用。

2. 干部职级晋升运用。干部晋升职级中，同等条件下，数字人事年度考核得分前三年中两年排名位于第1段且当年截至晋升时平时考核结果总体较好的或者业务能力级档较高的优先考虑。上年度数字人事年度考核末位的不予考虑。

3. 干部交流遴选运用。干部转任、调任重要岗位、推荐选拔优秀年轻干部，数字人事年度考核得分近两年均位于第2段以上及当年截至干部任用时平时考核结果无"一般""较差"等次。近两年位于第1段和当年平时考核结果总体较好的优先考虑。上级税务局从基层遴选干部时，遴选干部的数字人事年度考核得分近两年应当均位于第2段以上及当年截至遴选时平时考核结果无"一般""较差"等次，近两年位于第1段和当年平时考核结果总体较好的优先考虑。

4. 干部教育培养运用。报名参加税务领军人才培养对象选拔的税务干部，近三年数字人事年度考核得分必须均位于第 2 段以上，且近两年中有一年位于第 1 段。各单位在推荐入选各级专业人才库人员时，优先考虑上年数字人事年度考核得分位于第 1 段的干部。

# 第四章 监督管理

## >> 知识架构

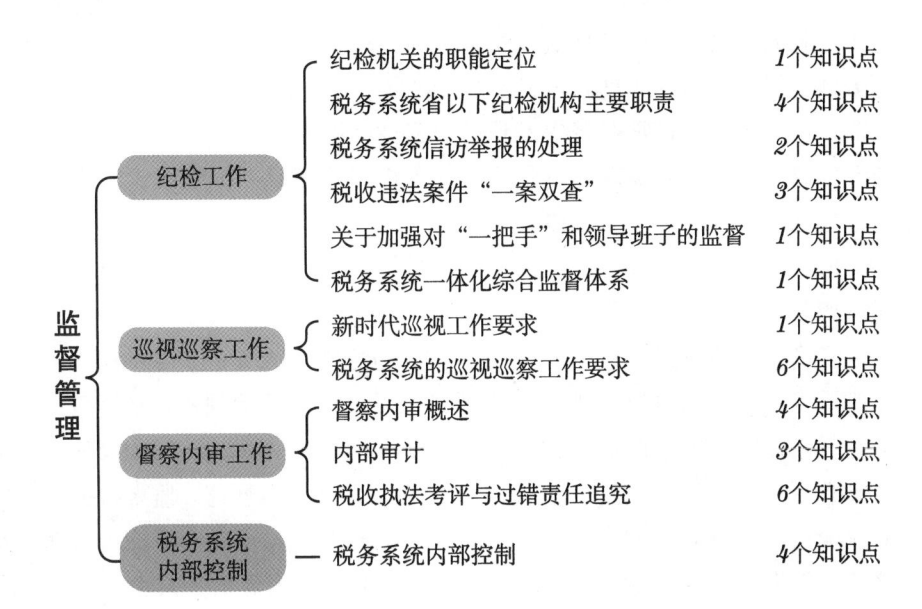

```
                  ┌ 纪检机关的职能定位              1个知识点
                  │ 税务系统省以下纪检机构主要职责   4个知识点
         纪检工作 ┤ 税务系统信访举报的处理          2个知识点
                  │ 税收违法案件"一案双查"          3个知识点
                  │ 关于加强对"一把手"和领导班子的监督  1个知识点
                  └ 税务系统一体化综合监督体系      1个知识点
监督               ┌ 新时代巡视工作要求             1个知识点
管理   巡视巡察工作┤
                  └ 税务系统的巡视巡察工作要求      6个知识点
                  ┌ 督察内审概述                   4个知识点
       督察内审工作┤ 内部审计                       3个知识点
                  └ 税收执法考评与过错责任追究      6个知识点
       税务系统
       内部控制  ─ 税务系统内部控制               4个知识点
```

## >> 第一节
# 纪检工作

### 一 纪检机关的职能定位

【知识点】职能定位

纪律检查机关是党内监督的专门机关和执行党的纪律的职能部门，是党内监督的专责机关，履行监督执纪问责职责。主要任务是：维护党的章程和其他党内法规，检查党的路线、方针、政策和决议的执行情况，协助党的委员会推进全面从严治党、加强党风建设和组织协调反腐败工作。

## 二、税务系统省以下纪检机构主要职责

**【知识点1】协助推进责任**

纪检组组长向同级党组织汇报上级党组织和纪检机构有关党风廉政建设和反腐败工作的部署和要求,提出具体贯彻落实意见。党委纪检组每半年至少同本级党委开展1次专题会商,向党委通报日常监督中发现的普遍性问题或突出问题;每半年至少会同本级党委专题研究1次党风廉政建设和反腐败工作。加强对下级党组织实施责任追究情况的监督检查。

**【知识点2】监督检查责任**

经常对党员进行遵守纪律的教育,作出关于维护党纪的决定;对党的组织和党员领导干部履行职责、行使权力进行监督。严明党的政治纪律和政治规矩,坚决纠正和查处上有政策、下有对策,有令不行、有禁不止,口是心非、阳奉阴违,搞团团伙伙、拉帮结派,欺骗组织、对抗组织等行为,强化纪律约束,确保政令畅通。监督中央八项规定及其实施细则精神和反对"四风"情况落实,根据上级要求开展专项整治活动。紧盯"关键少数",强化对党委及领导班子成员、部门(单位)主要负责人和下级领导班子"一把手"的监督,要突出对管人管钱管物、权力集中、廉洁风险高或群众反映较多的部门(单位)"一把手"的监督。加强对选人用人情况的监督,紧盯动议、民主推荐、考察考核等关键环节,坚决杜绝任人唯亲、封官许愿,搞亲亲疏疏、团团伙伙等现象。对公职人员依法履职、秉公用权、廉洁从政从业以及道德操守等情况强化监督检查。

**【知识点3】纪律审查责任**

规范信访举报,对实名举报和违反中央八项规定及其实施细则精神、"四风"问题等信访举报优先办理。按照谈话函询、初步核实、暂存待查、予以了结四类方式,统一处置和管理问题线索。坚持问题线索集体排查制度,线索处置、谈话函询、初步核实、立案审查、案件审理、处置执行中的重要问题,应当集体研究。依规依纪开展执纪审查,重点查处党的十八大以来不收敛、不收手,问题线索反映集中、群众反映强烈,政治问题和经济问题交织的腐败案件,以及违反中央八项规定及其实施细则精神的问题。准确运用监督执纪"四种形态"。加大税收违法案件"一案双查"力度,结合打击偷逃骗税和虚开增值税发票案件,严肃查处税务人员与不法分子内外勾结、谋取私利的违纪违法问题,并倒查领导责任。发挥查办案件的治本功能,按规定对重大腐败案件和违反中央八项规定及其实施细则精神的典型问题进行剖析通报,加强警示教育,提出加强管理、堵塞漏洞、完善制度的意见和建议。

**【知识点 4】问责追究责任**

对党的领导弱化、党的建设缺失、全面从严治党不力、维护党的纪律不力、推进党风廉政建设和反腐败工作不坚决不扎实，造成严重后果的，按照有关规定和干部管理权限，提出问责建议，履行问责程序，落实问责决定。对违反中央八项规定及其实施细则精神的，严重违纪被立案审查开除党籍的，严重失职失责被问责的，以及发生在群众身边、影响恶劣的不正之风和腐败问题，按照有关规定和干部管理权限，通报曝光。

## 三、税务系统信访举报的处理

税务系统纪检信访举报工作，是指税务系统各级纪检部门通过接收群众来信、下载网上举报、接待群众来访、接听举报电话等渠道，受理针对税务机关和税务人员的检举控告及申诉，按照纪检部门的职能和规定的程序处理解决信访举报问题的工作。

处理纪检监察信访举报应坚持以党章和法律法规为准绳；以事实为依据；处理重要信访问题，坚持民主集中制或行政首长负责制；维护信访举报当事人的合法权益；属地管理、分级负责，"谁主管、谁负责"；解决实际问题同思想教育相结合的基本原则。

**【知识点 1】信访举报受理**

1. 受理范围

（1）应当受理的范围。

①检举控告。针对税务机关、税务人员违反党纪政纪问题的检举、控告。

②申诉。依法应由税务纪检部门受理的税务人员对党纪政纪处分有不同意见的申诉。

③批评建议。对税务系统党风廉政建设和纪检监察工作的批评和建议。

（2）不予受理的范围。

①对已经或者依法应当通过诉讼、仲裁、行政复议解决的投诉请求不予受理，信访件转有关单位。

②对各级人民代表大会以及县级以上各级人民代表大会常务委员会、人民法院、人民检察院职权范围内的信访事项不予受理，信访件转有关单位。

③信访举报事项涉及地方人民政府及其工作人员的，直接转送有权处理的单位处理。

④应由税务机关其他部门受理的违反税收政策法规、纳税服务制度、税收工作规程、人事管理规定、行政管理规定等不属于税务纪检部门职权范围内的信访事项。

收到信访举报后,应告知举报人是否受理。能够当场告知的,当场告知;不能当场告知的,应当自收到信访事项之日起15日内书面告知信访人,但信访人的姓名(名称)、住址不清的除外。

不属于税务系统职权范围的,税务纪检部门自收到之日起5个工作日内提出异议,并详细说明理由,经转送、交办的信访部门或者上级机关、单位核实同意后,交还相关材料。检举控告事项的告知按照有关规定执行。

2. 受理流程

(1) 来信(包括信件、电话、网络举报等)的受理。

①收信。税务纪检部门收到来信,应及时拆封,将信文、信封及附件一并装订,保持信件完整。接听电话举报要认真做好记录;受理网络举报要及时下载打印。

②阅信。明确信访举报人反映的主要问题,分清问题的性质。对于检举控告,要核实被检举控告人的姓名、单位、职务等;对于申诉,要确认申诉人的姓名、单位和职务等,何时何地、在何单位因何问题受到何种处分,是否经过有关机关复议、复审、复核过以及结论,本人申诉的理由、依据与要求等。

③登记。信件、电话、网络举报需填写《税务纪检监察信访举报登记表》,一律采用第三人称,反映多人、多个问题的,按照被反映人级别高的在前、举报事项性质严重的在前、线索具体的在前的顺序进行登记。

(2) 来访的受理。

①接谈。接待来访的工作人员不得少于2人。接待来访的工作人员应查看来访人的身份证或其他有效证件,核实来访人数,同来访人面谈,听取并记录来访人反映的问题及要求、来访过程及有关单位受理、办理情况。多人来访提出同一事项的,由来访人选定5名以下代表参与接谈。

②登记。接访人应详细询问来访人的基本情况,及时填写《税务纪检监察信访举报来访登记表》。

③特殊来访的处理。接访人员要维持来访秩序。对于特殊来访,如持有凶器和爆炸物品来访,扬言游行、静坐、示威、行凶、报复、爆炸,情绪反常、有轻生念头等,以及可能造成不良影响的重大、紧急来访事项,应当及时报告,并依法及时采取措施,对严重扰乱机关工作秩序的应联系公安部门依法处理。

(3) 其他形式信访举报的受理。

①上级税务纪检部门及领导批转的。接到上级纪检部门批转的违纪违法线索和材料后,要填写《税务纪检监察信访举报来访登记表》,按照批转意见立即办理,连同上级领导的批转意见一并登记后报本级分管领导。

②司法机关及有关部门移送的。对有关移送的材料应逐一核对,在移送清单上签

字,对复印的主要证据编注页码,逐页盖章,防止丢失。

③新闻媒体披露的。对报纸、杂志等资料应复印,网络资料应下载并注明网址,影像、广播等资料应记录电视台、电台名称、节目名称、播出时间等。

### 【知识点2】线索处理方式

党委纪检组应当加强对问题线索的集中管理、分类处置、定期清理。信访举报部门归口受理同级党委管理的党组织和党员、干部以及监察对象涉嫌违纪或者职务违法、职务犯罪问题的信访举报,统一接收有关单位移交的相关信访举报,移送本机关有关部门,深入分析信访形势,及时反映损害群众利益的问题。

党委纪检组应当结合问题线索所涉及地区、部门、单位总体情况,综合分析,按照谈话函询、初步核实、暂存待查、予以了结四类方式进行处置。

线索处置不得拖延和积压,处置意见应当在收到问题线索之日起1个月内提出,并制定处置方案,履行审批手续。

1. 谈话函询

各级党委和党委纪检组应当推动加强和规范党内政治生活,经常拿起批评和自我批评的武器,及时开展谈话提醒、约谈函询,促使党员、干部以及监察对象增强党的观念和纪律意识。

党委纪检组采取谈话函询方式处置问题线索,应当起草谈话函询报批请示,拟定谈话方案和相关工作预案,按程序报批。需要谈话函询下一级党委主要负责人的,应当报党委纪检组主要负责人批准,必要时向同级党委主要负责人报告。

谈话应当由党委纪检组相关负责人或者承办部门负责人进行,可以由被谈话人所在党委、党委纪检组有关负责人陪同;经批准也可以委托被谈话人所在党委主要负责人进行。

谈话应当在具备安全保障条件的场所进行。由党委纪检组谈话的,应当制作谈话笔录,谈话后可以视情况由被谈话人写出书面说明。

党委纪检组进行函询应当以办公厅(室)名义发函给被反映人,并抄送其所在党委和党委纪检组主要负责人。被函询人应当在收到函件后15个工作日内写出说明材料,由其所在党委主要负责人签署意见后发函回复。被函询人为党委主要负责人的,或者被函询人所作说明涉及党委主要负责人的,应当直接发函回复上级党委纪检组。

承办部门应当在谈话结束或者收到函询回复后1个月内写出情况报告和处置意见,按程序报批。根据不同情形作出相应处理:

(1)反映不实,或者没有证据证明存在问题的,予以采信了结,并向被函询人发函反馈。

（2）问题轻微，不需要追究纪律责任的，采取谈话提醒、批评教育、责令检查、诫勉谈话等方式处理。

（3）反映问题比较具体，但被反映人予以否认且否认理由不充分具体的，或者说明存在明显问题的，一般应当再次谈话或者函询；发现被反映人涉嫌违纪或者职务违法、职务犯罪问题需要追究纪律和法律责任的，应当提出初步核实的建议。

（4）对诬告陷害者，依规依纪依法予以查处。

2. 初步核实

党委纪检组采取初步核实方式处置问题线索，应当制定工作方案，成立核查组，履行审批程序。被核查人为下一级党委主要负责人的，党委纪检组应当报同级党委主要负责人批准。

核查组经批准可以采取必要措施收集证据，与相关人员谈话了解情况，要求相关组织作出说明，调取个人有关事项报告，查阅复制文件、账目、档案等资料，查核资产情况和有关信息，进行鉴定勘验。对被核查人及相关人员主动上交的财物，核查组应当予以暂扣。

需要采取技术调查或者限制出境等措施的，党委纪检组应当严格履行审批手续，交有关机关执行。

初步核实工作结束后，核查组应当撰写初步核实情况报告，列明被核查人基本情况、反映的主要问题、办理依据，以及初步核实结果、存在疑点、处理建议，由核查组全体人员签名备查。

承办部门应当综合分析初步核实情况，按照拟立案审查调查、予以了结、谈话提醒、暂存待查，或者移送有关党组织处理等方式提出处置建议。

初步核实情况报告应当报党委纪检组主要负责人审批，必要时向同级党委主要负责人报告。

3. 审查调查

党委应当按照管理权限，加强对党员、干部以及监察对象涉嫌严重违纪或者职务违法、职务犯罪问题审查调查处置工作，定期听取重大案件情况报告，加强反腐败协调机构的机制建设，坚定不移、精准有序惩治腐败。

党委纪检组经过初步核实，对党员、干部以及监察对象涉嫌违纪或者职务违法、职务犯罪，需要追究纪律或者法律责任的，应当立案审查调查。

（1）凡报请批准立案的，应当已经掌握部分违纪或者职务违法、职务犯罪事实和证据，具备进行审查调查的条件。对符合立案条件的，承办部门应当起草立案审查调查呈批报告，经党委纪检组主要负责人审批，报同级党委主要负责人批准，予以立案审查调查。

(2) 立案审查调查决定应当向被审查调查人宣布，并向被审查调查人所在党委主要负责人通报。

(3) 对涉嫌严重违纪或者职务违法、职务犯罪人员立案审查调查，党委纪检组主要负责人应当主持召开由党委纪检组相关负责人参加的专题会议，研究批准审查调查方案。

(4) 党委纪检组相关负责人批准成立审查调查组，确定审查调查谈话方案、外查方案，审批重要信息查询、涉案财物查扣等事项。

(5) 监督检查、审查调查部门主要负责人组织研究提出审查调查谈话方案、外查方案和处置意见建议，审批一般信息查询，对调查取证审核把关。

(6) 审查调查组组长应当严格执行审查调查方案，不得擅自更改；以书面形式报告审查调查进展情况，遇有重要事项及时请示。

(7) 审查调查组可以依照党章党规，经审批进行谈话、询问等，提请有关机关采取技术调查、限制出境等措施。

(8) 承办部门应当建立台账，记录使用措施情况，向案件监督管理部门定期备案。

(9) 案件监督管理部门应当核对检查，定期汇总重要措施使用情况并报告上一级党委纪检组，发现违规违纪违法使用措施的，区分不同情况进行处理，防止擅自扩大范围、延长时限。

(10) 审查调查工作应当依照规定由两人以上进行，按照规定出示证件，出具书面通知。立案审查调查方案批准后，应当由党委纪检组相关负责人或者部门负责人与被审查调查人谈话，宣布立案决定，讲明党的政策和纪律，要求被审查调查人端正态度、配合审查调查。

(11) 审查调查应当充分听取被审查调查人陈述，保障其饮食、休息，提供医疗服务，确保安全。严格禁止使用违反党章党规党纪和国家法律的手段，严禁逼供、诱供、侮辱、打骂、虐待、体罚或者变相体罚。

(12) 审查调查期间，对被审查调查人以同志相称，安排学习党章党规党纪以及相关法律法规，开展理想信念宗旨教育，通过深入细致的思想政治工作，促使其深刻反省、认识错误、交代问题，写出忏悔反思材料。

(13) 外查工作必须严格按照外查方案执行，不得随意扩大审查调查范围、变更审查调查对象和事项，重要事项应当及时请示报告。外查工作期间，未经批准，监督执纪人员不得单独接触任何涉案人员及其特定关系人，不得擅自采取审查调查措施，不得从事与外查事项无关的活动。

(14) 党委纪检组应当严格依规依纪依法收集、鉴别证据，做到全面、客观，形成相互印证、完整稳定的证据链。

（15）调查取证应当收集原物原件，逐件清点编号，现场登记，由在场人员签字盖章，原物不便搬运、保存或者取得原件确有困难的，可以将原物封存并拍照录像或者调取原件副本、复印件；谈话应当现场制作谈话笔录并由被谈话人阅看后签字。已调取证据必须及时交审查调查组统一保管。

（16）严禁以威胁、引诱、欺骗以及其他违规违纪违法方式收集证据；严禁隐匿、损毁、篡改、伪造证据。

（17）对涉嫌严重违纪或者职务违法、职务犯罪问题的审查调查，监督执纪人员未经批准并办理相关手续，不得将被审查调查人或者其他重要的谈话、询问对象带离规定的谈话场所，不得在未配置监控设备的场所进行审查调查谈话或者其他重要的谈话、询问，不得在谈话期间关闭录音录像设备。

（18）查明涉嫌违纪或者职务违法、职务犯罪问题后，审查调查组应当撰写事实材料，与被审查调查人见面，听取意见。被审查调查人应当在事实材料上签署意见，对签署不同意见或者拒不签署意见的，审查调查组应当作出说明或者注明情况。

（19）审查调查工作结束，审查调查组应当集体讨论，形成审查调查报告，列明被审查调查人基本情况、问题线索来源及审查调查依据、审查调查过程，主要违纪或者职务违法、职务犯罪事实，被审查调查人的态度和认识，处理建议及党纪法律依据，并由审查调查组组长以及有关人员签名。

（20）审查调查报告以及忏悔反思材料，违纪或者职务违法、职务犯罪事实材料，涉案财物报告等，应当按程序报党委纪检组主要负责人批准，连同全部证据和程序材料，依照规定移送审理。审查调查全过程形成的材料应当案结卷成、事毕归档。

4. 审理

党委纪检组应当对涉嫌违纪或者违法、犯罪案件严格依规依纪依法审核把关，提出纪律处理或者处分的意见，做到事实清楚、证据确凿、定性准确、处理恰当、手续完备、程序合规。

纪律处理或者处分必须坚持民主集中制原则，集体讨论决定，不允许任何个人或者少数人决定和批准。

坚持审查调查与审理相分离的原则，审查调查人员不得参与审理。审理工作按照以下程序进行：

（1）案件审理部门收到审查调查报告后，经审核符合移送条件的予以受理，不符合移送条件的可以暂缓受理或者不予受理。

（2）对于重大、复杂、疑难案件，监督检查、审查调查部门已查清主要违纪或者职务违法、职务犯罪事实并提出倾向性意见的；对涉嫌违纪或者职务违法、职务犯罪行为性质认定分歧较大的，经批准案件审理部门可以提前介入。

（3）案件审理部门受理案件后，应当成立由两人以上组成的审理组，全面审理案卷材料，提出审理意见。

（4）坚持集体审议原则，在民主讨论基础上形成处理意见；对争议较大的应当及时报告，形成一致意见后再作出决定。案件审理部门根据案件审理情况，应当与被审查调查人谈话，核对违纪或者职务违法、职务犯罪事实，听取辩解意见，了解有关情况。

（5）对主要事实不清、证据不足的，经党委纪检组主要负责人批准，退回监督检查、审查调查部门重新审查调查；需要补充完善证据的，经党委纪检组相关负责人批准，退回监督检查、审查调查部门补充审查调查。

（6）审理工作结束后应当形成审理报告，内容包括被审查调查人基本情况、审查调查简况、违纪违法或者职务犯罪事实、涉案财物处置、监督检查或者审查调查部门意见、审理意见等。

审理工作应当在受理之日起1个月内完成，重大复杂案件经批准可以适当延长。

处分决定作出后，党委纪检组应当通知受处分党员所在党委，抄送同级党委组织部门，并依照规定在1个月内向其所在党的基层组织中的全体党员以及本人宣布。处分决定执行情况应当及时报告。

对不服处分决定的申诉，由批准或者决定处分的党委或者党委纪检组受理；需要复议复查的，由党委纪检组相关负责人批准后受理。

## 四 税收违法案件"一案双查"

### 【知识点1】"一案双查"的概念和范围

1. "一案双查"的概念

税收违法案件"一案双查"（以下简称"一案双查"）是指在查处纳税人、扣缴义务人和其他涉税当事人（以下简称涉税当事人）税收违法案件中，对税务机关或者税务人员的执法行为规范性和履职行为廉洁性进行检查，对违纪违法行为依照有关规定进行调查和追究责任。

2. "一案双查"受理范围

（1）检举涉税当事人税收违法行为，同时检举税务机关或者税务人员违纪行为，线索具体的；

（2）稽查部门在检查中发现税务机关或者税务人员涉嫌违纪行为的；

（3）重大税收违法案件存在税务机关或者税务人员涉嫌违纪行为的；

（4）牵头部门认为需要实行"一案双查"的其他税收违法案件。

**【知识点2】"一案双查"的办理**

1. 牵头部门在收到相关职能部门按照干部管理权限移交的问题线索，分析后认为存在税务机关或者税务人员涉嫌违纪行为的，填写《税收违法案件一案双查审批表》履行审批手续后，及时组织开展调查。

2. 纪检机构成立不少于2人的调查组，必要时可联合稽查、督察内审等职能部门人员参加。调查组实行组长负责制，开展调查前应制定调查方案，调查结束时应提交调查报告，提出初步处理意见，并按有关程序进行处理。

3. 对检举涉税当事人税收违法行为同时检举税务机关或者税务人员违纪问题严重的，可由牵头部门会同稽查、督察内审等部门组成联合调查组，同时进行检查和调查。

4. 牵头部门和督察内审部门可依据职责权限向税务机关及税务人员了解情况，收集、调取证据。税务机关及税务人员应积极配合，及时如实反馈情况。

**【知识点3】"一案双查"的处理**

相关检查、调查工作完成后，依据检查、调查结果，区分不同情况分别作出处理：

1. 未发现问题的，及时作了结或结案处理；

2. 对存在税收执法过错行为的，由税收执法责任制工作领导小组及其办公室按照税收执法过错责任追究有关规定处理；

3. 对涉及违纪的，由纪检机构、人事部门依规依纪依法进行处理。

如果"一案双查"线索来自检举人检举，检举人要求反馈检查、调查结果的，牵头部门应按规定向检举人反馈检查、调查结果。相关处理决定作出后，牵头部门、督察内审部门应及时向有关税务机关发出问题整改建议书，督促有关税务机关认真落实整改并及时反馈整改结果。

## 五、关于加强对"一把手"和领导班子的监督

**【知识点】对"一把手"和领导班子的监督**

1. 加强党组织自上而下的监督，上级"一把手"要将监督下级"一把手"情况作为每年述职的重点内容；对下级新任职"一把手"应当开展任职谈话；同下级"一把手"定期开展监督谈话，对存在苗头性、倾向性问题的进行批评教育，对存在轻微违纪问题的及时予以诫勉。

2. 严格执行全面从严治党责任制度，落实"一把手"第一责任人职责。贯彻执行民主集中制，完善"三重一大"决策监督机制。把"三重一大"决策制度执行情况作

为巡视巡察、审计监督、专项督查的重要内容。

3. 党委纪检组组长发现"一把手"违反决策程序的问题，应当及时提出意见，对纠正不力的要向上级党委纪检组反映。及时掌握对"一把手"的反映，建立健全述责述廉制度。

4. 加强领导班子成员相互监督，认真开展批评和自我批评。发挥领导班子近距离常态化监督优势，提高发现和解决自身问题的能力。党委要全面履行加强和规范党内政治生活的领导责任，建立健全相关制度。坚持集体领导制度，严格按规则和程序办事。健全党委领导班子权力运行制约机制，合理分解、科学配置权力。督促领导班子其他成员履行"一岗双责"，抓好职责范围内管党治党工作。

5. 严格执行领导干部插手干预重大事项记录制度，发现问题及时报告。

6. 建立健全政治生态分析研判机制，分领域形成党风廉政建设情况报告。

## 六 税务系统一体化综合监督体系

【知识点】"1+1+5+N"总体框架

第一个"1"是党委全面监督；第二个"1"是纪检机构专责监督；"5"是接受地方党政机关监督、部门职能监督、党的基层组织日常监督、党员和群众民主监督、接受社会监督；"N"是若干配套制度机制。

党委全面监督：税务总局党委对税务系统监督工作负主体责任，加强对监督工作的全面领导，推动各类监督有机贯通、形成合力。各级税务局党委对本单位本系统监督工作负主体责任，建立健全和组织实施各项监督制度，抓好督促检查；强化纪检机构专责监督作用，并自觉接受其监督；突出对"一把手"和领导班子的监督；对上级党委、纪检机构工作提出意见建议，开展监督。对履行监督责任不力的，依照有关规定处理。

纪检机构专责监督：各级税务局党委支持纪检机构根据《中国共产党章程》履行职责，开展工作。按照深化税务系统纪检监察体制改革的部署要求，落实执纪审查、提名考察、履职考核、请示报告等有关制度，充分发挥纪检机构专责监督作用。省级以下税务局纪检机构在本级党委和上级内设纪检机构双重领导下开展工作，上级内设纪检机构加强对下级内设纪检机构的领导和指导，协助同级党委推进全面从严治党、加强党风廉政建设和组织协调反腐败工作。紧紧围绕贯彻落实党的路线方针政策以及重大决策部署，坚决做到"两个维护"、压实主体责任、营造良好政治生态等方面强化政治监督。强化对同级党委、领导班子成员和下级党委、领导班子成员特别是"一把手"履行职责、行使权力情况的监督。立足"监督的再监督"职能定位，加强对各职能部门履行监督管理职责、基层党组织履行日常监督职责的再监督。加强对本单位本系统税务人员尤其是关键少数"两权"行使情况的监督，坚决清除一切损害党的先进性和纯洁性的因素，清除一切侵蚀党的健康肌体的病毒。

自觉接受和主动配合地方党政机关的监督：各级税务局党委落实双重领导管理体制要求，发挥"纵合横通强党建"机制制度体系作用，引进用好地方党政机关监督资源，自觉接受、主动配合地方党委、人大、政府、政协、司法机关的监督，并按要求报告工作。各级税务局党的工作部门及相关职能部门积极主动与地方党政机关对口部门沟通联系，定期走访汇报，认真听取意见建议。对本系统开展党建责任落实、选人用人、干部管理监督、营造良好政治生态等方面的考核，听取地方党委和政府分管或者联系领导、相关职能部门的意见。对本系统开展巡视巡察时，应当向地方纪检监察机关、组织（人事）部门、信访部门、巡视巡察机构等收集了解相关情况和线索。建立党政机关监督反映的问题、提出的意见建议处置机制，统筹抓好问题整改、工作改进和结果反馈。

部门职能监督：各级税务局党委办公室、组织人事、党建（巡视巡察）、机关党委、财务管理、督察内审、考核考评等职能部门在党委的统一领导下，按照"职责所在、监督所向"原则，积极运用信息技术，创新方式方法，履行监督职责，发挥职能监督优势。各级税务局党建工作领导小组办公室和党风廉政建设领导小组办公室加强组织协调，建立健全部门职能监督协同配合机制，增强监督合力。

党的基层组织日常监督：各级税务局基层党组织突出政治功能，严肃党内组织生活，提高批评和自我批评质量；落实党支部工作条例，促进基层党组织日常监督制度化、常态化；履行日常教育、管理、监督职责，激励党员干部履职尽责、担当作为；抓好对党员干部"八小时之外"的监督，督促党员干部自觉净化社交圈、生活圈、朋友圈。党支部书记带头落实谈心谈话制度，及时掌握党员干部思想状况，对苗头性、倾向性问题及时提醒批评教育。纪检委员认真履行监督职责，充分发挥正风肃纪的"前哨"作用。

党员和群众民主监督：党员和群众应当本着对党和税收事业高度负责的态度，积极行使监督权利，履行监督义务，按照组织程序如实反映意见建议和诉求，负责地揭发、检举违纪违法事实。各级税务局党组织依法保障党员和群众民主监督权利，创新方式、拓宽渠道，为党员和群众参与民主监督创造良好环境。

系统外部监督：各级税务局党委要自觉接受、主动配合纳税人缴费人、新闻媒体、社会公众等方面的监督，用好各方面社会监督资源，畅通社会监督渠道，认真听取意见建议，主动回应社会关切，抓好问题整改反馈，持续改进税收工作。

## 第二节 巡视巡察工作

### 一 新时代巡视工作要求

【知识点】巡视的工作定位、基本概念、根本任务、工作方针、基本原则

1. 巡视工作的定位：巡视是政治巡视，其本质是政治监督。

2. 政治巡视的基本概念：政治巡视是上级党组织对下级党组织履行党的领导职能责任的政治监督。

3. 政治巡视的根本任务：坚决维护习近平同志党中央的核心、全党的核心地位，坚决维护党中央权威和集中统一领导。

4. 巡视工作方针：发现问题、形成震慑，推动改革、促进发展。发现问题、形成震慑是生命线；推动改革、促进发展是目标。

5. 政治巡视的基本原则：坚持中央统一领导、分级负责；坚持围绕中心、服务大局；坚持实事求是、依规依纪依法；坚持人民立场、贯彻群众路线。

### 二 税务系统的巡视巡察工作要求

【知识点1】税务系统巡视巡察工作的基本原则

1. 坚持统一领导、分级负责；
2. 坚持实事求是、依法依规；
3. 坚持群众路线、发扬民主；
4. 坚持政治巡视、聚焦重点；
5. 坚持问题导向、强化整改；
6. 坚持闭环管理、提升效能。

【知识点2】巡视巡察工作程序

1. 巡视巡察准备

巡视巡察准备包括制订巡视（巡察）计划、组建巡视（巡察）组、进行动员部署、组织集中学习、了解基本情况、制定工作方案、起草有关文稿、协调进驻事宜、印发

巡视（巡察）通知、发布巡视（巡察）公告等步骤。

2. 巡视巡察了解

巡视（巡察）了解包括沟通巡视（巡察）安排、设置巡视（巡察）意见箱、召开动员会议、听取专题汇报、开展民主测评、组织个别谈话、调阅相关资料、走访相关部门、受理信访举报、召开座谈会议、列席有关会议、询问知情人员、抽查核实情况、开展延伸巡视（巡察）、进行明察暗访、组织问卷调查、重要情况报告、提请工作协助、开展专项检查、分析巡视（巡察）情况、推动立行立改等方法步骤。

3. 巡视巡察汇报

巡视巡察汇报包括撰写巡视（巡察）报告、起草谈话报告、汇总问题线索、呈报巡视报告等步骤。

4. 巡视巡察反馈

巡视（巡察）反馈包括起草反馈意见、进行巡视（巡察）反馈、公开反馈信息等步骤。

5. 巡视巡察移交

巡视（巡察）移交包括办理巡视（巡察）移交、督办移交事项等工作。

6. 巡视巡察整改

巡视巡察整改包括加强台账管理、督促落实整改、督促报送整改报告、督促公开整改情况、报告整改移交办理情况、开展巡视"回头看"等工作。

7. 成果运用

成果运用包括用好巡视巡察成果、开展巡视巡察宣传、推动闭环管理等工作。

8. 立卷归档

立卷归档包括收集整理归档材料、装订立卷和移交档案等工作。

**【知识点3】税务系统巡视巡察工作"双闭环"管理**

1. 第一闭环是巡视巡察工作闭环，即"发现问题—推动整改—完善制度—规范管理"，着眼巡视巡察工作全流程管理，坚持问题导向，压实整改责任，倒逼完善制度，促进各项工作进一步规范。

2. 第二闭环是深化整改闭环，即"巡视整改—专项整治—督导检查—推动问责"，旨在推进整改深度，强化信息共享，形成整改合力，深化成果应用，发挥震慑作用，促使巡视监督持续推进。

**【知识点4】巡视巡察成果运用**

巡视巡察成果的运用事关巡视巡察制度的严肃性和生命力。巡视巡察成果运用不好，监督实效就会打折扣。因此，对于巡视巡察发现的问题和线索必须要按规定进行分类处置，做到事事有人抓、件件有着落。

1. 被巡视（巡察）党组织是落实整改工作的责任主体，党委书记是第一责任人，要层层传导压力，督促他们把责任担起来，针对巡视（巡察）组反馈的问题，切实抓好整改落实，及时向干部群众通报整改情况，接受干部群众的监督。

2. 纪检监察和有关部门要优先办理巡视巡察移交事项，纪检部门要及时提出立案、初核、谈话函询、暂存、了结等处置意见；有关部门要及时研究提出办理和组织处理意见，并将巡视巡察情况作为考核评价、选拔任用干部的重要依据。

3. 巡视巡察机构要加强对整改落实情况、移交事项办理情况的跟踪和督办，建立工作台账，及时向巡视巡察工作领导小组报告，对整改和办理不力、不到位的，要严肃追责。

4. 建立和完善长效监督机制，要加强对巡视巡察中所发现共性问题的原因分析，深入查找体制、机制、制度等方面存在的薄弱环节，建立和完善长效监督的制度体系，避免同类问题的再次发生。

5. 不断完善巡视巡察制度体系。随着政治巡视巡察的逐步深化，巡视巡察工作的内涵、标准和要求将不断丰富和发展，税务系统巡视巡察工作必须与时俱进，不断加以改进和创新。

【知识点5】税务系统巡视巡察"四个落实"和"三个聚焦"

巡视监督重点是"四个落实"：落实党的理论和路线方针政策以及党中央重大决策部署情况，落实全面从严治党"两个责任"情况，落实新时代党的组织路线情况，巡视、审计等监督发现问题和主题教育检视问题整改落实情况。

巡察监督重点是"三个聚焦"：聚焦基层贯彻落实党的理论、路线、方针、政策和党中央决策部署情况，聚焦群众身边腐败问题和不正之风，聚焦基层党组织软弱涣散、组织力不强问题。

【知识点6】巡视巡察方式

巡视巡察方式包括常规巡视巡察、专项巡视巡察、机动巡视巡察、巡视巡察"回头看"等。

常规巡视巡察。根据党委巡视工作规划和年度工作计划，在党中央一届任期内对所管理的党组织开展全面巡视。

专项巡视巡察。根据党委重点工作安排确定专项巡视任务，针对重点领域和关键环节开展巡视，着力推动解决突出共性问题。

机动巡视巡察。根据党委要求确定任务，针对重点人、重点事、重点问题开展巡视，着力推动解决影响全局的突出个性问题。时间、方式、程序灵活机动，体现"小队伍、短平快、游动哨"优势,发挥反腐"巡警""尖兵"作用。

巡视巡察"回头看",就是"再巡视"。按照"谁派出、谁负责"的原则,根据了解掌握的情况,从巡视过的党组织中选择若干党组织开展"回头看",既检查整改落实情况,又发现新问题,形成常态化机制,持续发挥震慑作用,巩固全覆盖成果。要结合税务系统实际,将各类方式有机结合,贯穿起来交替使用,注重发挥不同优势。同时,积极探索"下沉巡视""交叉巡察""提级巡视"等方式方法,提升巡视质效,推动全面从严治党向纵深发展、向基层延伸。

## 〉〉第三节 督察内审工作

### 一、督察内审概述

**【知识点1】督察内审的职能定位**

督察内审部门是税务系统内部控制的管理部门,内部风险和工作落实的监督检查部门,以及责任落实评价和问题追究的实施部门。

**【知识点2】督察内审部门的主要职责**

督察内审部门的职能定位体现在税收工作的事前、事中、事后三个环节。事前,通过组织开展内控机制建设,促进内控内生化,对税收管理提出意见建议,起到制约权力、预防风险的作用;事中,通过督察中央决策部署、国家税务总局工作部署的贯彻落实情况,督促税收政策落实到位;事后,通过开展执法督察、内部审计,对执法机关与执法人员进行监督、考核、评价,并督促被监督单位及时整改、落实责任。同时,对接并配合协调外部监督,化解问题风险,促进内部管理。由此形成事前预防提醒、事中督促落实、事后监督评价与整改追责的内部监督工作完整链条。

**【知识点3】督察内审部门工作职权**

1. 要求提供资料权

督察内审部门有权要求被督察审计单位按时提供与督察审计事项相关的资料,被督察审计单位及其主要负责人对本单位提供资料的真实性和完整性负责。

2. 现场检查权

督察内审部门有权检查、记录与督察审计事项有关的资料、计算机信息系统和相关电子数据，现场勘察实物。

3. 调查询问权

督察内审部门有权对督察审计事项中的问题，向有关单位和人员开展调查和询问，取得相关证明材料。

4. 违规行为制止权

督察内审部门有权对督察审计过程中发现的严重违法违规和严重损失浪费等行为，报经税务机关负责人批准后，作出临时制止决定。

5. 违规处理建议权

督察内审部门有权对督察审计中发现的违法、违规及管理不规范行为提出纠正、处理意见及改进管理的建议。

6. 违规线索移交权

督察内审部门有权对督察审计发现的重大问题，报经税务机关负责人批准后，移送稽查、人事、纪检监察等部门处理。

7. 实施督察审计项目所必需的其他权限

**【知识点4】督察内审工作的组织开展**

督察内审工作的组织开展集中体现在全国税务系统督察审计规范的"流程规范"部分，即通过明确工作方法，细化工作流程，规范工作标准，达到任务目标清晰、实施过程严密、工作标准统一，实现督察审计项目管理规范化、程序化、标准化。督察内审工作的组织开展主要包括准备阶段、实施阶段、报告阶段、整改阶段四个阶段。

1. 准备阶段

（1）制定工作方案。

确定督察审计目标、范围、重点和组织实施等内容，指导督察审计组开展督察审计工作。包括编制工作方案、工作方案审批、成立督察审计组、职责分工、制作《督察审计组职责分工表》、签订《督察审计工作纪律承诺书》等方法步骤。

（2）下达通知书。

督察审计通知书是督察内审部门通知被督察审计单位或个人接受督察审计的书面文件。包括编制通知书和下达通知书两个步骤。

（3）督察审计前准备。

督察审计组根据督察审计项目的目标、范围和重点，向被督察审计单位及相关部门进行调查了解，收集资料，对税收执法、财务管理等有关情况进行综合分析，形成疑点信息，增强督察审计工作的针对性和有效性。包括收集资料、数据准备、政策准备等步骤。

（4）制定项目实施方案。

督察审计组根据前期制定的工作方案、督察审计前调查了解的情况和案头分析结果，制定具体的项目实施方案。包括编制和报批《督察审计项目实施方案》两个步骤。

（5）查前培训。

在督察审计实施前，督察审计组全体成员根据实施方案，就督察审计内容、方法、政策依据等进行学习和交流。包括组织学习和交流研讨等。

2. 实施阶段

（1）进驻会议。

督察审计实施阶段的开始，通过召开进驻会议建立起督察审计人员与被督察审计单位人员之间的沟通平台。包括进驻会议前期准备和召开进驻会议两个步骤。

（2）督察审计公示。

督察审计组在现场工作期间，应当在被督察审计单位公示督察审计有关事项，接受监督举报。包括制作和公示《督察审计公示》两个步骤。

（3）签订承诺书。

被督察审计单位及单位负责人对提供资料的真实性、完整性和其他相关情况作出承诺。

（4）接收资料。

接收资料是督察审计组查验签收被督察审计单位按要求提供所需资料的过程。包括根据资料清单核对接收资料和签字交接等步骤。

（5）数据采集和分析应用。

根据督察审计项目实施方案，采集相关数据，进行核对、检查、复算、判断等操作，从而发现问题疑点，取得督察审计证据。包括数据采集和数据分析等方法步骤。采集数据前，应调查被督察审计单位的组织结构和信息系统分布应用情况，结合督察审计项目，提出数据采集需求；根据前期调查和数据采集需求，制定具体数据采集方案，将电子数据采集、整理和验证后推送给督察审计人员；对采集数据验收后，通过数据分析，发现督察审计线索，获取督察审计证据；在数据应用过程中和结束后，应对数据采集和应用进行目标评价，对数据采集需求和数据分析方法等进行修正和完善，对数据采集模板、分析方法等成果收集归档。

（6）测评内控。

测评内控即督察审计人员通过了解被督察审计单位内部控制体系的建立和运行情况，进行分析、测试，对内部控制的健全性、合理性和有效性作出评价。包括对内部控制体系进行调查了解、对内部控制进行初步评价、评估控制风险水平、对内部控制的执行情况进行符合性测试、对内部控制进行评价，评估风险等级等方法步骤。

（7）审核资料。

审核资料即督察审计组在数据采集分析和测评内控的基础上，对资料进行现场审查分析。包括资料审查分析、发现疑点线索、汇总审核中发现的疑点线索等方法步骤。

（8）现场督审。

在督察审计实施阶段，督察审计组根据实际需要，通过现场检查、座谈、询问、延伸调查等方式，深入了解与督察审计事项有关的情况，并对相关问题进行确认。包括现场检查、座谈、个别谈话和询问、延伸调查等方法步骤。

（9）督察审计取证。

督察审计人员围绕督察审计目标收集督察审计证据，是形成督察审计结论的基础，是督察审计认定事实，作出定性和处理的依据。包括选择需取得的证据种类、确定取证的方法、收集督察审计证据、汇总、整理督察证据、审核督察审计证据等方法步骤。

（10）项目评价。

项目评价即督察审计组根据需要将取得的督察审计证据与督察审计目标比对，评估督察审计方向是否偏离，判断预期目标是否达到，作出是否调整目标或补充证据的决定。包括对取得的证据进行分析和督察审计项目评价论证等步骤。

（11）编制底稿。

编制底稿即督察审计人员在执行督察审计业务过程中形成督察审计工作记录。包括确认督察审计事实、编制督察审计工作底稿和审核督察审计工作底稿等步骤。

（12）听取陈述申辩。

听取陈述申辩即督察审计组对督察审计发现的问题，向被督察审计单位或个人反馈，听取被督察审计单位或个人的陈述或申辩。包括确定听取陈述申辩的方式和对听取陈述申辩获取的信息进行再分析等方法步骤。

（13）撰写报告。

撰写报告即督察审计组在实施必要的督察审计程序后，以经过核实的督察审计证据为依据，对工作底稿进行整理、汇总，就督察审计事项作出书面督察审计结论，提出督察审计意见和建议，制作督察审计报告（初稿）。包括整理督察审计工作底稿、汇总督察审计发现问题、组织讨论、准备报告的内容和提出建议、撰写督察审计报告（初稿）、初核督察审计报告（初稿）等步骤。

（14）退出会议。

退出会议即督察审计组在督察审计实施阶段结束之前，以会议形式就督察审计发现的问题与被督察审计单位交换意见。包括召开退出会议、完成督察审计项目收尾工作、由被督察审计单位对督察审计组进行廉政评价等步骤。

3. 报告阶段

(1) 征求被督察审计单位意见。

督察审计组将督察审计报告征求意见稿送达被督察审计单位书面征求意见，被督察审计单位在规定时限内书面反馈意见。包括形成督察审计报告征求意见稿、征求被督察审计单位意见、被督察审计单位书面反馈意见、根据反馈意见修订报告、起草相关文书、督察审计报告复核、提交审理等步骤。

(2) 报告审理。

报告审理即督察内审部门召开集体审理会议，对督察审计报告进行集体审理，形成会议决议。包括做好审理前准备、确定审理主持人、组织召开集体审理会议、形成集体审理会议决议等步骤。

(3) 问题移交。

问题移交即督察内审部门对督察审计发现的重大问题和性质严重问题，根据集体审理会议决议，移交人事、监察和稽查等部门处理。包括根据集体审理会议决议制作移交问题清册、报请分管督察内审部门局领导审批和向相关部门移交并办理交接手续等步骤。

(4) 出具报告。

出具报告即督察内审部门按照审理意见修订报告及相关文书，报局领导批准后，向被督察审计单位下达正式报告及相关文书。包括根据审理意见修订报告及相关文书、审批报告及相关文书、下达报告及相关文书和编制下达《督察审计建议书》等步骤。

(5) 处理决定复查复核。

处理决定复查复核即税务机关受理被督察审计单位或被审计领导干部对处理决定提出的复查复核申请，并在规定时限内作出复查复核决定。包括受理被督察审计单位或被审计领导干部提出的复查申请、作出复查决定和受理被督察审计单位或被审计领导干部提出的复核申请、作出复核决定等内容。

(6) 整理立卷。

整理立卷即督察审计组将实施督察审计项目过程中形成的资料整理立卷。包括收集督察审计项目全过程形成的文字、图表等不同形式的历史记录和分类整理档案资料等步骤。

4. 整改阶段

(1) 督察审计整改。

督察审计整改即被督察审计单位按照要求，在规定期限内对督察审计查出的问题进行整改。

(2) 建议追责。

建议追责即督察内审部门对督察审计中发现的税收执法行为违规问题，根据税收执法责任制的相关规定，在《督察审计报告》《督察审计处理意见书》《督察审计处理决定书》等相关文书中，向被督察审计单位提出按规定实施责任追究建议。

（3）整改反馈。

整改反馈即被督察审计单位按照要求，在规定期限内向督察审计单位反馈整改情况。包括对各个部门报送的整改情况进行审核汇总、填写《督察审计整改台账》、依据问题整改和责任追究情况撰写督察审计整改报告、报局领导批阅、上报整改报告等步骤。

（4）整改情况督查。

整改情况督查即实施督察审计的督察内审部门对被督察审计单位的整改落实情况、建议采纳情况、责任追究落实情况进行督导、检查。包括实施整改督查、形成整改督查报告、报送督查报告等步骤。

（5）案卷归档。

案卷归档即督察内审部门将实施督察审计项目过程中形成的全部档案资料，按照督察审计档案规范要求进行整理排序、编号装订、归档保存等工作。

## 二、内部审计

审计，按照审计主体，即审计活动的执行者，可以将审计划分为国家审计、内部审计和社会审计。国家审计的实施主体是国家审计机关；内部审计的实施主体是部门、单位内部设置的审计机构或专职审计人员；社会审计（即民间审计）是由依法成立的社会审计组织（主要是会计师事务所）接受委托人的委托所实施的审计，具有有偿性。日常工作中，税务人员接触较多的是国家审计和政府部门的内部审计。

【知识点1】内部审计概述

政府部门内部审计是政府行政管理体制的一部分，它作为政府管理改革的一项重要举措，在全世界范围内受到广泛关注。内部审计作为一种独立、客观的确认和咨询活动，通过运用系统、规范的方法，审查和评价组织的业务活动、内部控制和风险管理的适当性和有效性，以促进组织完善治理、增加价值和实现目标。随着我国行政管理体制改革不断深化，公众也对政府部门提出了越来越高的要求，迫使政府部门必须加强内部控制和审计。

政府部门内部审计是政府部门内部控制体系的重要组成部分。完善政府部门内部审计，不仅有利于预防和纠正预算执行中存在的问题，还能够对预算制度和预算贯彻情况进行过程审计与监督，强化事中控制。作为政府部门一种内部自我约束机制，内部审计越有效，政府部门出现违法违规的可能性越小。

目前，我国政府部门内部审计的作用表现在多个方面：查出违纪违规事件；进行组织机构的风险评估与管理，提出完善内部管理控制的建议和措施；开展领导干部的任期经济责任评价；监督和控制投资资金的支出与效益；等等。此外，政府部门内部审计还可以通过一套系统规范的方法，识别、评估和提高政府活动中的风险管理水平，将风险降低至合理范围，提高风险防范，提高政府治理过程的有效性，帮助实现政府目标。

**【知识点2】税务系统内部审计概述**

税务系统内部审计，是指内部审计机构和审计人员，在上级内部审计机构和本单位负责人的领导下，根据有关的法律、法规和规定，采用一定的程序和方法，对本单位及下属单位的内部控制、预算管理、财务收支、固定资产管理、基本建设管理、政府采购管理、专项资金管理等活动以及领导干部经济责任进行检查和评价的一种独立的经济监督行为。

1. 税务系统内部审计总体目标

税务系统内部审计旨在对税务系统内部预算编制和执行、财务收支、专项资金管理、基本建设管理和政府采购管理等情况进行审计，查找管理过程中的薄弱环节，揭露和制止损失浪费、隐瞒收入、虚列支出、国有资产流失、会计信息失真等问题，促进完善规章制度，规范会计核算和财务管理行为，强化会计基础，不断提高财务管理水平。

2. 税务系统内部审计主要内容

税务系统内部审计主要审查以下事项：各项财经制度遵循和落实情况；各项资产和债权债务管理的完整性、合规性；各项经费支出结构的合理性并评价资金使用的效益性；基本建设、政府采购管理的合规性。具体内容如下。

（1）财务内部控制审计。重点审计各项制度的制定与执行情况。上级下发的制度是否及时转发；本单位制定的财务管理各环节控制制度是否健全、合理，有无与上级制度相悖的现象；制度执行是否有效；岗位设置是否符合规定和适应工作要求，分工是否明确合理，内部牵制制度是否有效落实；财务软件使用是否规范；银行预留印鉴是否分开保管等。

（2）预算管理审计。重点审计预算编制与执行情况。预算编制是否完整，本部门各项收支是否全部纳入预算管理；追加预算的程序是否合理，有无随意追加预算的情况；各级机关经费是否超过国家税务总局规定，预留经费是否合规；最低保障线是否符合国家税务总局要求并实际执行；预算支出结构是否合理，公用支出是否超出标准，项目支出是否挤占基本支出；是否存在项目之间调剂使用，随意调剂使用不同预算科目和支出项目，改变支出用途的现象；动用上年结余安排本年支出是否纳入预算管理等。

（3）财务收支审计。重点关注财务收支的真实性、完整性和合规性。经费支出是否遵照规定的范围和标准，手续是否完备，记账是否及时，结构是否合理；是否贯彻"量入为出"的原则，有无花过头钱的问题；编制和汇总结算有无随意调整科目、估列代编、瞒报漏报、支出随意结转，有无账表不符、表表不符等情况；往来账款清理是否及时；是否严格执行银行账户管理的各项规定，是否存在非财务部门开立银行账户、多头开设银行账户、开设定期存款账户问题；有无设立账外账或私设"小金库"行为等。

（4）国有资产管理审计。重点关注资产管理制度的健全有效性、资产的安全完整性。财务部门、资产管理部门、资产使用部门是否正确履行资产管理职责；资产价值和实物核算是否真实完整；资产增加、减少是否严格履行手续并及时进行会计核算；资产处置收入是否按规定入账；资产是否定期清查，资产清理录入的数据是否真实，分类是否准确；账账、账表、账实是否相符，有无资产流失现象等。

（5）基本建设管理审计。重点审计基本建设管理制度落实情况。基建项目是否符合"先审批，后立项，再建设"的原则；投资总额在规定标准之上的基建项目是否报国家税务总局或省局审批；有无扩大面积、追加投资和超标准建设等问题；工程设计、施工、监理及主要材料，设备购置是否公开招标；基建项目是否按规定进行会计核算；是否将基建资金用于非基建项目，是否在不同基建项目之间互相拆借资金，是否利用基建资金为单位或个人谋取私利；是否按预算、工程进度或合同约定付款，是否按要求预留30%的尾款；是否按规定进行工程竣工决算和基建财务审计；是否及时结转固定资产等。

（6）政府采购审计。重点审计是否按政府采购目录进行；是否对应实行集中采购的项目实行了分散采购；政府采购信息是否公开；是否按确定的采购方式和要求进行采购；采购合同的签订和履行是否符合有关规定；资金结算是否符合合同约定及文件规定，资金支付手续是否齐全；对采购项目的变更与追加是否严格按规定执行审批程序；招标文件内容是否完整和规范，是否含有标明特定供应商及含有倾向或排斥潜在投标人的内容；是否存在串标行为；评标是否符合法定程序；评标委员会是否由招标人代表及专家组成，是否有利害关系人参与评标；是否擅自修改招标文件和投标文件；招投标文件档案管理是否健全等。

（7）专项经费审计。各专项经费是否专款专用，有无列作其他经费支出；各专项经费支出范围是否符合规定，有无扩大支出范围、虚列支出、调剂科目改变用途等问题；分配方法是否合理，支付是否及时；专项经费支出手续是否规范、完整，核算是否准确等。

（8）领导干部经济责任审计。税务局系统领导干部经济责任审计，是指税务局系统负责督察内审工作的部门依法依规对税务局系统各级领导干部经济责任履行情况进行监督、评价和鉴证的行为。所谓经济责任,是指税务局系统各级领导干部任职期间因其所任职务,对所在单位的税收管理行为和财务管理行为的真实性、合法性、效益性以及有关经济活动依法应当履行的职责、义务。

**【知识点3】税务系统领导干部经济责任审计**

1. 对象和类别

(1) 经济责任审计的对象。

税务系统经济责任审计的对象如下:①各级税务局党委书记、局长;②各级税务局主持工作1年以上的副职领导干部;③各级税务局所属独立核算的事业单位正职领导干部以及主持工作1年以上的副职领导干部;④兼任下级单位正职领导职务的上级领导干部;⑤上级领导干部兼任下级单位的正职领导职务但不实际履行经济责任时,实际负责本单位常务工作的副职领导干部;⑥其他需要审计的领导干部。

直辖市、计划单列市和副省级省会城市税务局所辖区税务局所属的税务分局局长、税务所所长是否进行经济责任审计,由各直辖市、计划单列市和副省级省会城市税务局确定。

(2) 经济责任审计类别。

在领导干部每个任期内至少对其进行1次经济责任审计。审计可以在任中进行,也可以在离任时进行。

在同一岗位任职满3年的领导干部应当对其进行任中经济责任审计。

领导干部在调任、转任、交流、免职、辞职、退休前,应当对其进行离任经济责任审计。

拟提拔晋升且符合审计条件的领导干部,应当在考察环节对其进行经济责任审计。

在同一单位任职的领导干部距上次经济责任审计不到1年时间离任的,可以不再安排离任经济责任审计。

各级税务局党委书记不实际履行经济责任的,可以不进行经济责任审计。

2. 审计内容

税务系统领导干部经济责任审计内容主要有以下三个方面。

(1) 税收管理方面:①贯彻落实党和国家重大方针政策、上级税务机关决策部署,推动本单位(系统)税收工作科学发展情况;②执行有关税收法律、法规、规章、规范性文件情况;③建立和执行税收管理内部控制制度情况;④税收收入任务完成情况;⑤税收规范性文件的合法性;⑥税收具体行政行为的合法性;⑦其他需要审计的内容。

(2) 财务管理方面:①贯彻落实党和国家有关方针政策和上级税务机关重大决策部署情况;②遵守有关财务管理法律、法规、规章、规范性文件情况;③建立和执行财务管理内部控制制度情况；④重大经济事项决策情况；⑤本单位（系统）预算编制、执行和其他财政收支、财务收支的真实、合法和效益情况；⑥基本建设等重要项目的投资、建设和管理情况；⑦政府采购的真实、合法和效益情况；⑧国有资产的采购、管理、使用和处置情况；⑨贯彻落实中央八项规定精神和厉行节约反对浪费规定的情况；⑩其他需要审计的内容。

（3）其他方面：①被审计领导干部履行有关党风廉政建设第一责任人职责情况，以及本人遵守有关廉政规定的情况；②机构设置、编制使用以及有关规定的执行情况；③对下属单位税收管理和财务管理活动的管理、监督情况；④对以往审计中发现问题的整改情况；⑤群众来信来访反映的有关问题；⑥其他需要审计的内容。

3. 经济责任审计报告和审计结果报告

（1）经济责任审计报告。

督察内审部门在审计结束后依据审计情况，向被审计领导干部及所在单位下发审计报告。正式报告下发前，督察内审部门应按程序向被审计领导干部及所在单位征求意见，并要求 10 日内提出书面反馈意见。

审计报告应当包括以下内容：①基本情况，包括审计依据、实施审计的基本情况、被审计领导干部任职及分工情况、所任职单位的基本情况等；②被审计领导干部履行经济责任的主要情况，包括被审计领导干部及其所在单位以往接受内外部审计整改情况等；③审计发现的主要问题与责任认定，包括审计发现问题的事实、定性、被审计领导干部应当承担的责任及有关依据，审计期间被审计领导干部及其所在单位对审计发现问题已经整改的，可以包括有关整改情况；④审计处理意见和建议；⑤其他必要的内容。

审计发现的有关重大事项，可以直接报送局领导或相关部门，不在审计报告中反映。

（2）经济责任审计结果报告。

督察内审部门应当以审计报告为依据，出具审计结果报告。

审计结果报告是指督察内审部门在审计报告的基础上，精简提炼形成的反映审计结果的报告，重点反映被审计领导干部履行经济责任的主要情况、审计发现的主要问题和责任认定、审计处理方式和建议。

审计结果报告应当报送本级局党委书记、局长和授权审计的上级税务局，提交委托审计的人事部门，存入被审计领导干部个人档案；根据需要抄送本级联席会议有关成员单位和涉及的其他主管部门。

4. 审计评价

督察内审部门应当依照法律法规、国家有关政策规定以及国家税务总局干部考核评价的有关规定，根据审计查证或者认定的事实，客观公正、实事求是地进行审计评价。

审计评价应当有充分的审计证据支持,对审计中未涉及、审计证据不适当或者不充分的事项不作评价。

审计评价应当与审计内容相统一。一般包括领导干部任职期间履行经济责任的业绩、主要问题以及应当承担的责任。

5. 评价依据

(1) 法律、法规、规章和规范性文件,中国共产党党内法规和规范性文件;

(2) 中央有关税收工作方针政策和决策部署;

(3) 国家统一的财政、财务管理制度;

(4) 税务系统有关发展规划、年度计划和责任制考核目标;

(5) 国家税务总局制定的内部管理工作规范和内部控制制度;

(6) 领导干部所在单位的"三定"规定和有关领导的职责分工文件,有关会议记录、纪要、决议和决定,有关预算、决算和合同(协议),有关内部管理制度和绩效目标;

(7) 有关职能部门、主管部门发布或者认可的统计数据、考核结果和评价意见;

(8) 其他依据。

6. 责任类型

领导干部履行经济责任过程中存在的问题应当负有的责任应当按照直接责任、主管责任、领导责任三种责任类型作出界定。

(1) 直接责任。

直接责任,是指被审计领导干部对其任职期间履行经济责任过程中的下列行为应当承担的责任:①本人或者与他人共同违反有关法律法规、国家有关规定和单位内部管理规定的;②授意、指使、强令、纵容、包庇下属人员违反有关法律法规、国家有关规定和单位内部管理规定的;③未经民主决策、相关会议讨论或者文件传签等规定的程序,直接决定、批准、组织实施重大经济事项,并造成国家利益重大损失、公共资金或国有资产严重损失浪费,以及严重损害公共利益等后果的;④主持相关会议讨论或者以文件传签等其他方式研究,在多数人不同意的情况下,直接决定、批准、组织实施重大经济事项,由于决策不当或者决策失误造成国家利益重大损失、公共资金或国有资产严重损失浪费以及严重损害公共利益等后果的;⑤对有关法律法规和文件制度规定的被审计领导干部作为第一责任人的事项、签订的有关目标责任事项或者应当履行的其他重要职责,由于授权(委托)其他领导干部决策且决策不当或者决策失误造成国家利益重大损失、公共资金或国有资产严重损失浪费以及严重损害公共利益等后果的;⑥其他失职、渎职或者应当承担直接责任的。

（2）主管责任。

主管责任，是指被审计领导干部对其任职期间履行经济责任过程中的下列情形应当承担的责任：①除直接责任外，领导干部对其直接分管或者主管的工作，不履行或者不正确履行经济责任的；②除直接责任外，主持相关会议讨论或者以文件传签等其他方式研究，并且在多数人同意的情况下，决定、批准、组织实施重大经济事项，由于决策不当或者决策失误造成国家利益损失、公共资金或国有资产损失浪费以及损害公共利益等后果的；③疏于监管，致使所分管部门和单位发生重大违纪违法问题或者造成重大损失浪费等后果的；④其他应当承担主管责任的。

（3）领导责任。

领导责任，是指除直接责任和主管责任外，被审计领导干部对其职责范围内不履行或者不正确履行经济责任的其他行为应当承担的责任。

7. 结果运用

被审计领导干部及其所在单位根据审计结果，应当采取以下整改措施：

（1）在单位内部通报审计结果和整改要求，及时制定整改方案，认真进行整改；

（2）按照上级税务机关发出的审计报告、审计决定书进行处理和整改，并自收到之日起 30 日内将处理情况和整改结果书面报告上级税务机关；

（3）根据审计结果反映出的问题，落实有关责任人员的责任，采取相应的处理措施；

（4）根据审计建议，采取措施，健全制度，加强管理；

（5）按照有关要求，在一定范围内公告或通报整改结果。

经济责任审计结果和审计发现问题的整改情况应当作为被审计领导干部考核、任免和奖惩的重要依据。

各级联席会议和督察内审、纪检监察、人事等部门应当逐步健全并严格落实经济责任审计情况通报、责任追究、整改落实、结果公告等制度。

## 三 税收执法考评与过错责任追究

【知识点1】税收执法考评

税收执法，是指税务机关及工作人员行使法定职权对税务行政相对人作出的行政行为。

税收执法考评，包括税务机关对所属单位及税收执法人员的税收执法行为的考核与税收执法质量的评价。

税收执法考核的结果是税收执法过错责任追究、税收执法质量评价的依据。

## 【知识点2】税收执法考核

税收执法考核包括对税务机关的考核和对税收执法人员的考核。对税务机关的考核由上一级税务机关实施；对税收执法人员的考核由具有人事管理权的税务机关实施。

1. 税收执法考核内容包括：①是否存在不作为情形；②税收执法主体资格是否符合规定；③税收执法人员是否取得执法资格；④税收执法是否符合执法权限；⑤税收执法适用依据是否正确；⑥税收执法程序是否合法；⑦税收执法文书使用是否规范；⑧税收执法认定的事实是否清楚，证据是否充分；⑨税收执法决定是否合法、完整、适当；⑩制定规范性文件是否合法合规；⑪其他情况。

2. 税收执法考核实施方式：应当按月实施，通过内部控制监督平台定期扫描税收业务，获取税收执法数据和过错信息；过错信息推送至税务机关、税收执法人员；税务机关、税收执法人员对推送的过错信息核实、申辩、确认，并予以反馈；考核结果告知相关税务机关、税收执法人员。

3. 税收执法考核范畴：①税务机关监督部门开展督察、审计、巡视等工作确认的税收执法问题；②税务机关其他主管部门发现并确认的税收执法问题；③审计、财政等外部监督部门查出的税收执法问题；④舆论监督及社会公众反映并查实的税收执法问题；⑤行政复议决定、行政诉讼判决或者裁定未支持原行政行为的税收执法问题；⑥通过其他形式发现的税收执法问题。

## 【知识点3】税收执法过错责任追究

1. 税收执法过错责任追究形式包括：①批评教育；②责令作出书面检查；③通报批评；④取消评选先进的资格；⑤责令待岗；⑥调离执法岗位；⑦取消执法资格。上述追究形式可以单独适用，也可以合并适用。

2. 可以从轻或者免予追究的情形：①税收执法过错情节显著轻微，主动发现并及时纠正，未造成危害后果的；②在国务院，省、自治区、直辖市和计划单列市人民政府，以及国家税务总局批准的探索性、试验性工作中发生税收执法过错并及时纠正、有效避免损失的；③其他可以从轻或者免予追究的情形。

3. 应当从重追究的情形：①税收执法人员因主观故意或者不作为导致税收执法过错发生的；②导致国家税款流失并且数额较大的；③被责令限期改正逾期不改正，又无正当理由的；④税收执法过错发生后瞒报或者不采取有效措施，致使损害后果扩大的；⑤隐瞒事实真相、出具伪证、毁灭证据，或者以其他方式阻碍、干扰税收执法过错调查的；⑥因税收执法过错形成负面涉税舆情、造成恶劣社会影响的；⑦因税收执法过错导致税务机关承担国家赔偿责任的；⑧其他应当从重追究的情形。

4. 税收执法过错责任追究规定：①适用批评教育的，由过错责任人主管领导实施，留存谈话记录，并由过错责任人签名确认；②适用责令作出书面检查的，由税收执法责任制工作领导小组办公室实施，留存手写书面检查原件，并由过错责任人签名确认；③适用通报批评的，由税收执法责任制工作领导小组办公室以本机关名义行文；④适用取消评选先进资格的，由税收执法责任制工作领导小组办公室告知有关部门，记录相关情况；⑤适用责令待岗的，应当暂扣执法证件，由税收执法责任制工作领导小组办公室责成主管部门办理相关手续，暂扣执法证件期间不得从事税收执法活动；⑥适用调离执法岗位的，应当收回保管执法证件，由税收执法责任制工作领导小组办公室责成主管部门办理相关手续，一年内不得重返执法岗位，重返执法岗位前应当接受适当形式培训；⑦适用取消执法资格的，应当吊销执法证件，调离执法岗位，由税收执法责任制工作领导小组办公室责成主管部门办理相关手续，两年内不得重返执法岗位，重返执法岗位前应当重新取得执法资格。

## 【知识点4】税收执法质量评价与结果运用

税收执法质量评价包括对税务机关的评价和对税收执法人员的评价。

税收执法质量评价内容包括税务登记、发票管理、申报征收、税收优惠、税收法制、税务稽查等税收业务中的税收执法行为。税收执法质量评价一个自然年度内应当至少实施一次。

各级税务机关应当将税收执法质量评价结果纳入绩效考核，具体办法由各级税收执法责任制工作领导小组办公室会同绩效管理部门研究确定。

## 【知识点5】追究结果的申诉

税务机关、税收执法人员对过错责任追究决定有异议的，应当自追究结果告知之日起5个工作日内，提出申诉。税收执法责任制工作领导小组办公室应当自收到申诉材料之日起15个工作日内组织调查核实，形成调查结论，并作出答复。

## 【知识点6】依法履职免责内容

在事实表述、法条引用、文书制作等方面存在执法瑕疵，不影响执法结果的正确性及效力的，不予追究税收执法过错责任，但应当进行税收执法质量评价，并予以纠正。

不予追究的情形：①法律、法规、规章、税收规范性文件不明确或者有争议的；②执行上级税务机关的书面答复、决定、命令；③不可抗力或者意外事件；④业务流程或者税收业务相关软件存在疏漏或者发生改变的；⑤税务行政相对人提供虚假材料、隐瞒涉税信息等其他不依法诚信履行纳税义务的；⑥有证据证明税收执法人员不存在故意或者过失的其他情形。

## 第四节
## 税务系统内部控制

### 税务系统内部控制

**【知识点1】税务系统内部控制的含义**

税务系统内部控制属于典型的政府内部控制。国家税务总局在全国税务系统内部控制基本制度（试行）中规定，内部控制，是指以风险防控为导向，通过查找、梳理、评估税务工作中的各类风险，制定、完善并有效实施一系列制度、流程、方法和标准，对税务工作风险进行事前防范、事中控制、事后监督和纠正的动态管理过程和机制。

**【知识点2】税务系统内控机制建设的总体框架**

内控机制建设是一项长期复杂的系统性工作，由各级税务部门的领导班子、职能部门及其工作人员共同参与，通过精心谋划，统筹推进，着力构建"制度、流程、信息和监督"四道防线，从而在税收管理和行政管理等各项权力运行中，形成内生制约力的管理机制。

1. 总体要求

国家税务总局对内控机制建设的总体要求是，以权力制衡为核心，以防范税收执法风险、行政管理风险、廉政风险为重点，以完善制度为基础，以流程控制为主线，以信息化手段为依托，以监督检查为保障，以"两覆盖、两优化、两提升"为要求，建立与税收治理体系和治理能力现代化相适应的，权责一致、制衡有效、运行顺畅、执行有力、管理科学的内部控制体系。

2. 总体思路

经过充分研究论证，国家税务总局确立了建立"制度、流程、信息、监督"四道防线的总体思路，深入推进内控机制建设。具体来说：

（1）完善制度防线，建立包括内部控制基本制度、专项制度、操作指引及管理制度在内的"四位一体"的内部控制制度体系。

（2）优化流程防线，针对权力运行的特点和节点，通过流程的优化和管控，形成既相互协调又相互制约的工作机制。

（3）推进信息防线，继续加强信息化建设，着力落实业务软件风险防控内生化，建立内部控制监督平台，进一步提升内部控制信息化水平，优化内部控制的方法和路径。

（4）强化监督防线，进一步做好巡视、督察、审计等监督检查工作，发现问题，完善措施，以查促管，以查促控。

3. 工作任务

内控机制建设的具体工作任务，就是要完成好国家税务总局党委提出的"两覆盖、两优化、两提升"的要求。

（1）做好"两覆盖"。要实现机构层级的全地域覆盖，让内控机制建设覆盖国家税务总局、省局、市局、县局；要实现业务种类的全领域覆盖，让内控机制不仅要覆盖税收执法全过程，而且要覆盖行政管理各领域。

（2）做好"两优化"。要优化流程制度，全面梳理岗责体系和业务规范，针对权力运行的特点和节点，通过流程的优化和管控，形成既相互协调又相互制约的工作机制，制定形成规范统一的操作指引；要优化业务软件功能，对现有业务软件进行全面内部控制评估，看是否达到内部控制统一要求。未达要求的软件都要按照内部控制理念和要求进行优化升级，促进全国税收业务软件内部控制功能持续改进。

（3）做好"两提升"。要提升内部控制的监管效能，由国家税务总局搭建一个全国统一适用的具有内部控制工作监督与运行状况评价功能的内部控制管理监督平台，实现对各地内部控制情况的实时监控评价；要提升内部控制的整体效能，要将内控机制建设与全面从严治党、征管改革、权责清单、税收执法责任制、绩效管理以及其他监督方式相结合，发挥内部控制的协同效应和整体效能。

4. 基本原则

（1）全面覆盖。涵盖税务工作的所有领域，贯穿决策、执行、监督的全过程，覆盖所有单位、部门、岗位和人员。

（2）突出重点。重点加强对税务工作重点领域、关键环节、重要岗位的风险防范和控制。

（3）权力制衡。分事行权、分岗设权、分级授权，在机构设置、层级管理、岗责配置、业务流程等方面实现相互制约、相互监督、相互协调。

（4）融合联动。与政策制定、税收执法、行政管理和党风廉政建设等工作紧密结合、深度融合、高度契合，形成整体联动效应。

（5）持续改进。强化动态管理，及时发现和纠正存在的问题，根据内外部工作环境和工作要求的变化不断优化完善，使内部控制与人员规模、业务重点、风险水平相适应。

**【知识点3】税务系统内部控制的内容**

税务系统内部控制的内容包括政策制定风险、税收执法风险、行政管理风险以及由此产生的廉政风险。

1. 政策制定风险，是指税务机关在制定税收政策的过程中，因目标或导向失误、制定依据不充分、与上位法相抵触、制定程序违规等，造成国家利益或行政管理相对人利益损失的可能性。

2. 税收执法风险，是指税务机关及其工作人员在税收执法过程中，因故意或过失，损害国家利益或行政管理相对人合法权益的可能性。主要包括税款征收风险、税务管理风险、纳税服务风险、税务稽查风险、出口退（免）税风险、税收法制工作风险、其他税收执法风险。

3. 行政管理风险，是指税务机关及其工作人员在内部管理过程中，因故意或过失，损害国家利益、管理秩序或相关当事人合法权益的可能性。主要包括人事管理风险、财务管理风险、政府采购风险、政务管理风险、信息系统管理风险、内部监督风险、其他行政管理风险。

4. 廉政风险，是指税务机关及其工作人员在政策制定、税收执法和行政管理工作中利用职权谋取不正当利益等腐败行为的可能性。

**【知识点4】风险定级和控制方法管理**

根据涉及事项或环节的重要程度、行政裁量权大小、发生概率、危害程度等因素，定性与定量相结合，采取样本分析、问卷调查、群众评议、专家评审等方式，将税务工作风险确定为高、中、低三个等级。各级税务机关应当针对不同等级风险，综合运用制约、监督等控制方法，制定具体控制措施，实现对各类风险点的有效控制。

1. 制约控制方法

（1）职责分工控制。优化内设机构设置，合理划分、科学配置内设机构职能，明确不同岗位之间的权限和职责，构建权责一致、边界清晰、协调配合、运转高效的职能体系，强化责任落实。

（2）不相容岗位（职责）分离控制。对一人履职可能发生错误或舞弊风险，并可能自我掩盖的岗位（职责），采取相应岗位（职责）分离措施，明确细化责任，形成横向、纵向相互制约监督的工作机制。

（3）授权审批控制。建立与税务工作相适应的内部授权管理体系，明确权限范围、审批程序和相关责任，确保各单位及关键岗位人员在授权范围内行使职权、办理业务。

（4）流程控制。将内部控制嵌入工作流程，对各环节实行模块化管理，对流程进行持续的监督、评价和优化，使风险点在流程中得到控制和解决，形成顺向相互支撑、有效制衡、逆向真实反馈、有效监督的完整体系。

（5）过程预警控制。根据工作规程和业务运转的内在逻辑，在重要节点预设监控指标进行检索、比对，对应办事项及时提醒，对错办事项及时干预、强制阻断。

（6）集体决策控制。建立重大事项集体决策和重要事项会签制度，明确集体决策和会签事项范围，规范集体决策和会签程序，加强对重大事项和重要事项风险的事前控制。

（7）公开运行控制。根据国家有关规定和本单位的实际情况，建立健全信息公开、公示制度，明确公开、公示的内容、范围、方式和程序，为外部监督和内部监督提供保障。

（8）痕迹记录控制。利用有效手段保留完整的工作记录、台账、表单、票据和文书等，通过运行痕迹记录对工作事项处理进行过程控制，确保工作过程可查询、可追溯、可比较。

2. 监督控制方法

（1）日常监督控制。上级税务机关业务主管部门应对下级税务机关及税务人员遵守和执行职责范围内相关制度、流程情况实行日常监督管理。

（2）专门监督控制。各级税务机关专门监督部门应依据职责分工和管辖权限对税务机关及税务人员遵守和执行相关制度、流程情况实行专门监督检查。

# 第五章 财务管理

## >> 知识架构

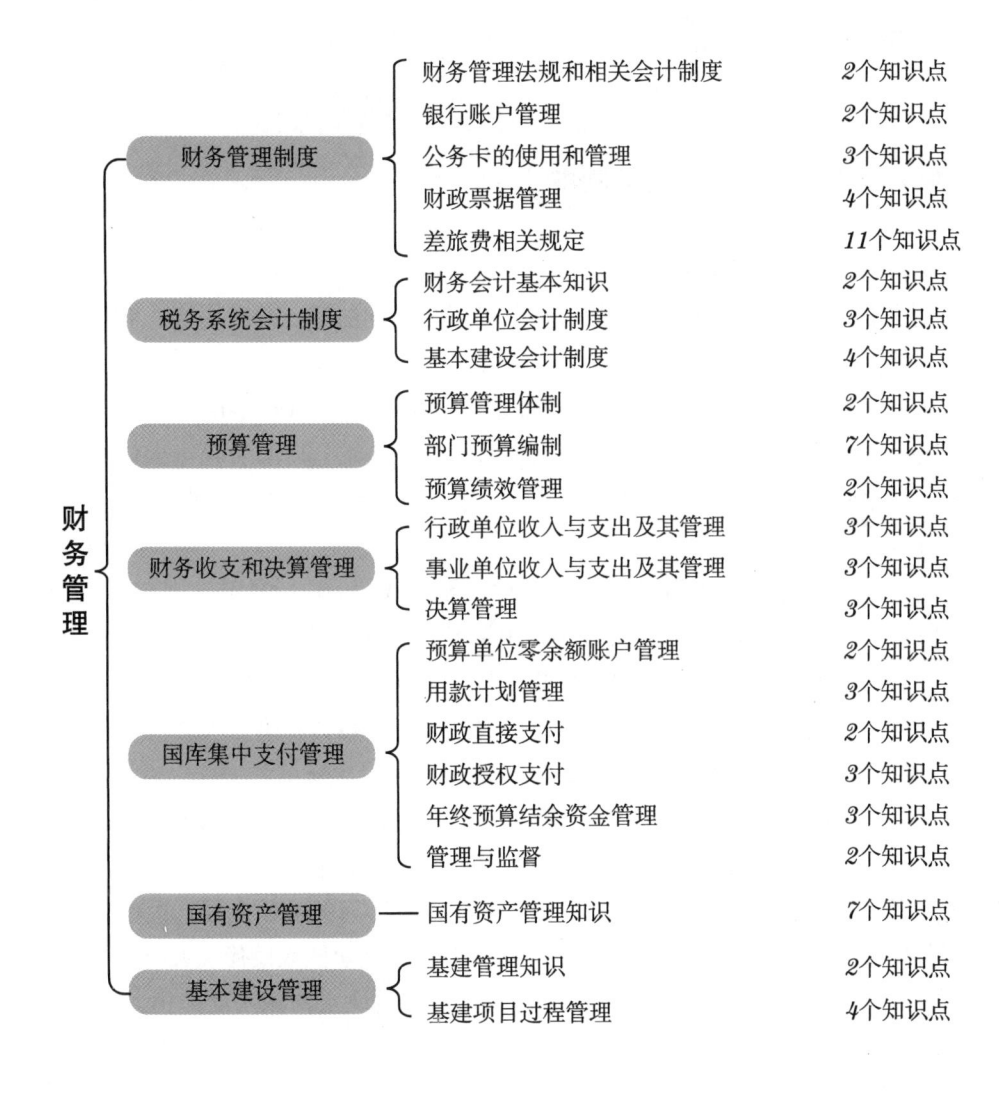

```
财务管理
├─ 财务管理制度
│   ├─ 财务管理法规和相关会计制度    2个知识点
│   ├─ 银行账户管理              2个知识点
│   ├─ 公务卡的使用和管理          3个知识点
│   ├─ 财政票据管理              4个知识点
│   └─ 差旅费相关规定             11个知识点
├─ 税务系统会计制度
│   ├─ 财务会计基本知识            2个知识点
│   ├─ 行政单位会计制度            3个知识点
│   └─ 基本建设会计制度            4个知识点
├─ 预算管理
│   ├─ 预算管理体制               2个知识点
│   ├─ 部门预算编制               7个知识点
│   └─ 预算绩效管理               2个知识点
├─ 财务收支和决算管理
│   ├─ 行政单位收入与支出及其管理    3个知识点
│   ├─ 事业单位收入与支出及其管理    3个知识点
│   └─ 决算管理                  3个知识点
├─ 国库集中支付管理
│   ├─ 预算单位零余额账户管理       2个知识点
│   ├─ 用款计划管理               3个知识点
│   ├─ 财政直接支付               2个知识点
│   ├─ 财政授权支付               3个知识点
│   ├─ 年终预算结余资金管理         3个知识点
│   └─ 管理与监督                 2个知识点
├─ 国有资产管理 ── 国有资产管理知识    7个知识点
└─ 基本建设管理
    ├─ 基建管理知识               2个知识点
    └─ 基建项目过程管理            4个知识点
```

## 第一节 财务管理制度

### 一、财务管理法规和相关会计制度

**【知识点1】财务管理法规**

1. 财务管理的法律法规体系包括与财务管理相关的法律、行政法规、部门规章和规范性文件。

2. 《中华人民共和国会计法》（以下简称《会计法》）于1985年1月21日第六届全国人民代表大会常务委员会第九次会议通过。2024年6月28日，第十四届全国人民代表大会常务委员会第十次会议表决通过了关于修改会计法的决定，自2024年7月1日起施行。

3. 《中华人民共和国预算法》（以下简称《预算法》）于1994年3月22日第八届全国人民代表大会第二次会议通过，根据2014年8月31日第十二届全国人民代表大会常务委员会第十次会议《关于修改〈中华人民共和国预算法〉的决定》第一次修正，根据2018年12月29日第十三届全国人民代表大会常务委员会第七次会议《关于修改〈中华人民共和国产品质量法〉等五部法律的决定》第二次修正。

4. 《中华人民共和国审计法》（以下简称《审计法》）是为了加强国家的审计监督，维护国家财政经济秩序，提高财政资金使用效益，促进廉政建设，保障国民经济和社会健康发展，根据宪法制定的法律。1994年8月31日第八届全国人民代表大会常务委员会第九次会议通过，根据2006年2月28日第十届全国人民代表大会常务委员会第二十次会议《关于修改〈中华人民共和国审计法〉的决定》第一次修正，根据2021年10月23日第十三届全国人民代表大会常务委员会第三十一次会议《关于修改〈中华人民共和国审计法〉的决定》第二次修正。

5. 《中华人民共和国审计法实施条例》根据《中华人民共和国审计法》的规定制定。1997年10月21日国务院令第231号公布，2010年2月2日国务院第100次常务会议修订通过。

**【知识点2】财务管理相关会计制度**

1. 2013年12月18日，财政部《行政单位会计制度》（财库〔2013〕218号）。该制度分总则、会计信息质量要求、资产、负债、净资产、收入、支出、会计科目、财务报表、附则10章46条，自2014年1月1日起施行。

2. 根据《会计法》和《行政单位会计制度》（财库〔2013〕218号）规定，国家税务总局结合税务系统实际情况，对税务局系统经费会计制度进行了修订，于2015年1月16日印发了税务系统行政单位会计制度，自2015年1月1日起施行。

3. 为了进一步规范事业单位的会计核算，提高会计信息质量，根据《会计法》《事业单位会计准则》和《事业单位财务规则》，财政部对《事业单位会计制度》（财预字〔1997〕288号）进行了修订，自2013年1月1日起施行。

4. 根据财政部的《事业单位会计制度》，国家税务总局结合税务系统的实际情况，于2015年5月19日印发了税务系统事业单位会计制度，自2015年1月1日起施行。

5. 2018年国税地税征管体制改革后，国家税务总局又印发了《税务系统会计制度（试行）》（税总发〔2018〕191号）等一系列会计制度。

## 二、银行账户管理

**【知识点1】银行账户的种类及其设立**

1. 税务系统依据财政部印发的《中央预算单位银行账户管理暂行办法》和财政部、中国人民银行印发的《〈中央预算单位银行账户管理暂行办法〉补充规定》的相关要求对银行账户进行管理。

2. 税务系统各行政单位应在国有银行、国家控股银行或经财政部门批准允许开户的商业银行开设银行账户。

3. 税务系统各行政单位只能开设一个基本存款账户。该账户用于办理本单位其他收入及往来款的日常转账结算和现金收付等业务。

4. 预算单位零余额账户是财政部在商业银行为每个预算单位开设的，用于记录、核算和反映实行财政授权支付的资金活动，以及与国库单一账户进行清算的账户。

5. 一个单位只能开设一个零余额账户。需要单独核算的资金，如基建资金等，在单位零余额账户中分账核算。

6. 住房公积金账户的开设。税务系统各行政单位根据住房公积金管理的要求，开设住房公积金账户，用于个人公积金的缴纳归集。

7. 其他账户的开设。

（1）税务系统各行政单位根据住房管理制度改革的有关规定，可分别开设一个售房收入、住房维修基金及其利息、购房补贴专用存款账户，用于核算职工按住房制度改革政策规定交纳的购房款等资金。

（2）税务系统各行政单位按有关规定，可根据需要分别开设一个党费、工会经费专用存款账户。

**【知识点2】税务系统单位账户的使用和管理**

1. 非零余额银行账户的开立、变更与撤销。

2. 预算单位开立、变更、撤销银行账户，实行财政审批、备案制度。税务系统内部按照"下管一级"的财务管理体制逐级上报、审核和备案。

3. 零余额账户管理业务流程：预算单位按规定报上一级财务部门逐级审核，由省局汇总上报税务总局，总局汇总上报财政部，财政部签发开立、变更等批复文件并反馈税务总局，各预算单位到银行办理相关手续，逐级上报预留财政印鉴，税务总局负责报财政部备案。其他银行账户管理业务流程：预算单位按规定逐级上报相关资料至省级税务局审核并签署意见，省级税务局向专员办报送省本级及所属单位银行账户开立、变更、撤销相关资料，专员办审核同意后，出具开立账户批复书，预算单位持批复书到银行办理相关业务。预算单位开立的银行账户应保持稳定。确因特殊需要变更开户银行的，应按规定办理新开户的审核、审批、原账户撤销以及备案手续，并将原账户的资金余额（包括存款利息）全部转入新开账户。

## 三 公务卡的使用和管理

**【知识点1】公务卡的日常管理**

1. 税务系统公务卡，是指各级税务机关工作人员持有的，主要用于日常公务支出和财务报销业务的信用卡（贷记卡）。公务卡既具备普通信用卡授信消费等属性，又具有财政财务管理的独特属性。

2. 公务卡应当使用中国银联标准信用卡，由预算单位统一组织本单位工作人员向发卡行申办。预算单位既可以选择本单位零余额账户开户银行作为发卡行，也可以选择本单位零余额账户开户银行以外的其他代理银行作为发卡行，但是所选择的代理银行必须是财政部授权办理财政授权支付业务的代理银行。

3. 预算单位在工作人员新增或调动、退休时，应及时组织办理公务卡的申领等手续，并通知发卡行及时维护公务卡支持系统。公务卡遗失或损毁后的补办等事项由个人自行向发卡行申请办理，个人申请补办成功后，经预算单位财务部门确认核实并及时通知发卡行维护公务卡支持系统。

4. 发卡人应按月向持卡人提供公务卡对账单，并按照与持卡人约定的方式，及时向持卡人提供公务卡账户资金变动情况和还款提示等重要信息。持卡人对公务消费交易发生疑义，可按发卡行的相关规定等提出交易查询。

## 【知识点2】公务卡强制结算目录范围

1. 公务卡主要用于预算单位公务支出的支付结算。结算范围为财政授权支付业务中原使用现金结算的公用经费支出，包括差旅费、招待费和5万元以下的零星购买支出等。

2. 所有实行公务卡制度改革的中央预算单位，都应严格执行中央预算单位公务卡强制结算目录。凡该目录规定的公务支出项目，应按规定使用公务卡结算，原则上不再使用现金结算。原使用转账方式结算的，可继续使用转账方式。

## 【知识点3】公务卡的其他注意事项

1. 原则上每张公务卡的信用额度不超过5万元、不少于2万元。

2. 持卡人使用公务卡结算的公务支出，必须取得发票等财务报销凭证，并在发卡行规定的免息还款期内，按照所在单位财务制度规定到财务部门报销。对于有事前审批要求的公务支出，持卡人应事先按要求履行相关审批手续。对于批准报销的公务卡消费支出，财务部门应当按规定时间，办理还款手续。

3. 因个人报销不及时造成的罚息、滞纳金等相关费用，由持卡人承担；因持卡人所在单位报销不及时造成的利息等费用，以及由此带来的对个人资信影响等责任，由单位承担。对因工作需要，持卡人不能在规定的免息还款期内返回单位办理报销手续的，可由持卡人或其所在单位相关人员向单位财务部门提供持卡人姓名、交易日期和每笔交易金额的明细信息，办理相关借款手续，经财务部门审核批准，于免息还款期之前，先将资金转入公务卡，持卡人返回单位后按财务部门规定的时间补办报销手续。

4. 同行办卡一般应在公务卡免息还款期到期前的3个工作日内，统一办理报销资金的还款手续；跨行办卡一般应在免息还款期到期5个工作日之前，统一办理报销资金的还款手续。对于确需提前还款的业务，预算单位可及时签发财政授权支付指令办理公务卡报销还款手续。

## 四 财政票据管理

### 【知识点1】财政票据概述

1. 自2018年1月1日起，财政部实行财政票据电子化改革，依托财政票据电子化管理系统对中央财政票据的申领、发放、使用等进行管理，启用机打票据，停用手工票据。税务系统财务部门使用的中央财政票据包括：中央非税收入统一票据（电子票和机打票）、中央行政事业单位资金往来结算票据（电子票和机打票）、公益捐赠票据（电子票和机打票）。

2. 单位职责：税务总局负责税务系统内各预算单位中央财政票据申领、发放和监督检查。省、市级税务局负责所属单位中央财政票据申领、入库、发放，按照下管一级原则对所属单位中央财政票据的使用情况进行监督检查，汇总审核并按照财政部门要求核销所属单位票据等。基层预算单位负责本单位中央财政票据申领、入库、领用、使用和保管，按要求上报待核销票据。

【知识点2】财政票据使用

1. 中央财政票据开具范围。中央非税收入统一票据的使用范围为缴款单位在取得应缴国有资产有偿使用收入时，开具给付款单位或个人，其他情况不得使用。中央行政事业单位资金往来结算票据适用范围由财政部制定，主要用于行政事业单位取得非国库集中支付来源的财政性资金，以及暂收、代收和单位内部资金往来结算等经济活动。各预算单位必须严格按照规定的适用范围开具中央财政票据，不得超范围使用。

2. 中央财政票据开具流程。省、市级税务局票据管理岗向所属单位发放中央财政票据。基层预算单位票据经办岗在财政票据电子化管理系统中完成中央财政票据入库操作。在基础信息模块中设置开票点，每个预算单位只能设置一个开票点，并为开票点设置用户、可用项目和可用票据，已入库的票据信息自动匹配至开票点。经办岗开票时，根据实际情况录入缴款人、缴款人类型、收款方式、缴款单位代码等开票信息，选择票据种类、收费项目，填写金额、数量等相关信息，生成电子票据，并打印纸质票据。

【知识点3】财政票据保管

1. 中央财政机打票据：按规定由专人专柜负责保管，建立台账，票据保管人员发生变更时，应办理票据、台账等移交手续后，方可办理工作变动相关手续。如发生中央财政票据遗失，应及时在中央级报刊刊登遗失声明，并按规定留存。

2. 中央财政电子票据在财政票据电子化管理系统数据库服务器中可靠存储。

3. 财政安全认证设备（U盾）：明确安全设备管理员，建立管理台账，妥善保管和规范使用安全认证设备。根据业务需求借用安全认证设备，应严格办理审批和借用手续。设备闲置期间应当放入专柜保管，一旦遗失追究相关人员责任。各级预算单位使用同一财政安全认证设备（U盾）登录财政票据电子化管理系统和非税收入管理系统，设备损坏和遗失后应当及时申请补办。

【知识点4】财政票据年度检查

根据《中央单位财政票据监督检查实施"双随机一公开"方案》（财综〔2016〕40号）要求，按照"既要保证必要的抽查覆盖面和工作力度，又要防止检查过多和增加社会负担"的随机抽查工作要求，采取定向和不定向相结合的方式抽取中央财政票据监督随机检查对象，每年开展一次，抽查比例为10%，并按规定及时公开财政票据监督检查随机抽查对象、抽查内容、检查人员、抽查方式、抽查结果，接受社会监督。对检查中发现问题的检查对象可增加抽查比例或频次。对一定时期内已被抽查过的检查对象，应避免重复抽查。

## 五 差旅费相关规定

**【知识点1】差旅费概述**

1. 为贯彻落实中央关于改进工作作风、密切联系群众的八项规定及其实施细则，推进厉行节约反对浪费制度建设，加强和规范中央和国家机关差旅费管理，根据《党政机关厉行节约反对浪费条例》，制定了《中央和国家机关差旅费管理办法》（财行〔2013〕531号）。

2. 差旅费，是指工作人员临时到常驻地以外地区公务出差所发生的城市间交通费、住宿费、伙食补助费和市内交通费。财政部按照分地区、分级别、分项目的原则制定差旅费标准，并根据经济社会发展水平、市场价格及消费水平变动情况适时调整。

**【知识点2】乘坐交通工具的等级及交通费标准**

1. 出差人员应当按规定等级乘坐交通工具。未按规定等级乘坐交通工具的，超支部分由个人自理。城市间交通费是指工作人员因公到常驻地以外地区出差乘坐火车、轮船、飞机等交通工具所发生的费用。市内交通费按出差自然（日历）天数计算，每人每天80元包干使用。

2. 乘坐飞机的，民航发展基金、燃油附加费可以凭据报销。乘坐飞机、火车、轮船等交通工具的，每人次可以购买交通意外保险一份。所在单位统一购买交通意外保险的，不再重复购买。

**【知识点3】住宿费及伙食补助费标准**

1. 住宿费，是指工作人员因公出差期间入住宾馆（包括饭店、招待所）发生的房租费用。部级及相当职务人员住普通套间，司局级及以下人员住单间或标准间。

2. 财政部分地区制定住宿费限额标准，出差人员应当在职务级别对应的住宿费标准限额内选择安全、经济、便捷的宾馆住宿。财政部分地区制定伙食补助费标准，伙食补助费按出差自然（日历）天数计算，按规定标准包干使用。

3. 财政部分地区制定伙食补助费标准。各省、自治区、直辖市和计划单列市财政厅（局）负责根据当地经济社会发展水平、市场价格、消费水平等因素，参照所在市公务接待工作餐、会议用餐等标准提出伙食补助费标准报财政部，经财政部统筹研究提出意见反馈地方审核确认后，由财政部统一发布作为中央单位工作人员到相关地区出差的伙食补助费标准。

4. 出差人员应当自行用餐。凡由接待单位统一安排用餐的，应当向接待单位交纳伙食费。

**【知识点4】差旅费的报销管理**

1. 出差人员应当严格按规定开支差旅费，费用由所在单位承担，不得向下级单位、企业或其他单位转嫁。

2. 城市间交通费按乘坐交通工具的等级凭据报销，订票费、经批准发生的签转或退票费、交通意外保险费凭据报销。

3. 住宿费在标准限额之内凭发票据实报销。伙食补助费按出差目的地的标准报销，在途期间的伙食补助费按当天最后到达目的地的标准报销。市内交通费按规定标准报销。未按规定开支差旅费的，超支部分由个人自理。

4. 工作人员出差结束后应当及时办理报销手续。差旅费报销时应当提供出差审批单、机票、车票、住宿费发票等凭证。住宿费、机票支出等按规定用公务卡结算。

5. 财务部门应当严格按规定审核差旅费开支，对未经批准出差以及超范围、超标准开支的费用不予报销。实际发生住宿而无住宿费发票的，不得报销住宿费以及城市交通费、伙食补助费和市内交通费。

**【知识点5】公务接待费概述**

1. 为了规范全国税务机关国内公务接待管理，厉行勤俭节约，反对铺张浪费，加强党风廉政建设，根据《党政机关国内公务接待管理规定》，制定《税务机关国内公务接待管理办法》（税总发〔2014〕4号）。

2. 公务接待的主要规定：各级税务机关执行中央国家机关国内公务接待标准。公务接待费用应当全部纳入预算管理，单独列示。禁止在公务接待费中列支应当由接待对象承担的差旅、会议、培训等费用；禁止以举办会议、培训为名列支、转移、隐匿接待费开支；禁止向下级单位及其他单位、企业、个人转嫁公务接待费用；禁止在非税收入中坐支接待费用；禁止借公务接待名义列支其他支出。接待住宿应当按照差旅费管理有关规定，执行接待对象在当地的差旅住宿费标准。

3. 公务接待费报销管理：公务接待费报销凭证应当包括财务票据、派出单位公函和接待清单。公务活动结束后，接待单位应当如实填写接待清单，并由相关负责人审签。接待清单包括接待对象的单位、姓名、职务和公务活动项目、时间、场所、费用等内容。接待住宿应当严格执行差旅、会议管理的有关规定，在定点饭店或者机关内部接待场所安排，执行协议价格。出差人员住宿费应当回本单位凭据报销，与会人员住宿费按会议费管理有关规定执行。

4. 公务接待费资金支付应当严格按照国库集中支付制度和公务卡管理有关规定执行。具备条件的地方应当采用银行转账或者公务卡方式结算，不得以现金方式支付。

5. 公务接待的监督：各级税务机关财务管理部门应当对本机关国内公务接待经费开支和使用情况进行监督。督察内审部门应当对本机关国内公务接待经费进行审计，并加强对机关内部接待场所的审计监督。各级税务机关应当按年度组织公开本机关国内公务接待制度规定、标准、经费支出、接待场所、接待项目等有关情况，接受社会监督。

**【知识点6】会议费管理概述**

1. 为进一步加强和规范税务系统会议费管理，根据《财政部 国家机关事务管理局 中共中央直属机关事务管理局关于印发〈中央和国家机关会议费管理办法〉的通知》（财预〔2016〕214号）的要求，税务总局制定了税务系统会议费管理办法。

2. 会议费开支范围：将会议费支出全部纳入部门预算管理，按照部门预算编制要求，在预算报表中单独列示，如实填报。严格控制会议费预算规模，强化预算执行刚性，会议费预算应细化到具体会议项目，执行中不得突破，坚决杜绝无预算支出和超预算支出会议费。

3. 会议费开支范围包括会议住宿费、伙食费、会议场地租金、交通费、文件印刷费、医药费等。交通费是指用于会议代表接送站，以及会议统一组织的代表考察、调研等发生的交通支出。会议代表参加会议发生的城市间交通费，按照差旅费管理办法的规定，回本单位报销。

**【知识点7】会议费开支标准**

1. 会议费开支实行综合定额控制，各项费用之间可以调剂使用。会议费综合定额标准见表5–1。

表5–1　　　　　　　　　　会议费综合定额标准　　　　　　　　　单位：元/人天

| 会议类别 | 住宿费 | 伙食费 | 其他费用 | 合计 |
| --- | --- | --- | --- | --- |
| 二类会议 | 400 | 150 | 100 | 650 |
| 三、四类会议 | 340 | 130 | 80 | 550 |

综合定额标准是会议费开支的上限，各单位应在综合定额标准以内结算报销。

2. 二、三、四类会议费原则上在部门预算公用经费中列支。会议费由会议召开单位承担，不得向参会人员收取，不得以任何方式向下属机构、企事业单位、地方转嫁或摊派。会议结束后应当及时办理报销手续。会议费报销时应当提供会议审批文件、会议通知及实际参会人员签到表、定点会议场所等会议服务单位提供的费用原始明细单据、电子结算单等凭证。

3. 财务部门严格按规定审核会议费开支，对未列入年度会议计划，以及超范围、超标准开支的经费不予报销。

4. 会议费支付应当严格按照国库集中支付制度和公务卡管理制度的有关规定执行，以银行转账或公务卡方式结算，禁止以现金方式结算。具备条件的，应由单位财务部门直接结算。

【知识点8】会议费其他注意事项

1. 严禁借会议名义组织会餐或安排宴请；严禁套取会议费设立"小金库"；严禁在会议费中列支公务接待费。

2. 严格执行会议用房标准，不得安排高档套房；会议用餐严格控制菜品种类、数量和分量，一般安排自助餐；严禁提供高档菜肴，不安排宴请，不上烟酒；会议会场一律不摆花草，不制作背景板，不提供水果。

3. 不得使用会议费购置电脑、复印机、打印机、传真机等固定资产以及开支与本次会议无关的其他费用；不得组织会议代表旅游和进行与会议无关的参观；严禁组织高消费娱乐、健身活动；严禁以任何名义发放纪念品；不得额外配发洗漱用品。

【知识点9】培训费管理概述

1. 为贯彻落实《中央和国家机关培训费管理办法》（财行〔2016〕540号），切实加强税务系统干部教育培训管理，修订税务系统培训费管理办法。

2. 培训，是指税务总局机关和税务系统使用财政资金，在境内举办3个月以内的各类培训。各级税务机关举办培训应当坚持厉行节约、反对浪费的原则，加强内部统一管理，增强培训计划的科学性和严肃性，增强培训项目的针对性和实效性，保证培训质量，节约培训资源，提高培训经费使用效益。

3. 培训费，是指开展培训直接发生的各项费用支出，包括师资费、住宿费、伙食费、培训场地费、培训资料费、交通费以及其他费用。师资费是指聘请师资授课发生的费用，包括授课老师讲课费、住宿费、伙食费、城市间交通费等；住宿费是指参训人员及工作人员培训期间发生的租住房间的费用；伙食费是指参训人员及工作人员培训期间发生的用餐费用；培训场地费是指用于培训的会议室或教室租金；培训资料费是指培训期间必要的资料及办公用品费；交通费是指用于培训所需的人员接送以及与培训有关的考察、调研等发生的交通支出;其他费用是指现场教学费、设备租赁费、文体活动费、医药费等与培训有关的其他支出。

4. 参训人员参加培训往返及异地教学发生的城市间交通费,按照中央和国家机关差旅费有关规定回单位报销。

5. 除师资费外,培训费实行分类综合定额标准,分项核定、总额控制,各项费用之间可以调剂使用。培训费综合定额标准见表5-2。

表5-2　　　　　　　　　　培训费综合定额标准　　　　　　　　　　单位:元/人天

| 培训类别 | 住宿费 | 伙食费 | 场地、资料、交通费 | 其他费用 | 合计 |
| --- | --- | --- | --- | --- | --- |
| 二类培训 | 400 | 150 | 70 | 30 | 650 |
| 三类培训 | 340 | 130 | 50 | 30 | 550 |

二类培训,是指参训人员主要为司局级人员的培训项目。

三类培训,是指参训人员主要为处级及以下人员的培训项目。

以其他人员为主的培训项目参照上述标准分类执行。

6. 综合定额标准是培训费相关费用开支的上限。各单位应结合地区和部门实际,在综合定额标准以内结算报销。30天以内的培训按照综合定额标准控制;超过30天的培训,超过天数按照综合定额标准的70%控制。上述天数含报到撤离时间,报到和撤离时间分别不得超过1天。

7. 师资费在综合定额标准外单独核算。

8. 讲课费(税后)执行以下标准:副高级技术职称专业人员每学时最高不超过500元;正高级技术职称专业人员每学时最高不超过1000元;院士、全国知名专家每学时一般不超过1500元。讲课费按实际发生的学时计算,每半天最多按4学时计算。其他人员讲课费参照上述标准执行。同时,为多班次一并授课的,不重复计算讲课费。

9. 授课老师的城市间交通费按照差旅费有关规定和标准执行,住宿费、伙食费按照上述标准执行,原则上由培训举办单位承担。培训工作确有需要从异地(含境外)邀请授课老师,路途时间较长的,经单位主要负责同志书面批准,讲课费可以适当增加。

【知识点10】培训费的报销管理

1. 报销培训费,综合定额范围内的,应当提供培训计划审批文件、培训通知、实际参训人员签到表以及培训机构出具的收款票据、费用明细等凭证;师资费范围内的,应当提供讲课费签收单或合同,异地授课的城市间交通费、住宿费、伙食费按照差旅费报销办法提供相关凭据；执行中经单位主要负责同志批准临时增加的培训项目，还应提供单位主要负责同志审批材料。

2. 各单位财务部门应当严格按照规定审核培训费开支，对未履行审批备案程序的培训，以及超范围、超标准开支的费用不予报销。培训费的资金支付应当执行国库集中支付和公务卡管理有关制度规定。培训费由培训举办单位承担，不得向参训人员收取任何费用。

3. 严禁借培训名义安排公款旅游；严禁借培训名义组织会餐或安排宴请；严禁组织高消费娱乐健身活动；严禁使用培训费购置电脑、复印机、打印机、传真机等固定资产以及开支与培训无关的其他费用；严禁在培训费中列支公务接待费、会议费；严禁套取培训费设立"小金库"。

4. 培训住宿不得安排高档套房，不得额外配发洗漱用品；培训用餐不得上高档菜肴，不得提供烟酒；除必要的现场教学外，7日以内的培训不得组织调研、考察、参观。

【知识点11】公务接待管理

1. 国内公务，是指出席会议、考察调研、执行任务、学习交流、检查指导、请示汇报工作等公务活动。

2. 国内公务接待应当坚持有利公务、务实节俭、严格标准、简化礼仪、高效透明、尊重少数民族风俗习惯的原则。

3. 各级税务机关公务接待保障应严格规范执行税务机关国内公务接待制度。公务外出确需接待的，派出单位应当向接待单位发出公函，告知内容、行程和人员。收到对应公函的各级税务机关所属单位为接待单位。机关事务管理部门为机关公务接待保障单位。无公函的公务活动和来访人员一律不予接待。

4. 不得在机场、车站、码头和辖区边界组织迎送活动，不得跨地区迎送，不得张贴悬挂标语横幅，不得安排群众迎送，不得铺设迎宾地毯；地区、部门主要负责人不得参加迎送。严格控制陪同人数，不得层层多人陪同。接待单位安排的活动场所、活动项目和活动方式，应当有利于公务活动的开展。安排外出考察调研的，应当深入基层、深入群众，不得走过场、搞形式主义。

5. 公务接待实行审批制度。接待单位一般应填报各级税务机关公务接待审批单，履行审批手续后，凭审批单通知机关事务管理部门具体统筹安排。

6. 接待住宿应当严格执行差旅、会议管理的有关规定，在定点饭店或者机关内部接待场所安排，执行协议价格。出差人员住宿费应当回本单位凭据报销，与会人员住宿费按会议费管理有关规定执行。

7. 接待对象应当按照规定标准自行用餐。确因工作需要，接待单位可以安排工作餐一次，并严格控制陪餐人数。接待对象在 10 人以内的，陪餐人数不得超过 3 人；接待对象超过 10 人的，陪餐人数不得超过接待对象人数的1/3。工作餐应当安排家常菜，不得安排鱼翅、燕窝等高档菜肴和用野生保护动物制作的菜肴，不得提供香烟和高档酒水，不得到私人会所、高消费餐饮场所用餐。

8. 会议实行定点管理。会议应当在四星级以下（含四星）定点饭店召开，按照协议价格结算费用。未纳入定点范围，价格低于会议综合定额标准的单位内部会议室、礼堂、宾馆、招待所、培训中心、税务干部学校，可优先作为会议场所。不得到党中央、国务院明令禁止的风景名胜区召开会议。无外地代表且会议规模能够在单位内部会议室安排的会议，原则上在单位内部会议室召开，不安排住宿。

9. 严禁借会议名义组织会餐或安排宴请；严禁套取会议费设立"小金库"；严禁在会议费中列支公务接待费；严格执行会议用房标准，不得安排高档套房；会议用餐严格控制菜品种类、数量和分量，一般安排自助餐。严禁提供高档菜肴，不安排宴请，不上烟酒；会议会场一律不摆花草，不制作背景板，不提供水果。

10. 不得使用会议费购置电脑、复印机、打印机、传真机等固定资产以及开支与本次会议无关的其他费用；不得组织会议代表旅游和进行与会议无关的参观；严禁组织高消费娱乐、健身活动；严禁以任何名义发放纪念品；不得额外配发洗漱用品。

## >> 第二节
## 税务系统会计制度

### 一 财务会计基本知识

**【知识点 1】税务系统会计核算主体和特点**

1. 根据机构编制和经费领报关系，税务系统的会计核算主体分为主管会计单位、二级会计单位和基层会计单位。

2. 向财政部领报经费，并发生预算管理关系的，为主管会计单位。例如，国家税务总局。

3. 向主管会计单位或上一级会计单位领报经费，并发生预算管理关系，有下一级会计单位的，为二级会计单位。例如，省、自治区、直辖市和计划单列市税务局、地（市、州）税务局。

4. 向上一级会计单位领报经费，并发生预算管理关系，没有下级会计单位的，为基层会计单位。例如，县、市、区级税务局。

5. 没有下级会计单位的省级税务局及地、市级税务局也属于基层会计单位。

6. 主管会计单位、二级会计单位和基层会计单位均实行独立会计核算，负责组织管理本部门、本单位的全部会计工作。不具备独立核算条件的单位，如县、市、区级税务局下属的税务分局、税务所，实行单据报账制度，作为报账制单位管理。

7. 税务系统会计核算的特点：

（1）税务系统会计核算对象主要是预算资金的取得、使用和结果。税务系统收支核算必须服从预算管理的要求。

（2）税务系统会计核算基础是收付实现制，特殊经济业务和事项应当按规定采用权责发生制核算。

（3）税务系统不进行成本核算，对各项支出的发生情况要进行严格的考核和监督，保证国家预算资金的安全。

（4）税务系统资金运动是单向的，以拨款方式从财政部门取得经费来源，不需要偿还；办理公务过程中发生的资金支出，不求资金回报，呈单向运动状态。

8. 税务系统会计核算的要求：

（1）税务系统各级单位的各项资金和财产，均应纳入本级单位进行会计核算，严禁单位和单位内部各职能部门私设小金库，账外设账。

（2）应当划分会计期间，分期结算账目和编制会计报表。会计期间分为年度、季度和月份。

（3）以人民币为记账本位币。发生外币收支的，应当按照中国人民银行公布的当日人民币外汇汇率折算为人民币核算。

（4）采用借贷记账法。会计记录应当使用中文，少数民族地区可以同时使用本民族文字。

【知识点2】税务系统会计要素

1. 会计对象是会计所要核算和监督的内容。会计要素也称会计报表要素，它是会计反映和核算的具体内容。税务系统行政单位的会计要素有五个，包括资产、负债、净资产、收入和支出。

2. 资产，是指行政单位占有或者使用的，能以货币计量的经济资源。行政单位的资产包括流动资产、固定资产、在建工程、无形资产等。其中：流动资产，是指可以在1年以内（含1年）变现或者耗用的资产，包括库存现金、银行存款、零余额账户用款额度、财政应返还额度、应收及预付款项、存货等；固定资产，是指使用期限超过1年（不含1年），单位价值在规定标准以上，并且在使用过程中基本保持原有物质形态的资产；在建工程，是指行政单位已经发生必要支出，但尚未交付使用的建设工程；无形资产，是指不具有实物形态而能够为使用者提供某种权利的非货币性资产。

3. 负债，是指行政单位所承担的能以货币计量，需要以资产等偿还的债务。行政单位的负债按照流动性，可分为流动负债和非流动负债。流动负债，是指预计在1年内（含1年）偿还的负债。行政单位的流动负债包括应缴财政款、应缴税费、应付职工薪酬、应付及暂存款项等。非流动负债，是指流动负债以外的负债，行政单位的非流动负债主要是长期应付款，即行政单位发生的偿还期限超过1年（不含1年）的应付款项。

4. 净资产，是指行政单位资产扣除负债后的余额，主要是财政拨款结转和财政拨款结余、其他资金结转结余资产基金和待偿债资产等。

5. 收入，是指行政单位依法取得的非偿还性资金，包括财政拨款收入和其他收入。行政单位的收入一般应当在收到款项时予以确认，并按照实际收到的金额进行计量。

6. 支出，是指行政单位为保障机构正常运转和完成工作任务所发生的资金耗费和损失，包括经费支出和拨出经费。行政单位的支出一般应当在支付款项时予以确认，并按照实际支付金额进行计量。采用权责发生制确认的支出，应当在其发生时予以确认，并按照实际发生额进行计量。

## 二 行政单位会计制度

**【知识点1】行政单位会计制度概述**

1. 行政单位会计制度的适用范围是各级各类国家机关、政党组织。税务系统各级税务机关经费会计核算适用行政单位会计制度。

2. 行政单位会计核算目标是向会计信息使用者提供与行政单位财务状况、预算执行情况等有关的会计信息，反映行政单位受托责任的履行情况。行政单位会计信息使用者包括人民代表大会、政府及其有关部门、行政单位自身和其他会计信息使用者。

3. 行政单位应当对其自身发生的经济业务或者事项进行会计核算，不属于行政单位自身发生的经济业务不需要进行核算。行政单位会计核算应当以行政单位各项业务活动持续正常进行为前提。

4. 行政单位应当划分会计期间，分期结算账目和编制财务报表。会计期间至少分为年度和月度。会计年度、月度等会计期间的起讫日期采用公历日期。

5. 行政单位会计核算应当以人民币作为记账本位币。发生外币业务时，应当将有关外币金额折算为人民币金额计量。行政单位应当采用借贷记账法记账。行政单位会计核算一般采用收付实现制核算收入和支出，特殊经济业务和事项应当按规定采用权责发生制核算。

**【知识点2】行政单位会计信息的质量要求**

1. 可靠性。行政单位应当以实际发生的经济业务或者事项为依据进行会计核算，如实反映各项会计要素的情况和结果，保证会计信息真实可靠。

2. 相关性。行政单位提供的会计信息应当与行政单位受托责任履行情况的反映、会计信息使用者的管理、监督和决策需要相关，有助于会计信息使用者对行政单位过去、现在或者未来的情况作出评价或者预测。

3. 全面性。行政单位应当将发生的各项经济业务或者事项全部纳入会计核算，确保会计信息能够全面反映行政单位的财务状况和预算执行情况等。

4. 及时性。行政单位对于已经发生的经济业务或者事项，应当及时进行会计核算，不得提前或者延后。

5. 可比性。同一行政单位不同时期发生的相同或者相似的经济业务或者事项，应当采用一致的会计政策，不得随意变更。确需变更的，应当将变更的内容、理由和对单位财务状况、预算执行情况的影响在附注中予以说明。不同行政单位发生的相同或者相似的经济业务或者事项，应当采用统一的会计政策，确保不同行政单位会计信息口径一致、相互可比。

6. 可理解性。行政单位提供的会计信息应当清晰明了，便于会计信息使用者理解和使用。

**【知识点3】行政单位财务报表**

1. 财务报表是反映行政单位财务状况和预算执行结果等的书面文件，由会计报表及其附注构成。

2. 会计报表包括资产负债表、收入支出表、财政拨款收入支出表等。税务系统行政单位会计报表包括资产负债表、收入明细表、支出明细表、经费支出与来源对应表等。

3. 资产负债表是反映行政单位在某一特定日期财务状况的报表。资产负债表应当按照资产、负债和净资产分类、分项列示。

4. 收入支出表是反映行政单位在某一会计期间全部预算收支执行结果的报表。收入支出表应当按照收入、支出的构成和结转结余情况分类、分项列示。

5. 财政拨款收入支出表是反映行政单位在某一会计期间财政拨款收入、支出、结转及结余情况的报表。

6. 附注，是指对在会计报表中列示项目的文字描述或明细资料，以及对未能在会计报表中列示项目的说明等。

## 三 基本建设会计制度

**【知识点1】税务系统基本建设会计制度概述**

1. 基本建设项目，是指新建、改建、扩建、购建的综合业务用房、培训中心及其旧楼装修项目，与其他部门合建的项目，还包括当年虽未安排基本建设投资，但有维护费拨款、基本建设结余资金和在建工程的停、缓建工程项目。

2. 建设单位应根据基本建设项目的大小，设立内部基建管理机构或基建班子，配备会计人员，设置基建会计账簿，对基本建设项目单独进行会计核算。内部基建管理机构的财务工作受单位财务部门的领导。

**【知识点2】建设单位的资金**

1. 基本建设拨款，是指建设单位使用后不需要偿还给原拨款单位的基本建设资金，基本建设拨款是税务系统建设单位的主要基建资金来源。

2. 结算中形成的应付款，是指建设单位在进行基本业务活动中，与有关部门、施工企业发生的结算业务而获得的临时性资金来源。即各种应付和应交款，如应付器材款、应付工程款、应付有偿调入器材及工程款、其他应付款、应交税费和其他应交款等。

3. 资金占用，是指资金的分布、使用和存在形态。建设单位的资金占用按照其分布状况和存在形态的不同，主要分为八类：①货币资金，指存在于货币形态的资金，如现金、银行存款等。②储备资金，指为了保证基本建设的正常进行，运用在各种储备物资上的资金，如库存材料，库存需要安装设备等。③结算资金，指占用在结算过程中的各种资金，如预付备料款、预付工程款、应收有偿调出器材及工程款和其他应收款等。④在建资金，指占用在已构成投资完成额但尚未建成交付使用的未完工程上的各种资金，如尚未建成交付使用的建筑安装工程、尚未交付使用的不需要安装设备和尚未安装完毕的需要安装设备、尚未完成交付验收的其他投资和尚未分摊的待摊投资等。⑤建成资金，指占用在已经办理验收交接手续，交付给使用单位的各项资产上的资金，如交付使用资产中的固定资产、流动资产和无形资产等。⑥转出资金，指非经营性项目为项目配套而建成的产权不归属本单位的专用设施所占用的资金，如专用道路、专用通信设施、送变电站、地下管道等。⑦待核销资金，指非经营性项目发生的不能形成资产部分所占用的资金，如水土保持、城市绿化、项目报废等。⑧固定资产，指建设单位各种自用的资产，如房屋、建筑物等。

【知识点3】基建会计科目

1. 与建设单位的资金相对应，基本建设会计制度的会计科目分为资金占用类科目和资金来源类科目两大类。

2. 资金占用类科目主要有：建筑安装工程投资、设备投资、待摊投资、其他投资、交付使用资产、固定资产、累计折旧、固定资产清理、器材采购、库存设备、库存材料、银行存款、现金、零余额账户用款额度、财政应返还额度、预付备料款、预付工程款、应收有偿调出器材及工程款、其他应收款和待处理财产损失等。

3. 资金来源类科目主要有：基建拨款、交回财政资金、应付器材款、应付工程款、应付有偿调入器材及工程款、其他应付款、应交税费和其他应交款等。

4. 行政单位须按照规定在单独设置账套核算基本建设投资的同时，将基建账套相关数据并入单位行政账套核算。

【知识点4】基建会计报表

1. 基建会计报表即建设单位会计报表，建设单位会计报表是以货币为统一计量单位，以日常会计核算资料为依据，定期地综合反映建设单位在特定日期的财务状况和一定时期内的建设成果的报告性文件。

2. 基建会计报表主要有资金平衡表、基建投资表和待摊投资明细表。

3. 资金平衡表反映建设单位月份或年度终了时全部资金来源和资金占用情况。编制本表是为了综合反映建设单位各种资金来源和资金占用的增减变动情况及其相互对应关系；检查资金构成是否合理；考核、分析基本建设资金的使用效果。

4. 基建投资表反映建设项目自开始建设到本年年末止累计拨入基建资金以及这些资金的使用情况。本表应根据建设项目概算、基建会计核算的有关总账及明细账等资料填列。

5. 待摊投资明细表反映建设单位发生的构成基本建设投资完成额并按规定分摊计入交付使用资产价值的各项费用支出的明细情况。编制本表是为了检查建设单位概（预）算和基建财务制度的执行情况。

## 第三节 预算管理

### 一、预算管理体制

**【知识点 1】税务预算管理体制**

1. 预算单位是部门预算管理和部门预决算编制工作的执行主体。税务系统预算单位是指具有法人资格、与中央财政部门有缴拨款关系，且独立核算的行政、事业单位。税务系统的预算单位全部属于中央预算单位。税务系统预算单位管理工作包括预算单位的设立、变更、撤销。税务系统预算单位，因与地方财政部门发生缴拨款关系，可依据地方财政部门预算单位管理的有关规定纳入地方预算单位管理。

2. 按照财政部门预算改革的有关要求，税务系统按照稳步推行、突出重点、分项实施的原则，积极推行部门预算改革，实行基本支出定员定额改革试点、"收支两条线"、政府采购、国库集中支付、政府收支分类等改革。

3. 税务总局，省级、市级税务局按照税务总局工作要求，审核、汇总预算编制年度所属单位设立、变更、撤销预算单位的相关资料，向上级单位提出申请，并逐级汇总上报财政部审核确定。

4. 基层预算单位财务部门负责收集设立、变更、撤销预算单位所需的相关资料，行文向上级主管部门申请；人事部门负责提供设立、变更、撤销预算单位批复文件等资料；办公室（或承担相应职责的部门）负责提供预算单位统一社会信用代码证等资料。

**【知识点 2】预算管理规范**

1. 每年 3 月 31 日之前，省级税务局应结合本省自上年度 4 月 1 日起至本年度 3 月 31 日止单位调整情况，向税务总局提出申请，调整本省税务系统下年度预算单位或修改现有预算单位相关信息。市级税务局及基层预算单位逐级汇总上报省级税务局，时间由省级税务局自行决定。

2. 新增的预算单位下一年度纳入预算单位管理；撤销的预算单位下一年度不再作为预算单位管理。

3. 预算单位发生设立、变更、撤销等情况时，下级单位以正式文件将此三种情况一并报送上级单位。

4. 预算单位设立后，根据相关规定设立财政零余额账户。非预算单位除经财政部批准不得开设财政零余额账户。

5. 预算单位撤销后，按照有关规定完成机构撤并、划转相关程序后，应尽早撤销财政零余额账户及其他银行账户。

6. 预算单位设立的条件。

（1）行政单位中，经税务总局批准成立的各级全职能税务局可申请作为预算单位，内设机构不得申请作为预算单位。

（2）事业单位中，经税务总局批准成立的税务干部学校可申请作为预算单位，各级税务局内设的纳税服务中心（税收宣传中心）、信息中心、服务中心、税收科学研究所、税务学会等机构、团体原则上不得申请作为预算单位。

（3）派出机构中，省级税务局派出机构与省级税务局机关异址办公且距离较远的结合本单位实际情况可申请作为预算单位，在同址办公的派出机构不得申请作为预算单位。

省会城市税务局的派出机构与省会城市税务局机关异址办公且距离较远的结合本单位实际情况可申请作为预算单位，在同址办公的派出机构不得申请作为预算单位。

市级税务局的派出机构与市级税务局机关异址办公且距离较远的，实有在职人员100人以上的单位结合本单位实际情况可申请设为预算单位，在同址办公的派出机构不得申请作为预算单位。

县级税务局的派出机构不得申请作为预算单位。

各级税务局所属的培训中心、招待所原则上不得申请作为预算单位管理。

7. 预算单位的变更。

自上年度4月1日起至本年度3月31日止，因相关信息发生变化，需调整中央部门预算管理系统有关信息的预算单位，应按照上级有关要求收集整理变更信息的相关资料逐级汇总上报省级税务局，省级税务局在每年3月31日前向税务总局提出申请。税务总局按照规定将税务系统预算单位变更情况报财政部。财政部审核后，在中央部门预算管理系统中修改相关信息。

8. 预算单位撤销的条件。

（1）上级单位已批准单位撤销。

（2）拟撤销或管理方式变化单位的资产已明确划转接收预算单位。

9. 预算单位撤销的审核与审批。对拟撤销的预算单位，按照省级税务局规定的期限，市级税务局及基层预算单位收集整理相关资料逐级汇总上报省级税务局。省级税务局在每年3月31日前，将本省自上年度4月1日起至本年度3月31日止，拟撤销的预算单位汇总情况向税务总局提出拟撤销预算单位申请。税务总局汇总税务系统自上年度4月1日起至本年度3月31日止，申请撤销预算单位情况报财政部有关部门。财政部审核后，在中央部门预算管理系统中删除相关单位的信息。自下一年度起不再作为预算单位管理。撤销预算单位后，原预算单位的结转、结余资金情况表由接收预算单位负责编制和上报。

## 二、部门预算编制

**【知识点1】税务预算编制流程**

1. 税务系统预算编制是指各级预算单位依据《预算法》和财政部、地方财政部门对年度部门预算编制工作的具体要求，制定本单位自预算年度开始三年支出规划及预算年度收入、支出计划，使用财政部门统一下发的预算编制软件报送相关报表及报告的活动。预算编制应当遵守国家预算编制的原则、方法，按规定程序进行。

2. 预算编制包括"一上""一下""二上"和"二下"四个阶段。其中："一上"阶段从财政部自上而下层层下发清理结果至基层预算单位，从基层预算单位自下而上层层编制、审核并上报"一上"预算至财政部；"一下"阶段从财政部自上而下层层分解并下达"一下"控制数至基层预算单位；"二上"阶段从基层预算单位自下而上层层编制、审核并上报"二上"预算至财政部；"二下"阶段从财政部自上而下层层批复预算至基层单位。

3. "一上"阶段是指各级预算单位根据本单位事业发展需要和上级单位及财政部门的要求，使用中央部门预算管理系统上报本单位年度预算需求及三年支出规划建议数的过程。具体内容包括：编制基础信息数据库、规范津贴补贴经费测算相关数据、项目支出三年规划、新增资产配置及住房改革支出预算等，并层层审核汇总上报至财政部门。

4. "一下"阶段是指年度部门预算控制数下达的过程。税务总局，省级、市级税务局对上级下达的年度部门预算控制数、项目支出三年规划控制数，征求本单位相关部门意见，提出对所属单位分配方案，经党委会议审议通过，层层分解下达到基层预算单位。

5. "二上"阶段是指各级预算单位编报部门预算草案的过程。具体内容包括：编制三年支出规划、预算年度收入预算、基本支出预算、项目支出预算、政府性基金预算、住房改革支出预算、新增资产配置预算、政府采购支出预算及政府购买服务支出预算等，并层层审核汇总上报至财政部。地方财政预算按照地方财政部门要求编报。

6. "二下"阶段是指年度预算批复的过程。税务总局，省级、市级税务局将上级下达的年度预算批复数据，逐级批复、拆分到基层预算单位。具体内容包括：财政部批复税务系统部门预算，总局、省局、市局将上级下达的预算批复数据，逐级批复、拆分到基层预算单位。

**【知识点2】预算编制注意事项**

1. 预算编制应遵循统筹兼顾、勤俭节约、量力而行、讲求绩效和收支平衡的原则。

2. 预算编制工作应自下而上逐级编报，上级单位不得代编。

3. 预算单位各部门均应参与到预算编制工作中，并对所编制的预算负责。

4. 收入预算编制应做到合法、完整，与经济社会发展水平相适应，所有收入应全部列入预算，不得隐瞒、少列。

5. 支出预算编制应贯彻勤俭节约的原则，严控一般性支出，应当统筹兼顾，优先安排重点支出。

6. 预算编制工作需提交本级党委会议审议环节。

**【知识点3】收入预算管理**

1. 税务系统部门预算收入是各级税务局编制年度预算时，预计该年度从不同渠道取得的各类收入的总称，是税务系统行政事业单位为履行职能、完成各项工作任务的财力保障。税务系统预算收入包括中央财政收入、事业收入、事业单位经营收入、其他收入及上年结转等。

2. 税务系统在预测收入预算时，应本着科学、合理的原则，遵循来源合法合规、内容全面完整、数字真实准确的总体要求，编制收入预算。

3. 部门收入是各部门切实履行其职能的财力保证。根据部门的发展规划、行使职能的需要对年度部门收入进行测算、分析，是部门预算编制工作的重要内容。税务系统各单位在编制收入预算时，应对各项需求和资金来源进行认真测算、分析。

**【知识点4】基本支出预算管理**

1. 基本支出预算是部门支出预算的主要组成部分，是行政事业单位为保障其机构正常运转、完成日常工作任务所必需的开支，包括人员经费和日常公用经费两部分。基本支出预算的编制应遵循综合预算、优先保障和定员定额管理的原则。

2. 基本支出预算实行定员定额管理原则。单位人员编制情况、资产占有情况、定额标准是测算和编制行政事业单位基本支出预算的重要依据。基本支出定员定额管理是部门预算管理的重要组成部分，其主要内容包括：确定基本支出定员定额的项目，确定制定定员定额标准的依据，明确定员定额标准的一般程序和方法，建立定员定额标准体系，明确定员定额标准调整的情形等。

3. 人员经费分为"工资福利支出"和"对个人和家庭的补助支出"两部分，包括基本工资、津贴及奖金、社会保障缴费、离退休费、住房补贴和其他人员经费等。中央财政保障人员经费包括国家统一制定标准的工资项目，如基本工资、国家统一规定的津贴补贴、年终一次性奖金、公务员立功受奖奖金等，以及上述项目涉及的养老保险缴费、医疗保险缴费、住房公积金等单位按规定缴存的部分。中央财政保障的人员经费由税务总局负责测算。地方财政保障人员经费包括按照国家政策属地标准的工资项目，如规范津贴补贴、乡镇工作补贴、奖励性补贴、改革性补贴等，上述项目涉及的养老保险缴费、医疗保险缴费、住房公积金等单位按规定缴存部分，以及按照国家政策执行地方标准的丧葬费、遗属补助等。地方财政保障的人员经费由各省组织测算，按照地方财政保障范围和保障级次，各省级、市级税务局及基层预算单位财务部门根据当地财政部门要求，以相关部门维护的人员信息、属地标准为依据，测算工资、津补贴发放项目，以及以此为基数计提的养老保险、医疗保险、住房公积金等单位缴费所需经费。

4. 根据财政部界定的日常公用经费的开支项目、范围，结合税务系统实际，确定了21个定额项目，具体分为两类：一是与占有资源、资产有关的实物量、耗用量定额，包括水费、电费、取暖费、办公物业管理费、日常维修（护）费、公车运行维护费6项；二是按人员测算、可以进行标准化处理的，包括办公费、印刷费、邮电费、差旅费、会议费、培训费、被装购置费、劳务费、工会经费、福利费、日常办公设备购置、出国费、公务接待费、公务交通补贴、其他支出15项。

5. 中财拨款公用经费最低保障线是指县（区）级基层预算单位正常工作运转所必需的中央财政拨款公用经费。此项制度的实行，对进一步深化部门预算改革，优化预算分配结构，落实经费向征管、向基层、向中西部倾斜的分配原则起到了积极推动和保障作用。在编报下一年"一上"部门预算时填报，中财拨款公用经费最低保障线一经批复，必须严格执行。

## 【知识点5】项目预算评审

项目预算评审主要分为基本建设项目评审和其他项目评审两类。基本建设项目评审工作，依据基本建设项目管理有关要求执行。其他项目评审主要包含评审内容、评审环节、评审方式、经费保障、部门评审范围五项内容。

评审内容主要包括项目申报程序完整性、立项依据必要性、立项实施方案设计可行性、支出内容合理性四个方面。

评审环节主要分为两个阶段。预算编制阶段要按照"先评审后入库"的原则；预算执行阶段主要是财政部对申请追加项目进行评审。

评审方式的分类有两种：根据预算管理级次的不同，可采取集中评审和分级评审的方式；根据项目特点的不同，可采取委托评审和专家评审的方式。

预算评审工作必须遵照"谁委托谁付费"的原则。

部门评审范围主要是：拟纳入中央部门项目库的项目，原则上都要进行预算评审；预算执行中拟申请追加预算的项目，以及项目内容、绩效目标或支出总规模发生调整的项目，原则上也要履行部门评审程序。

【知识点6】预算执行管理

1. 预算执行管理是指对预算由计划变为现实的具体实施过程的管理。预算执行管理是预算实施的关键环节，以预算为目标，通过目标实施、反馈和调整逐步接近预算目标，最终实现预算目标。预算执行管理包括预算指标拆解和年度预算指标对账。

2. 预算指标拆解是指预算单位收到预算批复后，预算管理部门对本单位总预算中所规定的有关指标加以分解并落实到各责任部门或责任人。预算指标拆解是预算执行的基础，是预算执行过程中内部控制的一种管理形式。

3. 年度预算指标对账是指年度终了后，税务系统上下级预算单位间对预算批复及调整数据进行核对的过程。预算管理岗应对年度已批复及调整的预算按资金性质和功能分类进行汇总，并提供给其他财务管理岗。

4. 预算公开。税务系统的部门预算公开属于政府信息公开范畴，是财政预算公开的组成部分，是为了保障本单位职工、其他公民、法人和社会组织依法获取有关税务部门预算、决算信息，提高税务部门工作的透明度，促进依法理财，提高财政资金使用效率的一种政府服务行为。属于部门预算执行的监督环节。

5. 在预算执行过程中，由于国家政策变化或重大自然灾害等不可预见因素，或者由于税务局系统机构和人员发生较大调整和变化，需要调整预算，由申请调整单位向上级部门提出预算调整申请，逐级汇总上报至财政部或地方财政部门；或上级部门根据工作需要提出预算追加或调减方案。上级部门对预算调整申请或方案进行审核后，将符合调整条件的申请或方案报财政部门调整预算。预算调整申请或方案经财政部审核同意后，逐级对下批复调整预算。

6. 基本建设项目经费预算一经确定，除因政策变化因素、无法预见的临时性或特殊事项等原则上不予调整。确需调整的，由建设单位逐级提出申请，税务总局审核汇总后向财政部提出预算调整申请，财政部批复同意后方可调整。

【知识点7】财政拨款结转和结余资金管理

1. 结转结余资金是预算单位年度各项收入与支出相抵后的余额资金。结转结余资金管理包括结转结余资金划分、结转结余资金上报、结转资金盘活使用、结余资金上缴。

2. 按照资金来源不同，结转结余资金分为中央财政拨款结转结余资金和其他收入结转资金。中央财政拨款结转结余资金包括基本支出结转资金和项目支出结转结余资金。其中，基本支出结转资金包括人员经费结转资金和日常公用经费结转资金。

3. 按照形成时间不同，结转结余资金分为当年结转结余资金和累计结转结余资金。当年结转结余资金是指预算单位当年形成的财政拨款结转和结余资金；累计结转结余资金是指预算单位截至年底形成的历年累计财政拨款结转结余资金。

4. 按照国库集中收付管理制度，结转结余资金分为国库集中支付结转结余资金和非国库集中支付结转结余资金。

5. 结转结余资金可划分为结转资金和结余资金。结转资金是指预算未全部执行或未执行，下年需按原用途继续使用的预算资金。结余资金是指项目实施周期已结束、项目目标完成或项目提前终止，尚未列支的项目支出预算资金；因项目实施计划调整，不需要继续支出的预算资金；预算批复后连续两年未用完的预算资金。

6. 结转资金盘活使用是指预算单位支出结转资金的行为。结转资金支出应按照先进先出的原则进行管理。结转资金尚未消化完毕，原则上不得使用当年预算收入列支。

7. 按照国务院关于盘活存量资金的要求，要加大对盘活财政存量资金工作的跟踪监控力度，加强工作指导，发现问题及时纠正，对各单位好的经验和做法，要及时总结推广；对支出进度慢、盘活存量资金不力的单位及时进行通报或约谈，并研究建立盘活存量资金与预算安排挂钩机制。

8. 基层预算单位做好应上缴结余资金的资金准备工作，确保零余额账户中应上缴资金的额度，已申请的结余资金严禁再行支出。非国库集中支付结余资金要确保实有资金账户中应上缴资金的余额充足。

## 三、预算绩效管理

**【知识点1】预算绩效管理概述**

1. 预算绩效管理是政府绩效管理的重要组成部分，是一种以支出结果为导向的预算管理模式，是通过管理如期实现预算资金的产出和结果的过程。

2. 预算绩效管理主要内容包括绩效目标管理、绩效运行跟踪监控管理、绩效评价实施管理、绩效评价结果反馈和应用管理。

**【知识点2】工作职责**

1. 税务总局：①按照财政部关于财政支出绩效评价工作的总体要求和统一规定，制定税务系统财政支出绩效评价工作方案和实施办法。②组织、指导所属单位开展财政支出绩效评价工作。③收集、审核税务系统财政支出绩效评价报告。④向财政部汇总、报送本部门的绩效评价报告。⑤根据财政支出绩效评价的工作情况，提出改善预算管理的工作建议，建立、健全相应的规章制度。

2. 省级及以下税务局：①按照财政部和税务总局的有关规定和工作规范，组织本单位的财政支出绩效自评和绩效评价工作，向主管部门报告财政支出执行情况、绩效报告；按照财政部关于财政支出绩效评价工作的总体要求和统一规定，制定税务局系统财政支出绩效评价工作方案和实施办法。②针对绩效评价工作中暴露出的问题，向上级单位反馈相关信息，改进本单位的预算及项目管理工作，提高财政资金的使用效率。

## >> 第四节
## 财务收支和决算管理

### 一、行政单位收入与支出及其管理

**【知识点1】税务系统收入的种类**

1. 行政单位的收入，包括财政拨款收入和其他收入。

2. 财政拨款收入。财政拨款收入是指行政单位从同级财政部门取得的财政预算资金。财政拨款收入泛指所有的财政预算资金，税务系统财政收入的来源是从财政部取得的财政预算资金，包括基本支出拨款收入和项目支出拨款收入。

3. 其他收入。其他收入是指行政单位依法取得的除财政拨款以外的各项收入。行政单位的其他收入，如非独立核算的后勤部门服务性收入、非同级财政拨款收入以及业务活动中形成的其他收入。

4. 行政单位依法取得的罚没收入、行政事业性收费、政府性基金、国有资产处置和出租出借收入等不属于行政单位的收入，应当上缴国库或财政专户。

**【知识点2】税务系统收入管理的要求**

1. 行政单位取得各项收入，应当符合国家规定，并按照财务管理的要求全部纳入单位预算，统一分项如实核算，统一管理。

2. 财政拨款收入。对财政拨款收入的管理要求主要有四点：必须严格执行财政预算管理制度；必须加强财政拨款收入的监控；必须区分不同科目和不同性质的经费分别核算管理；必须将全部收入全面真实准确地核算。

3. 其他收入。对其他收入的管理要求主要抓三项：来源必须合法，其他收入应当依据国家有关规定取得；管理必须合规，所有其他收入必须纳入单位预算，严禁设立

"小金库";纳税必须依法,该纳税的其他收入应当依法缴纳各种税金。

**【知识点3】税务系统支出的种类**

税务支出,是指税务机关为保障机构正常运转和完成工作任务所发生的资金耗费和损失。行政单位的支出包括基本支出和项目支出。

1. 基本支出,是指行政单位为保障机构正常运转和完成日常工作任务发生的支出,包括人员支出和公用支出。

(1) 人员支出。人员支出主要是指维持机构正常运转且可归集到个人的各项支出,如基本工资、津(补)贴、奖金、住房公积金、提租补贴、购房补贴、福利费、社会保障缴费等工资福利支出,以及离休费、退休费、退职(役)费、抚恤金、生活补助、救济费等各种对个人和家庭的补助支出。

(2) 公用支出。公用支出主要是指维持机构正常运转但不能归集到个人的各项支出,如办公费、水电费、邮电费、物业管理费、交通费、差旅费、维修费、租赁费、会议费、培训费、装备购置费等商品和服务性支出,以及办公设备购置、专用设备购置、交通工具购置、信息网络购建等其他资本性支出。

2. 项目支出,是指行政单位为完成特定的工作任务,在基本支出之外发生的支出。项目支出主要包括:基本建设支出、有关事业发展专项计划支出、专项业务费支出、大型修缮支出、大型购置支出等。税务系统的项目支出主要有金税运行、车辆购置税、税收调查、金税三期、办案、反避税、两证、代扣代收代征税款手续费、纳税服务宣传等。

## 二 事业单位收入与支出及其管理

**【知识点1】事业单位收入种类**

1. 事业单位收入是指事业单位为开展业务及其他活动依法取得的非偿还性资金。

2. 财政补助收入是指事业单位从同级财政部门取得的各类财政拨款,事业单位的财政补助收入即为通过部门预算从财政部取得的各类财政拨款。

3. 事业收入是指事业单位开展专业业务活动及其辅助活动取得的收入。其中:按照国家有关规定应当上缴国库或者财政专户的资金,不计入事业收入;从财政专户核拨给事业单位的资金和经核准不上缴国库或者财政专户的资金,计入事业收入。

4. 上级补助收入是指事业单位从主管部门和上级单位取得的非财政补助收入。

5. 附属单位上缴收入是指事业单位附属独立核算单位按照有关规定上缴的收入。

6. 其他收入包括事业单位在专业业务活动及其辅助活动之外开展非独立核算经营活动取得的经营收入,以及上述规定范围以外的各项收入,如投资收益、利息收入、捐赠收入等。

**【知识点2】事业单位收入的管理要求**

1. 事业单位应当将各项收入全部纳入单位预算，统一核算，统一管理。事业单位对按照规定上缴国库或者财政专户的资金应当按照国库集中收缴的有关规定及时足额上缴，不得隐瞒、滞留、截留、挪用和坐支。

2. 事业单位收入管理的具体要求有：①保证收入的合法性与合理性；②正确划分各项收入，依法缴纳各种税费；③收入统管，事业单位所有收入都由财务部门统一核算管理，严禁设账外账；④充分利用现有条件积极组织收入，提高经费自给率和自我发展能力；⑤正确处理社会效益和经济效益的关系。

**【知识点3】事业单位支出的种类**

1. 事业单位支出是指事业单位开展业务及其他活动发生的资金耗费和损失。

2. 事业支出是指事业单位开展专业业务活动及其辅助活动发生的基本支出和项目支出。基本支出是指事业单位为了保障其正常运转、完成日常工作任务而发生的人员支出和公用支出。项目支出是指事业单位为了完成特定工作任务和事业发展目标，在基本支出之外所发生的支出。

3. 经营支出是指事业单位在专业业务活动及其辅助活动之外开展非独立核算经营活动发生的支出。

4. 对附属单位补助支出是指事业单位用财政补助收入之外的收入对附属单位补助发生的支出。

5. 上缴上级支出是指事业单位按照财政部门和主管部门的规定上缴上级单位的支出。

6. 其他支出是指上述规定范围以外的各项支出，包括利息支出、捐赠支出等。

## 三 决算管理

**【知识点1】决算管理的概念**

1. 税务决算，是指税务系统行政事业单位在年度终了，根据财政部和国家税务总局部门决算编审要求，在日常会计核算的基础上编制的、综合反映本单位预算执行结果和财务状况的总结性文件。

2. 通过建立部门决算管理制度，收集汇总税务系统行政（事业）单位财务收支、资金来源与运用、资产与负债、机构与人员等方面的基本数据，全面、真实反映各单位财务状况和预算执行结果，满足财务会计监管、资产管理，以及财务决策等信息需要。地方财政决算根据地方财政部门要求编制上报。

**【知识点2】税务决算的管理**

1. 年度终了，各单位应当按照国家税务总局的统一部署和上级主管部门的要求，在规定的时间内编制部门决算，并按照财务隶属关系逐级报送。各单位在编制部门决算前，应全面清理、核实各项收支账目、往来款项、货币资金和财产物资，保证账簿记录完整无误和相关数据核对正确。完成年终清理核实工作后，按照部门决算编制口径填制报表，报表数据应做到真实准确、内容完整、账表相符、表表相符。

2. 封面中的组织机构代码、单位基本性质、会计制度、财政预算代码、预算级次、报表类型等重要信息，原则上不得变更。单位基本性质应按人事部门批复的单位性质填列；单位所选择的会计制度应与本单位实际核算采用的会计制度保持一致，如遇年度中间变更会计制度的，应于每年决算填报前逐级上报税务总局，经税务总局确认后方可变更。

3. 主表数据从会计账簿直接提取，不得人为调整。

4. 附表（补充表）数据中的人员机构数据，依据人事部门提供的数据填列；非税收入数据依据税务系统收入收缴缴款台账填列；固定资产数据依据固定资产财务账和实物账填列。

5. 决算数据应与预算、基建、资产等报表同口径数据保持一致。

6. 税务决算的审核分为自行审核和集中审核两种方式，各单位财务人员完成部门决算填制后，须按照审核内容对决算数据进行自行审核；税务总局，省、市级税务局应对所属单位决算及汇总数据进行集中审核。各单位应当认真做好部门决算审核工作，确保部门决算报送数据资料真实、完整、准确。

7. 各单位的填报说明和分析报告应完整规范，填报说明重点反映年初结转和结余调整情况、主要指标变动情况、报表审核情况、其他收入明细情况、支出明细"其他"的比重超过30%的具体开支情况、往来款项构成情况、特殊事项说明等。分析报告重点反映预算执行情况、年度收支余额变动情况、资金使用情况、资产管理情况、财务管理状况以及财务工作开展情况等。

8. 税务决算的汇总和报送。基层单位和汇总单位应当按照税务系统财务隶属关系和工作时限逐级汇总上报部门决算至国家税务总局，由国家税务总局报送财政部。财政部报国务院审定，并提请全国人民代表大会常务委员会审查和批准。

9. 税务决算报送前应经过单位负责人、分管领导、财务部门负责人审签，并以正式文件方式报送，报送资料包括电子数据和纸质资料。

10. 国家税务总局部门决算报送财政部后，各单位决算数据还需变动的，相关调整事项在下一年度予以反映。

**【知识点3】税务决算批复和公开**

1. 决算批复内容应当与预算批复相衔接，主要包括部门综合财务收入、支出、结余，财政拨款收入、支出、结余，以及其他相关决算数据。决算批复文件中应当列出在部门财务管理工作及决算审核中发现的主要问题，并提出改进意见。

2. 税务总局批复决算时，应当将财政部最终审定的决算报表电子数据一并反馈给各省税务局；各省税务局和地市（地、州）税务局对下批复决算时，应当将决算报表电子数据按所属单位分拆后逐级反馈给基层单位。

3. 决算批复时限。税务总局接到财政部批复后15日内，向省税务局及税务总局直属单位批复决算；省税务局在接到税务总局批复后10日内，向所属地市（地、州）税务局和省税务局直属单位批复决算；地市（地、州）税务局在接到省税务局批复的决算后7日内，向所属基层单位批复决算。

4. 税务决算向社会公开，应按照财政部统一要求的范围、时限、方式和内容进行。国家税务总局是税务系统部门决算公开的主体，应当自财政部批复决算后20个工作日内，通过国家税务总局门户网站向社会公开税务系统汇总的部门决算，并在财政部规定时间内，向财政部报告税务系统部门决算公开情况。

5. 年度终了后3个月内，财务人员应当对决算资料进行收集、整理和装订。整理时应检查决算资料是否齐全，是否按"正式文件、编制说明、分析报告、决算报表、其他附件"的顺序排列，首页相关人员的印章是否完备等。装订后应在决算资料首页上加盖归档章，正确填写章内相关项目后，统一装入会计档案盒中。决算档案在财务部门保管期满后1年内，财务部门应编制移交清册，向本单位档案管理部门办理归档手续，并移交档案。决算档案的保管期限为永久。单位因工作调整变更决算主管人员的，应当及时办理决算数据库的移交工作，确保决算数据库信息的完整、连续。

## >> 第五节
## 国库集中支付管理

### 一 预算单位零余额账户管理

**【知识点1】预算单位零余额账户的设立**

1. 预算单位零余额账户是财政部在商业银行为每个预算单位开设的，用于记录、核算和反映实行财政授权支付的资金活动，以及与国库单一账户进行清算的账户。

2. 预算单位可在财政部招标确定的中央财政授权支付 11 家代理银行中，自行选择一家作为本单位零余额账户的代理银行。11 家代理银行分别是：建设银行、农业银行、工商银行、中国银行、招商银行、交通银行、光大银行、邮储银行、中信银行、民生银行、浦发银行。

3. 零余额账户的开设和撤销，应当由财政部根据预算单位的申请，通知代理银行办理，单位不得自行办理。当零余额账户相关信息如单位名称、国标码、开户银行发生变化需要变更零余额账户相关信息时，须经财政部批准。

4. 只有独立核算的基层预算单位，才能开设一个零余额账户，非预算单位不得开设零余额账户。需要单独核算的资金，如基建资金等，在单位零余额账户中分账核算。

【知识点 2】预算单位零余额账户的使用和管理

1. 预算单位的财政授权支付业务通过本单位零余额账户办理。预算单位零余额账户在有财政部下达的用款额度情况下具有与人民币存款相同的支付结算功能，可以办理转账、提取现金、信汇、电汇、同城特约委托收款等各类支付业务。

2. 预算单位要切实加强对现金支出的管理，不得违反《现金管理暂行条例》等规定提取和使用现金。代理银行按照财政部批准的用款额度和《现金管理暂行条例》等规定，受理预算单位的现金结算业务。

3. 预算单位零余额账户只能用于本单位开支，不得用于资金转拨。两个零余额账户之间，无论是系统内外、上下级之间还是平级单位之间，一律不得相互划转资金。

4. 预算单位零余额账户原则上不得向本单位实有资金账户划拨资金，财政国库管理制度规定的工会经费、住房公积金及提租补贴三类经费除外。

5. 如有特殊紧急情况必须发生资金垫付，资金垫付和归垫时都必须报财政部审核，收到批准文件后办理垫付和归垫手续。

6. 预算单位零余额账户只用于办理应由财政资金支付的业务。单位的经营收入、其他收入和往来收入等非财政性资金，不得进入零余额账户。

7. 预算单位因正常原因从其零余额账户支付的资金，发生收回时必须退回零余额账户。

## 二、用款计划管理

【知识点 1】用款计划编制的依据

1. 用款计划是办理财政性资金支付的重要依据。用款计划编制的依据是财政部批复的年度部门预算数，包括"二上"预算、正式预算和调整预算。

2. 预算单位根据批准的年度预算，使用财政部统一规定的格式编制用款计划。

3. 单笔支付超 500 万元的，分月编报直接支付用款计划，其余分月编制授权支付用款计划。

4. 范围划分将预算指标划分为财政直接支付和财政授权支付两种支付方式。调整预算一般在批复文件中明确资金支付方式，不需要进行范围划分，特殊情况以税务总局通知要求为准。

5. 范围划分标准：除下列规定外，单笔支付金额在 500 万元（含）以上的支出实行财政直接支付，单笔支付金额在 500 万元以下的支出实行财政授权支付。

（1）纳入财政统发范围的工资津贴补贴、离退休费，国有资本经营预算支出，以及财政部规定的有特殊管理要求的支出，实行财政直接支付。

（2）未纳入财政统发范围的工资津贴补贴、离退休费、社会保险缴费、职业年金缴费、住房改革支出、日常运行的水费、电费、应由单位承担的支付给供热企业的取暖费、需兑换外汇进行支付的支出以及经财政部批准的其他支出，实行财政授权支付。

【知识点 2】用款计划的种类

1. 用款计划按照预算管理类型分为基本支出用款计划和项目支出用款计划。

2. 基本支出用款计划和项目支出用款计划，按照支付方式分别划分为财政直接支付和财政授权支付两部分。

【知识点 3】分月用款计划的编制依据和分月用款数控制原则

1. 用款计划每年编报两次，1—5 月的分月用款计划依据"二上"预算的预算控制数编制，6—12 月的分月用款计划依据正式批复的年度预算数编制。

2. 基本支出分月用款数应符合年度均衡性原则，项目支出分月用款数应符合项目实施进度。

## 三 财政直接支付

【知识点 1】财政直接支付的概念

财政直接支付是指税务系统预算单位在财政部批准的财政直接支付用款额度内提出支付申请，逐级审核汇总报财政部批准后，由财政部向代理银行签发支付指令，代理银行根据财政部的支付指令，通过财政部零余额账户，将资金直接支付到收款人（即商品或劳务的供应商等）。

## 【知识点2】财政直接支付的范围

预算单位实行财政直接支付的财政性资金包括工资支出、工程采购支出、物品和服务采购支出。目前实行财政直接支付的财政性资金主要包括三个方面：年度财政投资超过1000万元（含）的工程采购支出（包括建筑安装工程、设备采购、工程监理、设计服务、移民征地拆迁和工程质量保证金等支出，不包括建设单位管理费等零星支出）；单位所在地在直辖市、省会城市、计划单列市市辖区的预算单位项目支出中，部门预算所列采购项目金额200万元以上的物品和服务采购的支出，如果这些项目由若干个政府采购项目组成，则单个采购金额小于120万元的采购项目可以不实行直接支付；国家税务总局本级基本支出中纳入财政统发范围的工资、离退休费。此外，国有资本经营预算一律采用直接支付方式。

## 四 财政授权支付

### 【知识点1】财政授权支付的范围

1. 财政授权支付是指预算单位按照财政部的授权自行向代理银行签发支付指令，代理银行根据预算单位的支付指令，在财政部批准的用款额度内，通过预算单位零余额账户将资金支付到收款人或用款单位。

2. 实行财政授权支付的资金范围包括：中央财政拨款支出中，除纳入财政直接支付方式与范围的、直接支付额度外的全部支出。

### 【知识点2】财政授权支付额度的下达

1. 每月月底前，财政部根据批准的税务系统用款计划中各预算单位的月度财政授权支付额度，分别向中国人民银行和代理银行签发下月《财政授权支付汇总清算额度通知单》和《财政授权支付额度通知单》。

2. 代理银行分支机构在接到《财政授权支付额度通知单》后，向相关预算单位发出《财政授权支付额度到账通知书》。

### 【知识点3】财政授权支付额度的使用和管理

1. 《财政授权支付额度到账通知书》确定的月度财政授权支付额度在年度内可以累加使用。预算单位凭据《财政授权支付额度到账通知书》所确定的用款额度支用资金。代理银行凭据《财政授权支付额度通知单》受理预算单位财政授权支付业务，控制预算单位的支付金额。

2. 预算单位支用财政授权支付额度可通过转账或现金等方式结算。预算单位使用支票和汇兑凭证办理财政授权支付结算业务。

## 五 年终预算结余资金管理

**【知识点1】年终预算结余资金的概念**

1. 年终预算结余资金是指纳入国库集中支付的预算单位在预算年度内，按照上级单位批复的部门预算，当年尚未支用并按照有关财政财务制度规定，应留归预算单位继续使用的预算资金。

2. 国库集中支付预算单位结余资金，按照上级单位批复的部门预算数与上年预算结余数之和，减当年财政国库已支付数的余额计算，并按规定程序由财政部核定。

**【知识点2】年终预算结余资金的使用管理**

现行国库集中支付年终预算结余资金管理，采用"边批边用"模式，即财政部在对年终结余资金情况进行审核的同时，先将用款额度批复给预算单位使用。该模式包括额度注销、额度恢复、结余核对、结余批复四个步骤。

1. 额度注销。每年12月31日，代理银行根据财政部的通知，将各基层单位零余额账户中的剩余额度注销，并向预算单位提供对账单。

2. 额度恢复。代理银行根据财政部通知，于次年恢复预算单位已注销的用款额度。

3. 结余核对。国家税务总局通过国库集中支付系统将财政部下达的年终结余数据直接下发至基层预算单位，基层预算单位以零余额账户对账单为准，核对本单位可用额度的收支结余情况。

4. 结余批复。财政部对上报的国库集中支付年终预算结余资金审核确认后，予以批复；国家税务总局根据财政部批复数据，在国库集中支付系统对结余录入表及结余核对表进行批复。

**【知识点3】收入对账**

按照"下管一级"的原则，省级税务局应对省级税务局机关和市级上缴的国有资产有偿使用收入进行核对，市级税务局应对所属基层预算单位上缴的国有资产有偿使用收入进行核对。

1. 每月终了10个工作日内，基层预算单位应认真核对本单位发生的国有资产有偿使用收入，确保相关票据、合同与非税收入系统反映的收入项目、上缴金额等要素一致。基层预算单位通过非税收入系统导出，收入项目汇总表和实时缴款明细表，逐项核对确保两者金额一致。对账过程中如果两者金额不一致，应注意开具"非税收入一般缴款书"和实际缴款时间是否存在跨月份和年度情况。

2. 财政部每年6月、9月、12月，向税务总局发送国有资产有偿使用收入对账单。税务总局通过非税收入系统，将收入项目汇总表和缴款明细表，拆分下发至各省级税务局。省级税务局应根据税务总局下发的对账单逐级拆分核对。各级预算单位收到对账通知后，及时登录非税收入系统，核对收入项目汇总表、缴款明细表与上级单位下发的数据是否一致，并按规定将对账情况逐级反馈至税务总局。

3. 省级税务局按照不低于10%的比例随机抽取所属基层预算单位收入上缴原始凭证，核对其与非税收入系统反映的收入项目、上缴金额是否一致。税务总局随机抽查基层预算单位相关原始凭证。

4. 年度终了，各单位将核对无误的国有资产有偿使用收入数据，分项目和所属预算单位提供给会计人员，并严格按照对账数据填报相关决算报表，确保各类决算数据一致。

## 六 管理与监督

**【知识点1】国库集中支付管理和监督原则**

1. 各级税务机关应加强国库集中支付管理与监督，严肃财经纪律，严格国库集中支付管理。

2. 税务系统各级财务部门在财政性资金支付管理审核中应遵循两个原则：一是按照相关规定依据批复的部门预算，审核所属预算单位的用款计划。二是按照批复的用款计划、合同条款的规定、项目进度和实际用款进度，审核所属预算单位的财政直接支付申请。

3. 税务系统财务部门对各级预算单位使用财政性资金情况应加强监督检查。

4. 具体监督检查内容有以下几项：是否按规定程序、批复的预算、用款计划（或额度）、合同条款、项目进度申请使用资金；支付凭证是否真实、合法，上报的资料、信息是否及时、准确；是否利用报账单位转移、隐匿财政性资金；是否提供虚假申请资料或信息骗取财政性资金；是否有其他违反财经纪律造成财政性资金严重流失的行为。

**【知识点2】拒绝受理所属单位的支付申请的情形**

发生以下情形之一的，财务部门有权拒绝受理所属单位的支付申请：无预算、超预算申请使用资金的；自行扩大预算支出范围申请使用资金的；申请手续及提供的文件不完备，有关审核单位没有签署意见或没有加盖印章的；未按规定程序申请或越级申请使用资金的；预算执行中发现严重违规、违纪问题的；工程建设出现重大问题的；其他可能造成拒付的情形。

## 第六节 国有资产管理

### 国有资产管理知识

**【知识点1】国有资产的概念**

国有资产，是指行政单位占有、使用的，依法确认为国家所有，能以货币计量的各种经济资源的总称。税务系统行政单位国有资产包括：使用国家财政性资金形成的资产、国家调拨的资产、按照国家政策规定运用国有资产组织收入形成的资产，以及接受捐赠和其他经法律确认为国家所有的资产。

**【知识点2】国有资产管理机构及其职责**

1. 各单位对本单位国有资产的管理职责。

税务系统行政单位国有资产实行国家所有，财政部监管，税务系统分级管理，单位占有、使用的管理体制。

（1）建立和健全国有资产管理制度。
（2）合理配置和有效使用国有资产。
（3）保障国有资产的安全和完整。

2. 税务系统行政单位国有资产管理的内容包括：资产配置、资产使用、资产处置、资产清查、监督检查、资产管理信息化建设、资产管理工作报告等。

3. 税务系统行政单位国有资产管理，应当遵循以下原则：
（1）资产管理与预算管理相结合的原则。
（2）资产管理与财务管理相结合的原则。
（3）实物管理与价值管理相结合的原则。

4. 税务系统各级财务管理部门是国有资产的主管部门。

5. 税务系统各级行政单位应按照税务系统国有资产管理信息化统一要求，使用规范软件对国有资产实施管理。

6. 税务系统各行政单位对本单位占有、使用的国有资产实施具体管理，其主要职责是：

（1）贯彻执行国家有关国有资产管理的法律、法规和税务总局、省级税务机关国有资产管理的有关规定,并组织实施。

(2)负责本单位资产配置、验收入库、维护保管等日常管理,负责本单位资产的账卡管理、清查、登记、统计及日常监督检查工作。

(3)办理本单位国有资产配置、处置和符合国家规定的出租、出借等事项的相关手续;根据主管部门授权,审批本单位有关国有资产配置、处置等事项。

(4)负责实施本单位国有资产信息化管理。

(5)负责本单位符合国家规定的出租、出借等资产的保值增值,按照规定及时、足额缴纳国有资产收入。

(6)接受主管部门的监督、指导,报告本单位国有资产管理工作情况。

【知识点3】各部门的管理职责

1. 税务系统行政单位的本级财务部门对本单位占有、使用的国有资产实施财务管理,其主要职责是:

(1)制定本单位国有资产财务管理制度,并组织实施和监督检查。

(2)按照国家规定对国有资产实行会计核算。

(3)定期与固定资产实物管理部门对账。

(4)按照规定的程序对国有资产盘盈、盘亏进行账务处理。

(5)按规定权限办理国有资产配置、处置和符合国家规定的出租、出借等事项的管理,以及国有资产收入缴纳等手续。

2. 税务系统行政单位固定资产实物管理部门对本单位占有、使用的固定资产实施实物管理,其主要职责是:

(1)制定并组织实施本单位固定资产实物管理的具体规定。

(2)统一管理本单位占有、使用的固定资产,建立固定资产使用登记卡片和台账。

(3)办理固定资产验收入库、领用、内部变动、处置等手续。

(4)保管和维护固定资产,确保资产安全和完整。

(5)每年定期对固定资产进行清理盘点,发生的盘盈、盘亏及时查明原因,并办理报批手续。

(6)定期与财务部门和固定资产使用部门对账,做到账账相符、账实相符。

(7)按规定权限办理固定资产配置、处置、使用等事项的审核、报批手续。

(8)按要求统计、填报相关资产报表。

3. 税务系统行政单位固定资产使用部门对本部门使用的固定资产实施管理,其主要职责是:

(1)落实本部门固定资产使用管理的具体规定。

(2)保管和维护本部门使用的固定资产,确保资产安全和完整。

（3）对长期闲置固定资产及时退回。

（4）配合固定资产实物管理部门定期对账。

（5）提出本部门配置、处置固定资产的申请。

（6）固定资产使用人发生变化时，需及时办理变更登记，并及时向固定资产实物管理部门报告。

（7）本部门人员调离或退休时，及时到固定资产实物管理部门办理退回手续。

4. 税务系统行政单位的流动资产、在建工程、无形资产由相关部门按照有关规定实施管理。

【知识点4】国有资产的分类及计价方法

1. 国有资产按照其表现形式分为固定资产、流动资产、在建工程、无形资产。

2. 固定资产是指使用期限超过一年，单位价值在1000元以上（其中：专用设备单位价值在1500元以上），并且在使用过程中基本保持原有物质形态的资产。单位价值虽然未达到规定标准，但是耐用时间在一年以上的大批同类物资，作为固定资产管理。

3. 税务系统行政单位固定资产实行分类管理，一般分为六类：房屋及构筑物；通用设备；专用设备；文物和陈列品；图书、档案；家具、用具、装具及动植物。

（1）房屋及构筑物，是指行政单位占有和使用的房屋、构筑物。行政单位占有和使用的房屋主要是行政单位用房，包括办公用房、业务用房等。构筑物主要包括池、槽、塔、烟囱、井、站、道路、沟、库、场等。

（2）通用设备，是指用于业务工作的通用性设备，如计算机设备、办公设备、车辆等。

（3）专用设备，是指根据业务工作的实际需要配置的各种具有专门性能和专门用途的设备。

（4）文物和陈列品，是指各种文物和陈列品，如古物、字画、纪念品等。

（5）图书、档案，是指图书馆（室）、阅览室、档案馆等贮藏的图书、期刊、资料、档案等。

（6）家具、用具、装具及动植物，是指购置或者通过其他方式获得的各种家具、被服装具等，如办公桌椅、食堂炊事机械等。

4. 取得固定资产时，应当按照其成本入账。

（1）购入的固定资产，其成本包括实际支付的购买价款、相关税费、使固定资产交付使用前所发生的可归属于该项资产的运输费、装卸费、安装费和专业人员服务费等。以一笔款项购入多项没有单独标价的固定资产，按照各项固定资产同类或类似固定资产市场价格的比例对总成本进行分配，分别确定各项固定资产的入账价值。

（2）自行建造的固定资产，其成本包括建造该项资产至交付使用前所发生的全部必要支出。固定资产的各组成部分需要分别核算的，按照各组成部分固定资产造价确定其成本；没有各组成部分固定资产造价的，按照各组成部分固定资产同类或类似固定资产市场造价的比例对总造价进行分配，确定各组成部分固定资产的成本。

（3）在原有固定资产基础上进行改建、扩建、修缮的固定资产，其成本按照原固定资产的账面价值加上改建、扩建、修缮发生的支出，再扣除固定资产拆除部分账面价值后的金额确定。

（4）置换取得的固定资产，其成本按照换出资产的评估价值加上支付的补价或减去收到的补价，加上为换入固定资产支付的其他费用（运输费等）确定。

（5）接受捐赠、无偿调入的固定资产，其成本按照有关凭据注明的金额加上相关税费、运输费等确定；没有相关凭据可供取得，但依法经过资产评估的，其成本应当按照评估价值加上相关税费、运输费等确定；没有相关凭据可供取得、也未经评估的，其成本比照同类或类似固定资产的市场价格加上相关税费、运输费等确定。

（6）盘盈的固定资产，按照取得同类或类似固定资产的实际成本确定入账价值；没有同类或类似固定资产的实际成本，按照同类或类似固定资产的市场价格确定入账价值。

（7）购置固定资产过程中发生的差旅费、为维护固定资产正常使用而发生的日常修理等支出，不计入固定资产成本。

5. 已经入账的固定资产，不得任意变动账面价值。发生下列情况的，按规定调整账面价值：

（1）根据国家规定对固定资产进行重新估价的。
（2）增加补充设备或改良装置的。
（3）将固定资产部分拆除或进行维修、改扩建的。
（4）根据实际价值调整原来暂估价值的。
（5）发现原来记录固定资产价值有误的。
（6）国家规定的其他情况。

6. 固定资产的账面价值变动，由固定资产实物管理部门负责办理，并及时通知财务部门，财务部门审核确认后，对固定资产有关账面价值作相应调整。原来记录固定资产价值有误的按照有关程序申请重大事项，经审批后对固定资产有关账面价值作相应调整。

7. 税务系统行政单位应按照国家有关规定对固定资产计提折旧。

## 【知识点5】流动资产

流动资产是指可以在一年内变现或者耗用的资产，包括现金、银行存款、零余额账户用款额度（财政应返还额度）、应收及暂付款项、存货等。其中，存货是指行政单位在工作中为耗用而存储的资产，包括材料、燃料、包装物和低值易耗品等。

**【知识点6】在建工程**

1. 在建工程是指已经发生必要支出，但尚未达到交付使用的建设工程。

2. 在建工程因政策性原因或其他特殊情况不再进行建设时，发生的前期费用中，已形成固定资产或可形成固定资产的，应及时办理固定资产移交手续；无法形成固定资产的，应按有关规定报批后作核销处理。

3. 在建工程达到交付使用状态时，应按规定办理工程竣工财务决算和资产交付使用。

**【知识点7】无形资产**

1. 无形资产是指不具有实物形态而能为使用者提供某种权利的非货币性资产，包括著作权、土地使用权、专利权、非专利技术、软件等。单位价值小于1000元（含）的，不作为无形资产管理。

2. 行政单位的软件，如果其构成相关硬件不可缺少的组成部分，应当将该软件的价值包括在所属的硬件价值中，一并作为固定资产；如果其不构成相关硬件不可缺少的组成部分，应当将该软件作为无形资产。

3. 软件的计价。

（1）对独立购置的软件，需单独作为无形资产登记，并按实际购置价格入账。

（2）对随同硬件设备一同购入的软件，作为硬件设备不可分割的组成部分，不需单独登记，其价值并入硬件设备，按固定资产登记入账。

（3）对无偿独立发放的软件（不属硬件部分不可分割的组成部分），按发放单位确定的价值登记无形资产。发放单位无法确定价值的，按估价登记无形资产。

（4）对自行开发、有偿开发的软件，按开发发生的支出登记无形资产。

（5）对在原有软件基础上重新开发或升级的软件，按开发、升级发生的支出，增加资产价值。

4. 土地的计价。土地的计价是指取得土地使用权过程中，按照相关政策发生的必要支出之和。

5. 税务系统行政单位应按照国家有关规定对无形资产进行摊销。

税务系统行政单位对需要评估的资产应按照规定的程序委托具有资质的中介机构进行评估，如实提供国有资产有关情况资料，并对所提供资料的真实性、完整性和合法性负责，不得以任何方式干预评估机构独立执业。

6. 资产评估依据、评估方法需符合国家有关规定，评估报告内容应完整规范，评估结果应客观公正。

## 第七节 基本建设管理

### 一、基建管理知识

【知识点1】基建项目

1. 基本建设项目是指税务系统投资总额在10万元以上，用于新建、购建、改扩建、维修改造的办公用房和各类技术业务用房项目。投资总额10万元以上、不满200万元的房屋及设施设备的维修改造，凡不使用中央财政基建项目经费的，可以不作为基建项目管理。

2. 办公用房是指为保障税务机关正常运行需要设置的基本工作场所，包括办公室、服务用房、设备用房和附属用房。

3. 技术业务用房是指除办公用房外，为开展各类税收业务建设的特殊技术业务场所，如数据中心、税务教育用房、办税服务用房、12366服务用房、票证库房、纳税人资料档案室及相关配套附属用房等。票证库房、纳税人资料档案室等技术业务用房原则上与办公用房合并建设，一般不单独建设，其他技术业务用房根据工作特点和需要确定合并或者单独建设。

4. 各级税务机关合并建设的办公用房和技术业务用房，统称为综合业务办公用房，综合业务办公用房作为一个整体项目履行办公用房建设项目审批程序。

【知识点2】投资总额

1. 投资总额，是指基建项目从筹建到竣工所需要的全部建设资金，主要包括：设计勘察费、征地费、拆迁补偿费、市政配套费、建筑安装费、内外装修费、设备用具费等。采取分期建设的基建项目，投资总额应当包括基建项目各建设期的全部建设资金。

2. 采取分期建设的基建项目，投资总额应当包括基建项目各建设期的全部建设资金。税务系统基本建设的资金来源包括中央财政资金及其他资金。

## 二、基建项目过程管理

**【知识点1】项目建议书审批管理**

1. 基建项目审批包括审批项目建议书、可行性研究报告、初步设计。税务总局和省税务局审批的项目，可行性研究报告可以简化或者与初步设计合并审批。

2. 税务系统基建项目实行分级审批管理。属于国务院或者国家发展改革委审批的基建项目，由国家税务总局向国家发展改革委报批，其中办公用房项目在报批前先由国家机关事务管理局出具必要性审查意见；属于国家机关事务管理局审批的项目，由税务总局报国家机关事务管理局审批；其余基建项目，由税务总局根据项目级别和投资总额，明确建设项目审批权限，分别由税务总局和国家税务总局各省税务局审批。

3. 申报办公用房项目的立项条件。

（1）各级税务机关没有办公用房，且无法调剂使用的，可以申请新建、购建。

（2）现有办公用房由于城市搬迁、城市改造、行政区划调整等原因，按照政府有关部门的规定确需拆除或者搬迁，且无法调剂使用的，可以申请新建、购建。

（3）现有办公用房由于污染等外部环境特殊原因，无法正常开展工作，且无法调剂使用的，可以申请新建、购建。

（4）现有办公用房投入使用15年以上，面积不足规定标准面积2/3，功能不全，严重制约工作正常开展，且无法调剂使用的，可以申请新建、购建或者改扩建。

（5）现有办公用房年久失修或者遭受自然灾害，经有关部门鉴定为危房，且无法调剂使用的，可以根据鉴定意见申请新建、购建或者维修改造。

（6）现有办公用房投入使用10年以上，功能不全，影响工作正常开展，或水、电、暖、消防等主要设施损坏严重，存在安全隐患的，可以申请维修改造。

4. 申报技术业务用房项目的立项条件。

（1）各级税务机关确有设置特殊技术业务场所需要的，可以申请将现有办公用房改造为技术业务用房；现有办公用房经有关部门鉴定，受层高、承重等因素限制，无法改造为技术业务用房的，可以申请新建、购建或者改扩建。

（2）现有技术业务用房由于城市搬迁、城市改造、行政区划调整等原因，按照政府有关部门的规定确需拆除或者搬迁，且无法调剂使用的，可以申请新建、购建。

（3）现有技术业务用房由于污染等外部环境特殊原因，无法正常开展工作，且无法调剂使用的，可以申请新建、购建。

（4）现有技术业务用房年久失修或者遭受自然灾害，经有关部门鉴定为危房，且无法调剂使用的，可以根据鉴定意见申请新建、购建或者维修改造。

（5）现有技术业务用房投入使用10年以上，功能不全，影响工作正常开展，或水、电、暖、消防等主要设施损坏严重，存在安全隐患的，可以申请维修改造。

5. 办公用房项目建议书审批权限。

（1）税务总局办公用房新建、购建和改扩建项目，报国家机关事务管理局进行必要性审查后，向国家发展改革委报批。

（2）省税务局办公用房新建、购建和改扩建项目，由税务总局报国家机关事务管理局进行必要性审查后，核报国家发展改革委审批。

（3）市税务局办公用房以及县税务局投资总额3000万元以上的办公用房新建、购建和改扩建项目，由省税务局核报税务总局审批。

（4）税务总局办公用房维修改造项目，由国家机关事务管理局审批。省税务局和市税务局投资总额800万元以上的办公用房维修改造项目，由省税务局核报税务总局审批。

除上述（1）至（4）所列基建项目外，其余基建项目由省税务局审批。

行政级别为县（处）级的开发区税务局、副省级城市所辖县（处）级的区（县）税务局基建项目的建设标准和审批权限，比照市税务局执行。

6. 技术业务用房项目建议书审批权限。

（1）税务总局投资总额5000万元以上的技术业务用房新建、购建、改扩建及维修改造项目，报国家发展改革委审批。其余项目由税务总局审批。

（2）省、市税务局技术业务用房新建、购建和改扩建项目，县税务局投资总额3000万元以上的技术业务用房新建、购建和改扩建项目，由省税务局核报税务总局审批。

（3）省、市税务局投资总额800万元以上的技术业务用房维修改造项目，由省税务局核报税务总局审批。

（4）其余的技术业务用房项目由省税务局审批。

【知识点2】项目库管理

1. 税务系统基本建设项目库是税务系统根据国家基本建设和预算管理的要求，对基本建设项目进行规范化、程序化管理的信息系统。已批复项目建议书的基建项目，项目建设单位应当按规定程序申报项目入库，纳入项目库管理。未纳入项目库管理的项目不得编制安排基建预算。

2. 项目库管理包括项目申报、项目审核、项目入库、项目调整、项目排序、项目状态管理、项目信息维护和日常检查。项目库管理权限如下：

（1）税务总局负责税务系统新建、购建、改扩建项目和税务总局批复项目建议书的维修改造项目的审核、入库、调整和排序；负责项目库中所有项目的审核监督。

（2）省税务局负责税务总局管理项目入库与调整的审核、申报；负责省税务局批复项目建议书的维修改造项目的审核、入库、调整和排序;负责本系统所有项目的信息维护审核和日常检查。

(3) 市税务局负责对本系统所有项目入库与调整的审核、申报;负责本系统所有项目的信息维护审核和日常检查。

(4) 项目建设单位负责本单位项目的入库、调整申报,并对申报资料的真实性、完整性和合规性负责;负责本单位项目信息的日常维护。

3. 基建项目因项目情况发生变化等原因导致项目名称、建筑面积、投资估(概)算、资金来源结构及其他指标变化的,应当按照规定的权限、程序和时间进行项目调整。

4. 项目库按照进度分阶段进行项目排序。税务总局管理项目由税务总局统一排序,作为税务总局安排年度基建预算的依据;省税务局管理项目由省税务局参照税务总局制定的排序原则和指标,结合本省的实际情况,进行分省排序,作为省税务局安排年度基建预算的依据。

**【知识点3】竣工决算管理**

1. 通过初审的竣工项目,由项目建设单位按照规定权限,逐级向省税务局或者税务总局申请工程结算审核和竣工财务决算审核。

2. 工程结算审核委托权限:

(1) 国务院、国家发展改革委、国家机关事务管理局、税务总局批复项目建议书的基建项目的工程结算审核,由税务总局委托。

(2) 省税务局批复项目建议书的基建项目的工程结算审核,由省税务局委托。

3. 竣工财务决算审核委托权限:

(1) 税务总局本级项目,竣工财务决算审核由财政部或者其授权单位委托。

(2) 国家发展改革委批复项目建议书的省税务局基建项目、税务总局批复项目建议书的基建项目,竣工财务决算审核由税务总局委托。

(3) 省税务局批复项目建议书的基建项目,竣工财务决算审核由省税务局委托。

4. 项目竣工财务决算由项目建设单位按照竣工财务决算管理的有关规定编制,各级财务管理部门按规定进行审核、报批。

5. 竣工财务决算审批权限:

(1) 税务总局本级项目,竣工财务决算由财政部或者其授权单位审批。

(2) 国家发展改革委批复项目建议书的省税务局基建项目、税务总局批复项目建议书的基建项目,竣工财务决算由税务总局审批。

(3) 省税务局批复项目建议书的基建项目,竣工财务决算由省税务局审批。

## 【知识点4】档案管理和移交管理

1. 基建会计档案由项目建设单位按照税务系统会计档案管理的规定进行收集、整理和装订。项目竣工财务决算批复后,向本单位档案管理部门移交基建会计档案。

2. 项目建设单位应当按照国有资产管理的有关规定,加强对基建活动中使用的固定资产、材料、存货以及各项财产物资的管理,及时整理和保存固定资产卡片、固定资产实物账和低值易耗品等原始记录。项目基建会计应当对项目工程管理人员自用的固定资产记账,并与固定资产实物管理人员对账,保证账账、账实相符。

3. 项目竣工验收合格后,应当及时办理资产交付使用手续,并依据批复的项目竣工财务决算进行账务调整。

# 第六章 政府采购、事务管理

# 第六章 政府采购、事务管理

## >> 知识架构

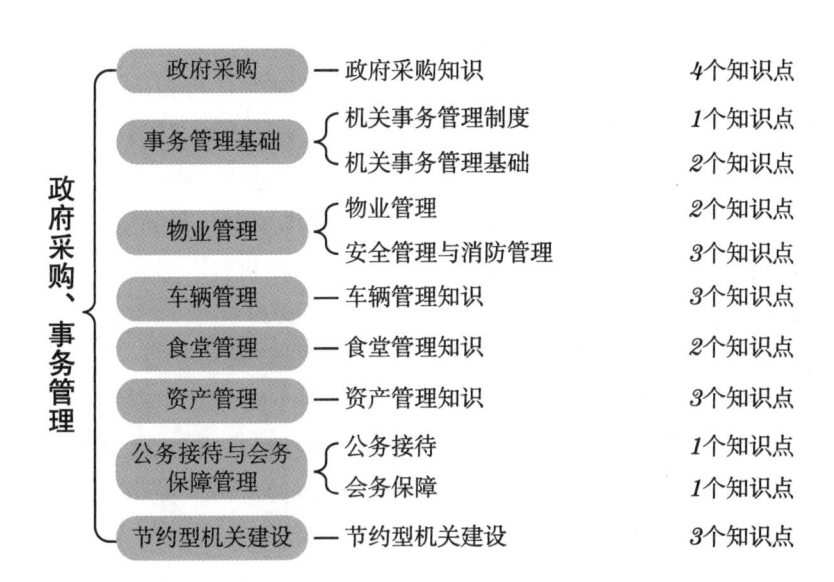

政府采购、事务管理
- 政府采购 — 政府采购知识 …… 4个知识点
- 事务管理基础
  - 机关事务管理制度 …… 1个知识点
  - 机关事务管理基础 …… 2个知识点
- 物业管理
  - 物业管理 …… 2个知识点
  - 安全管理与消防管理 …… 3个知识点
- 车辆管理 — 车辆管理知识 …… 3个知识点
- 食堂管理 — 食堂管理知识 …… 2个知识点
- 资产管理 — 资产管理知识 …… 3个知识点
- 公务接待与会务保障管理
  - 公务接待 …… 1个知识点
  - 会务保障 …… 1个知识点
- 节约型机关建设 — 节约型机关建设 …… 3个知识点

## >> 第一节 政府采购

### ● 政府采购知识

**【知识点1】政府采购的组织形式**

1. 政府采购，是指各级国家机关、事业单位和团体组织，使用财政性资金采购依法制定的集中采购目录以内的或者采购限额标准以上的货物、工程和服务的行为。

2. 政府采购所用财政性资金是指纳入预算管理的资金，以财政性资金作为还款来源的借贷资金，视同财政性资金。采购项目既使用财政性资金又使用非财政性资金的，使用财政性资金采购的部分，适用《中华人民共和国政府采购法》（以下简称《政府采购法》）及其实施条例；财政性资金与非财政性资金无法分割采购的，统一适用《政府采购法》及其实施条例。

3. 政府采购实行集中采购和分散采购相结合，组织形式有政府集中采购、部门集中采购和分散采购。

4. 集中采购，是指采购人将列入集中采购目录的项目委托集中采购机构代理采购或者进行部门集中采购的行为。组织形式按照不同的组织实施主体分为政府集中采购和部门集中采购。政府集中采购，是指采购人采购集中采购机构采购项目的行为。部门集中采购，是指主管部门统一组织实施部门集中采购项目的行为。

5. 纳入集中采购目录的政府采购项目，必须委托集中采购机构代理采购。集中采购目录由省以上人民政府或其授权机构根据实际情况制定并公布。属于中央预算的政府采购项目，集中采购目录由国务院确定并公布；属于地方预算的政府采购项目，集中采购目录由省、自治区、直辖市人民政府或者其授权的机构确定并公布。

6. 以《中央预算单位政府集中采购目录及标准（2020年版）》为例，集中采购机构采购项目的货物类包括台式计算机、便携式计算机、计算机软件、服务器、计算机网络设备、复印机、视频会议系统及会议室音频系统、多功能一体机、打印设备、扫描仪、投影仪、复印纸（京内）、打印用通用耗材（京内）、乘用车、客车、电梯（京内）、空调机（京内）、办公家具（京内）；工程类包括限额内工程（京内）、装修工程（京内）、拆除工程（京内）、修缮工程（京内）；服务类包括车辆维修保养及加油服务（京内）、机动车保险服务（京内）、印刷服务（京内）、工程造价咨询服务（京内）、工程监理服务（京内）、物业管理服务（京内）和云计算服务、互联网接入服务（京内）。部门集中采购项目（国家税务总局）包括被服项下税务制服面料及标识；信息技术服务；单证印刷服务项下车辆购置税完税证明印制；票据印刷服务项下增值税专用发票、增值税普通发票、印花税票印制。

7. 分散采购，是指采购人将采购限额标准以上的未列入集中采购目录的项目自行采购或者委托采购代理机构（指集中采购机构和集中采购机构以外的采购代理机构）代理采购的行为。其组织形式为分散采购。

8. 政府采购限额标准由省以上人民政府或其授权机构根据实际情况制定并公布，属于中央预算的政府采购项目，采购限额标准由国务院确定并公布，属于地方预算的政府采购项目，由省、自治区、直辖市人民政府或者其授权的机构确定并公布。

9. 以《中央预算单位政府集中采购目录及标准（2020年版）》为例，分散采购限额标准为单项或批量金额达到100万元以上的货物和服务项目、120万元以上的工程项目。

【知识点2】政府采购方式

1. 政府采购方式分为招标采购方式与非招标采购方式。招标采购方式包括公开招标、邀请招标；非招标采购方式包括竞争性磋商、竞争性谈判、单一来源采购、询价等。公开招标应作为政府采购的主要采购方式。

2. 可以采用非招标方式采购的情形有：依法制定的集中采购目录以内，且未达到公开招标数额标准的货物、服务；依法制定的集中采购目录以外、采购限额标准以上，且未达到公开招标数额标准的货物、服务；达到公开招标数额标准、经批准采用非公开招标方式采购的货物、服务；按照《中华人民共和国招标投标法》（以下简称《招标投标法》）及其实施条例必须进行招标的工程建设项目以外的政府采购工程。属于中央预算的政府采购项目，公开招标数额标准，由国务院规定；属于地方预算的政府采购项目，由省、自治区、直辖市人民政府规定。

3. 公开招标，是指采购人依法以招标公告的方式，邀请不特定的供应商参加投标的采购方式。

4. 采购人采购公开招标数额标准以上的货物或者服务的，必须依法采用公开招标方式，不得将应当以公开招标方式采购的货物或者服务化整为零或者以其他任何方式规避公开招标采购。采购人因特殊情况需要采用公开招标以外的采购方式的，应当在采购活动开始前，报经主管预算单位同意后，向设区的市、自治州以上人民政府采购监督管理部门（财政部门）申请批准。以《中央预算单位政府集中采购目录及标准（2020年版）》为例，政府采购货物或服务项目，单项采购金额达到200万元以上的，必须采用公开招标方式。政府采购工程公开招标数额标准按照国务院有关规定执行。

5. 邀请招标，是指采购人依法从符合相应资格条件的供应商中随机邀请三家以上供应商，并以投标邀请书的方式，邀请其参加投标的采购方式。

6. 可以采用邀请招标方式采购货物或服务的情形有：具有特殊性，只能从有限范围的供应商处采购的；采用公开招标方式的费用占政府采购项目总价值的比例过大的。

7. 竞争性磋商，是指通过组建竞争性磋商小组与符合条件的供应商就采购货物、工程和服务事宜进行磋商，供应商按照磋商文件的要求提交相应文件和报价，采购人从磋商小组评审后提出的候选供应商名单中确定成交供应商的采购方式。

8. 可以采用竞争性磋商方式采购的情形有：政府购买服务项目；技术复杂或者性质特殊，不能确定详细规格或者具体要求的；因艺术品采购、专利、专有技术或者服务的时间、数量事先不能确定等原因不能事先计算出价格总额的；市场竞争不充分的科研项目，以及需要扶持的科技成果转化项目；按照《招标投标法》及其实施条例必须进行招标的工程建设项目以外的工程建设项目。

9. 竞争性谈判，是指谈判小组与符合资格条件的供应商就采购货物、工程和服务事宜进行谈判，供应商按照谈判文件的要求提交相应文件和最后报价，采购人从谈判小组提出的成交候选人中确定成交供应商的采购方式。

10. 可以采用竞争性谈判方式采购的情形有：招标后没有供应商投标或者没有合格标的，或者重新招标未能成立的；技术复杂或者性质特殊，不能确定详细规格或者具体要求的；非采购人所能预见的原因或者非采购人拖延造成采用招标所需时间不能满足用户紧急需要的；因艺术品采购、专利、专有技术或者服务的时间、数量事先不能确定等原因不能事先计算出价格总额的；公开招标的货物、服务采购项目，招标过程中提交投标文件或者经评审实质性响应招标文件要求的供应商只有两家，且报经财政部门批准的；按照《招标投标法》及其实施条例必须进行招标的工程建设项目以外的工程建设项目。

11. 单一来源采购，是指采购人从某一特定供应商处采购货物、工程和服务的采购方式。

12. 可以采用单一来源方式采购的情形有：因货物或者服务使用不可替代的专利、专有技术，或者公共服务项目具有特殊要求，导致只能从唯一供应商处采购的；发生了不可预见的紧急情况不能从其他供应商处采购的；必须保证原有采购项目一致性或者服务配套的要求，需要继续从原供应商处添购，且添购资金总额不超过原合同采购金额10%的；按照《招标投标法》及其实施条例必须进行招标的工程建设项目以外的工程建设项目。

13. 询价，是指询价小组向符合资格条件的供应商发出采购货物询价通知书，要求供应商一次报出不得更改的价格，采购人从询价小组提出的成交候选人中确定成交供应商的采购方式。

14. 采购的货物规格、标准统一、现货货源充足且价格变化幅度小的，可以采用询价方式采购。

**【知识点3】政府采购程序**

1. 公开招标或邀请招标：招标文件编制后应在指定媒体发布采购招标公告，采购招标公告应载明采购人的名称和地址、招标内容及要求、投标人的资质要求、投标截止时间、开标时间和地点等内容。采用邀请招标方式采购的，应通知投标商参加投标并向其出售标书，同时招标人应当指定媒体上发布资格预审公告，公布投标人资格条件，资格预审公告的期限不得少于5个工作日。评标是采购方的单独行为，由招标人依法组建的评标委员会负责，其评标委员会由招标人的代表和有关技术、经济等方面的专家组成，成员人数为5人以上单数，其中技术、经济等方面的专家不得少于成员总数的2/3。评标内容包括投标文件初审、澄清有关问题、比较与评价、推荐中标候选供应商、编写评标报告。

2. 竞争性谈判方式：谈判小组从符合相应资格条件的供应商名单中确定不少于三家的供应商参加谈判，并向其提供谈判文件。谈判结束后，谈判小组应当要求所有参加谈判的供应商在规定时间内进行最后报价，采购人从谈判小组提出的成交候选人中根据符合采购需求、质量和服务相等且报价最低的原则确定成交供应商，并将结果通知所有参加谈判的未成交的供应商。供应商确定后，签订合同。自合同签订之日起2

个工作日内,将合同在指定媒体上公告。

3. 单一来源方式采购:采购人与供应商应当遵循政府采购法规定的原则,在保证采购项目质量和双方商定合理价格的基础上进行采购。自合同签订之日起2个工作日内,将合同在指定媒体上公告。

4. 询价方式主要包括以下步骤:首先,成立询价小组。询价小组由采购人代表和评审专家共3人以上单数组成,其中评审专家人数不得少于总数的2/3,采购人不得以评审专家身份参加本部门或本单位采购项目的评审,采购代理机构人员不得参加本机构代理的采购项目的评审。其次,确定被询价的供应商名单。再次,询价时要求供应商一次报出不得更改的价格。最后,确定成交供应商并签订合同,采购人根据符合采购需求、质量和服务相等且报价最低的原则确定成交供应商,供应商确定后,签订合同。

5. 竞争性磋商:磋商文件售价应当按照弥补磋商文件制作成本费用的原则确定,不得以营利为目的,不得以项目预算金额作为确定磋商文件售价依据。磋商文件的提供期限自开始之日起不得少于5个工作日。

## 【知识点4】政府采购合同

政府采购合同适用《中华人民共和国民法典》的相关规定。采购人和供应商之间的权利和义务,应当按照平等、自愿的原则以合同方式约定。

采购人可以委托采购代理机构代表其与供应商签订政府采购合同。由采购代理机构以采购人名义签订合同的,应当提交采购人的授权委托书,作为合同附件。

政府采购合同应当采用书面形式。

采购人与中标、成交供应商应当在中标、成交通知书发出之日起30日内,按照采购文件确定的事项签订政府采购合同。

中标、成交通知书对采购人和中标、成交供应商均具有法律效力。中标、成交通知书发出后,采购人改变中标、成交结果的,或者中标、成交供应商放弃中标、成交项目的,应当依法承担法律责任。

政府采购项目的采购合同自签订之日起7个工作日内,采购人应当将合同副本报同级政府采购监督管理部门和有关部门备案。

政府采购合同履行中,采购人需追加与合同标的相同的货物、工程或者服务的,在不改变合同其他条款的前提下,可以与供应商协商签订补充合同,但所有补充合同的采购金额不得超过原合同采购金额的10%。

政府采购合同的双方当事人不得擅自变更、中止或者终止合同。

政府采购合同继续履行将损害国家利益和社会公共利益的,双方当事人应当变更、中止或者终止合同。有过错的一方应当承担赔偿责任,双方都有过错的,各自承担相应的责任。

## 第二节 事务管理基础

### 一、机关事务管理制度

**【知识点】社会化改革的主要内容**

1. 《机关事务管理条例》(中华人民共和国国务院令第621号)明确规定,各级人民政府应当推进机关后勤服务、公务用车和公务接待服务等工作的社会化改革,建立健全相关管理制度。这是自改革开放逐步推进机关事务改革以来,首次以国务院法规形式对机关事务工作社会化改革提出了明确要求。

2. 机关事务管理社会化,是指机关事务工作要适应社会主义市场经济的特点和要求,充分发挥市场在资源配置中的决定性作用,打破相对封闭的传统管理模式,面向社会有偿购买服务,不断提升机关事务管理能力,满足机关高效有序运转的需求。

3. 政府购买服务,是指通过发挥市场机制作用,把政府直接提供的一部分公共服务事项以及政府履职所需服务事项,按照一定的方式和程序,交由具备条件的社会力量和事业单位承担,并由政府根据合同约定向其支付费用。

4. 政府购买服务的原则:

(1) 积极稳妥,有序实施。从实际出发,准确把握社会公共服务需求,充分发挥政府主导作用,探索多种有效方式,加大社会组织承接政府购买服务支持力度,增强社会组织平等参与承接政府购买公共服务的能力,有序引导社会力量参与服务供给,形成改善公共服务的合力。

(2) 科学安排,注重实效。突出公共性和公益性,重点考虑、优先安排与改善民生密切相关、有利于转变政府职能的领域和项目,明确权利义务,切实提高财政资金使用效率。

(3) 公开择优,以事定费。按照公开、公平、公正原则,坚持费随事转,通过公平竞争择优选择方式确定政府购买服务的承接主体,建立优胜劣汰的动态调整机制。

(4) 改革创新,完善机制。坚持与事业单位改革、社会组织改革相衔接,推进政事分开、政社分开,放宽市场准入,凡是社会能办好的,都交给社会力量承担,不断完善体制机制。

5. 政府购买服务的主要内容:

(1) 涉及主体。政府购买服务涉及两个主体,即购买主体和承接主体。购买主体即政府购买服务的主体,是各级行政机关和具有行政管理职能的事业单位。承接主体即承接政府购买服务的主体,包括在登记管理部门登记或经国务院批准免予登记的社会组织、按事业单位分类改革应划入公益二类或转为企业的事业单位,依法在市场监管或行业主管部门登记成立的企业、机构等社会力量。

(2) 承接主体条件。政府购买服务的承接主体应具备一定条件:依法设立,具有独立承担民事责任的能力;治理结构健全,内部管理和监督制度完善;具有独立、健全的财务管理、会计核算和资产管理制度;具备提供服务所必需的设施、人员和专业技术能力;具有依法缴纳税收和社会保障资金的良好记录;前三年内无重大违法记录,通过年检或按要求履行年度报告公示义务,信用状况良好,未被列入经营异常名录或者严重违法企业名单;符合国家有关政事分开、政社分开、政企分开的要求;法律、法规规定以及购买服务项目要求的其他条件。

(3) 购买方式。购买主体应当根据购买内容的供求特点、市场发育程度等因素,按照方式灵活、程序简便、公开透明、竞争有序、结果评价的原则组织实施政府购买服务。购买主体应当按照《政府采购法》的有关规定,采用公开招标、邀请招标、竞争性谈判、单一来源采购等方式确定承接主体。与政府购买服务相关的采购限额标准、公开招标数额标准、采购方式审核、信息公开、质疑投诉等按照政府采购相关法律制度规定执行。

(4) 购买程序。购买主体应当在购买预算下达后,根据政府采购管理要求编制政府采购实施计划,报同级政府采购监管部门备案后开展采购活动。购买主体应当及时向社会公告购买内容、规模、对承接主体的资质要求和应提交的相关材料等相关信息。按规定程序确定承接主体后,购买主体应当与承接主体签订合同,并可根据服务项目的需求特点,采取购买、委托、租赁、特许经营、战略合作等形式。合同应当明确购买服务的内容、期限、数量、质量、价格等要求,以及资金结算方式、双方的权利义务事项和违约责任等内容。购买主体应当加强购买合同管理,督促承接主体严格履行合同,及时了解掌握购买项目实施进度,严格按照国库集中支付管理有关规定和合同执行进度支付款项,并根据实际需求和合同规定积极帮助承接主体做好与相关政府部门、服务对象的沟通、协调。

(5) 承接主体的义务。承接主体应当按合同履行提供服务的义务,认真组织实施服务项目,按时完成服务项目任务,保证服务数量、质量和效果,主动接受有关部门、服务对象及社会监督,严禁转包行为。承接主体完成合同约定的服务事项后,购买主体应当及时组织对履约情况进行检查验收,并依据现行财政、财务管理制度加强管理。

## 二、机关事务管理基础

**【知识点1】机关事务管理的概念**

1. 机关事务管理是为保证机关职能活动有效开展，对为之提供服务的人、财、物实施有效管理的活动。可以概括为管理、保障和服务三大体系，其中管理是基础、保障是目的、服务是手段。它与政务工作相辅相成、缺一不可。

2. 机关事务管理部门既负责本机关事务工作的管理，又承担着对下级机关事务管理机构工作的指导和监督。

**【知识点2】机关事务管理的特点**

1. 服务性。机关事务管理的服务性是由其基本职能所决定的，机关事务工作是为保障机关职能活动需要服务的。从这个意义上讲，服务的优劣，应当成为衡量和评价机关事务管理工作的最基本的标准。

2. 综合性。机关事务管理的综合性体现在三个方面：一是工作涉及面广，需要承担诸如公务出行、资产管理、设备维护、机关安全、食堂管理、节能环保等各项综合服务工作；二是在机关事务向社会化方向发展过程中，对服务需求和供给数量、质量以及服务效果进行综合分析、评估；三是在管理与服务的过程中，需要内联外通，既要与单位的每个职工打交道，又要与社会的有关部门保持经常性的密切联系，体现综合的协调性。

3. 群众性。机关事务管理的目的是服务广大税务干部，服务具有群众性；税务机关事务管理的过程需要依靠全体税务干部参与、配合，从而形成"人人服务，服务人人"的良性互动局面；税务机关事务管理的结果需要广大税务干部的评价与认可。

4. 技术性。随着机关事务管理的发展，管理方法和手段上技术性日趋增强。一是分工越来越细，专业技术要求越来越高；二是管理的机械化、自动化程度越来越高，要求机关事务管理具有较高的技术管理水平；三是机关事务管理信息化建设步伐越来越快，"互联网＋事务管理"的广泛应用，必将大幅提高机关事务管理的效率。

## >> 第三节
## 物业管理

### 一、物业管理

**【知识点1】物业管理的概念**

物业管理，是指业主通过选聘物业服务企业，由业主和物业服务企业按照物业服务合同约定，对房屋及配套的设施、设备和相关场地进行维修、养护、管理，维护物业管理区域内的环境卫生和相关秩序的活动。

**【知识点2】物业管理的基本内容**

1. 空间管理。对机关办公楼和配套房屋，应从便于工作开展的角度出发，根据使用功能，对办公室、会议室以及必要的业务用房等，合理布局，统筹安排；对各类不同用途的室内陈设，要按照相应的标准，统一配备，合理使用；对公共场所和配套设施要落实责任、加强管理。根据机关的特点、环境条件和当地的土质、气候、花木生长等情况，搞好规划设计，因地制宜，合理布局，平面绿化与垂直绿化结合，草坪、绿篱、花灌丛与乔木结合，重在增大绿化覆盖面，尽可能做到四季有花、树木常青。

2. 卫生管理。对室内卫生、公共场所卫生和公共区域卫生，采取分片包干，或专人负责，或委托物业公司等形式，落实卫生责任制，加强督促检查，确保不留卫生死角。组织灭鼠、灭蚊蝇、灭蟑螂等灭害工作，适时喷洒、投放药物。定期或不定期开展内外大扫除、检查评比、督导整改活动，促进卫生工作经常化、制度化。

3. 秩序管理。根据机关环境条件，统筹规划，建立健全管理制度，做到人、车出入有序，车辆停放有序，物料存放入库。避免车辆乱停、物料乱堆乱放，有碍观瞻、妨碍人车出入。条件不具备的，也应做到车辆停放、物料堆放整齐，方便出入，必要时可通过设立明显标志进行管理。

### 二、安全管理与消防管理

**【知识点1】安全管理的主要内容**

1. 安全管理的主要任务是对干部群众进行宣传教育，提高警惕，增强法治观念，依靠群众做好防盗、防火等工作；加强内部治安管理，维护好机关内部秩序；严格各项安全防范措施，保障要害部位的安全，如存放机密文件、档案、票证、重大涉税案件资料等部门，以及财会室、电子计算机控制中心等关键部位；协助公安机关侦破重大案件、查处治安案件以及其他任务等。

2. 安全管理的基本要求：

（1）明确岗位责任。根据"谁主管，谁负责"的基本原则，将安全管理工作的总要求和具体指标列为税务机关管理工作的一项重要内容。机关领导对机关的安全负责，下级对上级负责，个人对集体负责，保证各自职责内安全目标的实现。充分调动广大干部对机关安全保卫工作的积极性，形成人人关心安全，处处安全有人管的局面。

（2）建立规章制度。税务机关应本着既有利于严格管理，又有利于各项工作和业务活动顺利进行的原则，在加强安全教育的基础上，建立健全各种必要的安全规章制度。安全规章制度建立后，要经常检查贯彻执行情况，要注意发现执行中存在的问题和出现的情况，及时对已有的规章制度加以补充完善，并根据需要建立新的安全管理制度。

（3）配备必要设施。根据重要部位、易燃易爆部位、防火部位、易发案部位和治安复杂场所等保卫对象和目标的实际情况，安装、使用相应性能的安全防范装备、设备。在一些重点要害部位，如机密文件档案室、财会室、发票库房、危险物品库及易燃易爆、易发生火灾等部位，应安装使用报警、监控等必要技术防范设施，确保国家机密和财产的安全。

（4）开展常态检查。对重点部位、易燃易爆部位、防火部位、易发案部位和治安复杂场所，经常进行安全检查，及时发现隐患、漏洞、不安全因素，并采取有力措施及时整改。健全值班制度，特别是节假日期间的值班制度，切实加强安全保卫工作。安全检查应边查边改，狠抓整改落实，对检查发现的隐患特别是重大隐患，及时报告本级和上级领导以及公安机关。同时，要协助有关职能部门研究制定整改措施，督促有关部门立即整改。

【知识点2】消防管理的基本知识

1. 各单位每年要组织一次针对干部职工的消防安全教育，提高干部职工的自防、自救能力。安全防火教育必须做到人人参加。应采取多种形式宣传防火知识，让每一位干部职工掌握基本防火知识和技能。机关事务管理部门应制定灭火和应急疏散预案，并由各级机关事务管理部门适时组织开展消防安全培训和演练。

2. 各单位要建立重点要害部位的防火安全制度，明确各级机关职能部门防火安全的职责，签订消防安全责任书，扎实做好防火安全工作。

3. 各单位确定的消防安全重点部位，应设置明显的防火标志，无关人员不得擅自进入。工作人员必须严格按操作规程执行，进出实行登记制度。

4. 各单位要加强用电管理，办公区域内不得随意乱拉乱接电源，一切电器设备的安装、使用和线路、管路的设计、敷设必须符合国家有关消防安全技术规定和防火要求。严禁超负荷和违章作业，做到人离电源关闭。

5. 做好易燃易爆、电器用具、煤气用具的管理工作。办公楼、营业场所内，禁止存放易燃易爆等危险品；严禁擅自使用大功率电器用具；对存放易燃易爆物品部位，必须设有明显的防火标志，并配置消防器材。

6. 办公楼、营业场所必须保障疏散通道、安全出口的畅通无阻，按国家消防规定设置消防安全疏散标志，不准在消防通道里堆放物品、杂物等。办公楼、营业场所应建立禁烟规定，划分吸烟范围。对重要部门或要害部位，应设置醒目的禁烟标志，严禁在办公楼和营业场所内游动吸烟和乱丢烟蒂。

7. 各级机关管理人员应了解办公大楼的布局，熟悉和掌握消防系统的工作原理及操作。

【知识点3】消防管理的监督检查

1. 各单位每逢法定节假日和重大活动期间，都应结合安全检查组织防火安全大检查，并认真填写检查记录。各级机关领导应亲自组织和参加防火检查；各级机关事务管理部门要把防火检查列入安全检查的重要内容，并纳入绩效考核，发现问题及时汇报、提出处理意见（留有检查记录）；各部门或兼职消防安全员，每天都要对本单位的防火安全进行检查，发现隐患要及时整改或向上级有关部门汇报，请求帮助解决。实行每月防火巡查，并建立巡查记录。

2. 灭火器使用方法。一是室外使用时占据上风；二是去除铅封、拔出保险销；三是一手托住瓶底，一手握住提把用力压下压把，对准燃烧物；四是逐步靠近燃烧区，使灭火剂始终喷射在燃烧物上；五是使用时，灭火器保持直立，不可颠倒或者横卧；六是中途不要松开开启压把，否则会中断喷射。

## >> 第四节
## 车辆管理

● **车辆管理知识**

【知识点1】公务用车概述

1. 公务用车是指党政机关配备的用于定向保障公务活动的机动车辆，包括机要通信用车、应急保障用车、执法执勤用车、特种专业技术用车以及其他按照规定配备的公务用车。

2. 机要通信用车是指用于传递、运送机要文件和涉密载体的机动车辆。

3. 应急保障用车是指用于处理突发事件、抢险救灾或者其他紧急公务的机动车辆。

4. 执法执勤用车是指中央批准的执法执勤部门（系统）用于一线执法执勤公务的机动车辆。

5. 特种专业技术用车是指固定搭载专业技术设备、用于执行特殊工作任务的机动车辆。

【知识点2】公务用车编制及配备管理

1. 公务用车实行编制管理，编制数量和配备标准根据各部门、各单位实际工作情况科学确定，优先选用新能源汽车。执法执勤用车配备应当严格限制在一线执法执勤岗位，机关内部管理岗位以及机关所属事业单位一律不得配备。除涉及国家安全、侦查办案等有保密要求的特殊工作用车外，执法执勤用车应当喷涂明显的统一标识。

2. 党政机关配备公务用车应当严格执行以下标准：

（1）机要通信用车配备价格12万元以内、排气量1.6升（含）以下的轿车或者其他小型客车。

（2）应急保障用车和其他按照规定配备的公务用车配备价格18万元以内、排气量1.8升（含）以下的轿车或者其他小型客车。确因情况特殊，可以适当配备价格25万元以内、排气量3.0升（含）以下的其他小型客车、中型客车或者价格45万元以内的大型客车。

（3）执法执勤用车配备价格12万元以内、排气量1.6升（含）以下的轿车或者其他小型客车，因工作需要可以配备价格18万元以内、排气量1.8升（含）以下的轿车或者其他小型客车。确因情况特殊，可以适当配备价格25万元以内、排气量3.0升（含）以下的其他小型客车、中型客车或者价格45万元以内的大型客车。

（4）特种专业技术用车配备标准由有关部门会同财政部门按照保障工作需要、厉行节约的原则确定。

3. 公务用车配备新能源轿车的，价格不得超过18万元。

【知识点3】公务用车使用管理

1. 加强公务用车集中管理，严格按机要通信、应急、特种专业技术用车和符合规定的一线执法执勤岗位车辆及其他车辆统一调度使用，并严格执行公务派车审批制度，分级负责，层层把关，不得以任何理由违反用途使用或固定给个人使用执法执勤、机要通信等公务用车，不得既领取公务交通补助又违规乘坐公务用车。对公务出行租用车辆，视同公务用车进行管理。

2. 严格公务用车使用登记和公示制度，严格登记和公示用车时间、事由、地点、里程、油耗、费用等信息。严格实行回单位停放制度，节假日期间除特殊工作需要外，应当封存停驶。除涉及国家安全、侦查办案等有保密要求的特殊工作用车外，条件具备的可对保留公务用车安装北斗导航等车辆定位系统辅助管理。

3. 公务用车保险、维修、加油应该实行政府集中采购。

## >> 第五节
## 食堂管理

### 食堂管理知识

【知识点1】食堂管理的基本内容

1. 机关事务管理部门应具有与食堂经营的食品品种、数量相适应的食品原料处理和食品加工、包装、贮存等场所，食堂场所要保持环境整洁，并应与有毒、有害场所以及其他污染源保持规定的距离。机关事务管理部门应具有与食堂经营的食品品种、数量相适应的生产经营设备或者设施，并有相应的消毒、更衣、盥洗、采光、照明、通风、防腐、防尘、防蝇、防鼠、防虫、洗涤以及处理废水、存放垃圾和废弃物的设备或者设施。

2. 各单位应有食品安全专业技术人员、管理人员和保证食品安全的规章制度。供餐人数500人以上的食堂应设置食品安全管理机构并配备专职食品安全管理人员。其他食堂应配备专职或兼职食品安全管理人员。

3. 国管局、国家发展改革委、商务部、市场监管总局联合印发《关于全面实施机关食堂反食品浪费工作成效评估和通报制度的通知》，决定自2024年1月1日起全面实施机关食堂反食品浪费工作成效评估和通报制度。明确设有食堂的县级及以上机关要组织实施本单位食堂反食品浪费工作成效评估和通报制度，督促机关在食堂食品采购、储存、加工、消费以及餐厨垃圾处理等环节做到节约减损，增强干部职工反食品浪费意识，让"光盘行动"成为习惯，在全社会反食品浪费行动中充分发挥模范带头作用。

【知识点2】食品安全管理制度

1. 食品安全制度主要包括：从业人员健康管理制度和培训管理制度，加工经营场所及设施设备清洁、消毒和维修保养制度，食品、食品添加剂、食品相关产品采购索证索票、进货查验和台账记录制度，关键环节操作规程，餐厨废弃物处置管理制度，食品安全突发事件应急处置方案，投诉受理制度以及食品药品监管部门规定的其他制度。食堂应具有合理的设备布局和工艺流程，要防止待加工食品与直接入口食品、原料与成品交叉污染，避免食品接触有毒物、不洁物。餐具、饮具和盛放直接入口食品的容器，使用前应当洗净、消毒，炊具、用具用后应当洗净，保持清洁。

2. 贮存、运输和装卸食品的容器、工具和设备应当安全、无害，保持清洁，防止食品污染，并符合保证食品安全所需的温度等特殊要求，不得将食品与有毒、有害物品一同运输。

3. 直接入口的食品应当有小包装或者使用无毒、清洁的包装材料、餐具。对超过100人就餐的食堂，每餐次的食品成品应留样。留样食品应按品种分别盛放于清洗消毒后的密闭专用容器内，并放置在专用冷藏设施中，在冷藏条件下存放48小时以上，每个品种留样量应满足检验需要，不少于100克，并记录留样食品名称、留样量、留样时间、留样人员、审核人员等。

4. 食堂从业人员健康管理要求：从业人员在上岗前应取得健康证明；每年进行一次健康检查，必要时进行临时健康检查；患有痢疾、伤寒、甲型病毒性肝炎、戊型病毒性肝炎等消化道传染病，以及患有活动性肺结核、化脓性或者渗出性皮肤病等有碍食品安全疾病的人员，不得从事接触直接入口食品的工作；有发热、腹泻、皮肤伤口或感染、咽部炎症等有碍食品安全病症的人员，应立即离开工作岗位，待查明原因并将有碍食品安全的病症治愈后，方可重新上岗；食品生产经营人员应当保持个人卫生，生产经营食品时，应当将手洗净，穿戴清洁的工作衣、帽；销售无包装的直接入口食品时，应当使用无毒、清洁的售货工具。

5. 食堂用水应当符合国家规定的生活饮用水卫生标准；使用的洗涤剂、消毒剂应当对人体安全、无害，而且应当符合法律、法规规定的其他要求。

## >> 第六节
## 资产管理

### 资产管理知识

【知识点1】办公用房的基本知识

1. 党政机关办公用房，是指党政机关占有、使用或者可以确认属于机关资产的，为保障党政机关正常运行需要设置的基本工作场所，包括办公室、服务用房、设备用房和附属用房。

2. 党政机关办公用房管理应当遵循下列原则：
（1）依法合规，严格执行法律法规和党内有关制度规定，强化监督管理；
（2）科学规划，统筹机关办公和公共服务需求，优化布局和功能；
（3）规范配置，科学制定标准，严格审核程序，合理保障需求；
（4）有效利用，统筹调剂余缺，及时依规处置，避免闲置浪费；
（5）厉行节约，注重庄重朴素、经济适用，节约能源资源。

【知识点2】使用办公用房的基本规定

1. 使用单位应当严格按照有关规定在核定面积内合理安排使用办公用房，不得擅自改变办公用房使用功能，不得调整给其他单位使用。办公用房安排使用情况应当按年度通过政务内网、公示栏等平台进行内部公示。

2. 领导干部办公用房配备情况应当按年度报机关事务管理部门备案，严禁超标准配备、使用办公用房。

3. 领导干部在不同单位同时任职的，应当在主要任职单位安排1处办公用房；主要任职单位与兼职单位相距较远且经常到兼职单位工作的，经严格审批后，可以由兼职单位再安排1处小于标准面积的办公用房，并在免去兼任职务后2个月内腾退兼职单位安排的办公用房。

4. 工作人员调离或者退休的，使用单位应当在办理调离或者退休手续后1个月内收回其办公用房。

5. 党政机关办公用房建设必须符合土地利用和城乡规划要求，从严控制用地规模，严格土地审批，节约集约用地，严禁超标准占地、低效利用土地，不得占用耕地，新建项目不得配套建设大型广场、公园等设施。

6. 党政机关办公用房建设应做到庄重、朴素、经济、适用和资源节约，不得定位为城市标志性建筑。外立面不得搞豪华装修，内装修应简洁朴素。

7. 党政机关办公用房的建设规模应根据使用单位的类别和各级别编制定员，按照规定确定建筑面积。严禁超规模、超标准、超投资建设党政机关办公用房。

8. 党政机关办公用房的建设除应符合标准外，还应符合国家关于安全、资源节约、环境保护、卫生、绿色建筑等标准和规范要求。

【知识点3】办公用房控制标准

1. 根据《党政机关办公用房建设标准》（发改投资〔2014〕2674号），税务系统各级工作人员办公室使用面积不应超过以下规定：

（1）税务总局正司（局）级每人 24 平方米；

（2）税务总局副司（局）级每人 18 平方米；

（3）税务总局处级每人 12 平方米；

（4）税务总局科级以下（含）每人 9 平方米；

（5）省级局正司（局）级每人 30 平方米；

（6）省级局副司（局）级每人 24 平方米；

（7）省级局正处级每人 18 平方米；

（8）省级局副处级每人 12 平方米；

（9）省级局科级以下（含）每人 9 平方米；

（10）市级局正处级每人 24 平方米；

（11）市级局副处级每人 18 平方米；

（12）市级局科级以下（含）每人 9 平方米；

（13）县级局及以下正科级每人 18 平方米；

（14）县级局及以下副科级每人 12 平方米；

（15）县级局及以下科员以下每人 9 平方米。

2. 专业用房的使用面积分别依照下列标准控制掌握。

（1）票证（包括增值税专用发票、普通发票等）库房，按照进驻单位分别计算：

省级局不得超过 200 平方米；

市级局不得超过 80 平方米；

县级局及以下不得超过 60 平方米。

（2）纳税人资料、档案室，按照进驻单位分别计算：

直接管理纳税户在 1 万户以上的不得超过 300 平方米；

直接管理纳税户在 5000～1 万户的不得超过 200 平方米；

直接管理纳税户在 3000～5000 户的不得超过 150 平方米；

直接管理纳税户在 3000 户以下的不得超过 100 平方米。

（3）服装（装备）库房按照进驻单位分别计算：

省级局不得超过 50 平方米；

市级局不得超过 50 平方米；

县级局及以下不得超过 30 平方米。

（4）征收服务大厅按进驻单位直接管理纳税户数合计数计算确定：

纳税户数在 5000 户以上的不得超过 600 平方米；

纳税户数在 3000～5000 户的不得超过 400 平方米；

纳税户数在 3000 户以下的不得超过 200 平方米。

3. 附属用房的使用面积，按照下列标准控制。

（1）食堂：食堂餐厅及厨房建筑面积按编制定员计算，编制定员 100 人及以下的，人均建筑面积为 3.7 平方米；编制定员超过 100 人的，超出人员的人均建筑面积为 2.6 平方米。

（2）停车库：总停车位数应满足城乡规划建设要求，汽车库建筑面积指标为 40 平方米/辆，超出 200 个车位以上部分为 38 平方米/辆，可设置新能源汽车充电桩；自行车库建筑面积指标为 1.8 平方米/辆；电动车、摩托车库建筑面积指标为 2.5 平方米/辆。

（3）警卫用房：宜按警卫编制定员及武警营房建筑面积标准计算，人均建筑面积为 25 平方米。

（4）人防设施：应按国家人防部门规定的设防范围和标准计列建筑面积，本着平战结合、充分利用的原则，在平时可以兼作地下车库、物品仓库等。

## >> 第七节
## 公务接待与会务保障管理

### 一　公务接待

【知识点】公务接待管理

1. 国内公务，是指出席会议、考察调研、执行任务、学习交流、检查指导、请示汇报工作等公务活动。

2. 国内公务接待应当坚持有利公务、务实节俭、严格标准、简化礼仪、高效透明、尊重少数民族风俗习惯的原则。

3. 各级税务机关公务接待保障应严格规范执行税务机关国内公务接待制度。公务外出确需接待的，派出单位应当向接待单位发出公函，告知内容、行程和人员。收到对应公函的各级税务机关所属单位为接待单位。机关事务管理部门为机关公务接待保障单位。无公函的公务活动和来访人员一律不予接待。

### 二　会务保障

【知识点】会务保障管理

1. 会议实行定点管理。会议应当在四星级以下（含四星）定点饭店召开，按照协议价格结算费用。未纳入定点范围,价格低于会议综合定额标准的单位内部会议室、礼堂、宾馆、招待所、培训中心、税务干部学校,可优先作为会议场所。不得到党中央、国务院明令禁止的风景名胜区召开会议。无外地代表且会议规模能够在单位内部会议室安排的会议,原则上在单位内部会议室召开,不安排住宿。

2. 严禁借会议名义组织会餐或安排宴请;严禁套取会议费设立"小金库";严禁在会议费中列支公务接待费;严格执行会议用房标准,不得安排高档套房;会议用餐严格控制菜品种类、数量和分量,一般安排自助餐。严禁提供高档菜肴,不安排宴请,不上烟酒;会议会场一律不摆花草,不制作背景板,不提供水果。

3. 不得使用会议费购置电脑、复印机、打印机、传真机等固定资产以及开支与本次会议无关的其他费用;不得组织会议代表旅游和进行与会议无关的参观;严禁组织高消费娱乐、健身活动;严禁以任何名义发放纪念品;不得额外配发洗漱用品。

## >> 第八节
## 节约型机关建设

### ● 节约型机关建设

【知识点1】节约型机关的基本知识

1. 在全国税务系统广泛开展"五个绿色"行动,即绿色建筑行动、绿色办公行动、绿色食堂行动、绿色信息行动、绿色文化行动。

2. 倡导"三个力争"工作,即力争在全国税务系统内培育1000家单位参与"节约型公共机构示范单位"创建活动、创建200家"节约型公共机构示范单位"、1家"公共机构能效领跑者"单位。

3. 完成"三个下降"目标,即以2015年能源资源消费指标为基数,实现人均综合能耗下降11%、单位建筑面积能耗下降10%、人均用水量下降15%。

【知识点2】节约型机关的主要任务

1. 搭建节能减排组织体系,强化组织保障。各单位要高度重视节能减排工作,成立节能减排工作领导小组,由局领导担任组长,机关服务中心、办公室、财务部门、督察内审部门及重点用能部门负责人参加,领导小组办公室设在机关服务中心或相应机构,统筹做好节能减排工作。税务总局适时召开全国税务系统节能减排工作会议,部署节能减排和"节约型公共机构示范单位"创建工作。

2. 完善节能减排制度体系,加强政策支撑。全面梳理国家节能减排工作有关文件和政策规定,形成节能减排工作制度汇编,印发基层单位,确保各级机关节能减排工作有据可依、有章可循。税务总局将研究制定节能减排专项资金使用管理办法和绿色采购规定,保障节能减排资金的投入和使用。各单位要主动协调有关部门,严格执行节能环保产品政府强制采购制度,将新能源汽车等节能产品纳入政府采购目录;鼓励各级机关使用再生纸张等节能、节水、节材产品,将绿色产品采购情况纳入税务部门政府采购检查的重点内容。

3. 建立能源资源消费统计体系,夯实数据基础。一是强化统计器具配备。按照《中华人民共和国节约能源法》、《公共机构节能条例》(中华人民共和国国务院令第531号)和《公共机构能源资源计量器具配备和管理要求》(GB/T 29149—2012)的规定,按照"分户彻底、分区规范、分项合理、应配尽配"的原则,配备和使用经依法检测合格的能源计量器具,并对能源资源消耗状况进行实时监测,及时纠正浪费能源现象。二是狠抓能源资源消费统计工作。按照《公共机构能源资源消费统计制度》(国管节能〔2017〕316号)的要求,指定专人负责能耗统计工作,如实记录能源资源消费统计数据,建立统计台账。应用国家机关事务管理局开发的能耗统计信息系统,加强各级机关能耗数据网上申报统计和数据会审,完善能耗统计报告和分析机制。鼓励各级机关根据税务总局提出的总体建设规划和指导建议,因地制宜地建立能源管理系统。

4. 建立节能减排人才管理体系,培育管理人才。一是在后勤管理人才库中专设节能减排人才子库。立足全国税务系统节能减排工作中长期目标,对节能减排人才发展目标、培养重点和步骤做出符合实际的规划,确定人才储备类型和管理机制。结合全国税务系统后勤人才库建设,着力培养节能减排专业管理人才。二是开展节能减排业务培训。组织分管节能减排工作领导专业培训,进一步丰富领导层节能知识,提高领导工作能力。组织省局联络员、统计员进行操作技能培训,强化承办人员工作能力。三是开展创建示范单位巡回辅导活动。根据"节约型公共机构示范单位"创建工作安排,对确定为"节约型公共机构示范单位"和"公共机构能效领跑者"的单位进行巡回辅导,邀请专家进行专业指导,组织开展初评验收,提高验收的通过率。

5. 强化内部上下联动。建立税务总局全面统筹、省税务机关大力推进、地市税务机关广泛参与的三级联动机制,形成节能减排工作的大格局。倡导节能减排工作与日常税收工作同部署、齐推进,避免节能减排与日常税收工作脱节或相互掣肘,形成双促共赢的工作局面。

6. 扩大外部横向合作。税务总局鼓励和引导各级税务机关与所在地政府机关事务管理部门加强联系,充分发挥地方政府主管部门的专业优势和指导作用,争取地方政府财力进行节能改造,借助培训师资、技改资金、设备资源和奖励政策等,促进全国税务机关与地方部门发展融合。探索后勤服务新机制,积极运用合同能源管理、融资租赁等模式,推进后勤服务市场化管理和节能减排工作的创新发展。鼓励各级税务机关在后勤培训计划中增加节能减排案例教学和经验交流,扩大工作视角,拓宽管理思路。

7. 参与示范单位创建。以实现科学合理消费和提高税务机关能源利用效率为核心,以节电、节水、节油、节气、节约用纸等为主要内容,推动省、地市税务机关参与国家级示范单位创建工作。鼓励参与省级"节约型公共机构示范单位"创建工作,积极开展节约型税务机关创建活动,为创建全国示范单位打下良好基础。

8. 推进绿色食堂创建。推广食堂节能节水餐饮设备,开展食堂节能高效油烟净化改造,降低油烟排放污染;推进餐厨废弃物资源化利用,鼓励机关安装餐厨废弃物就地资源化处理设备。制定绿色食堂评价标准,加强食堂节粮、节能、节水精细化管理,倡导绿色采购方式,努力降低食堂运行成本。

9. 狠抓垃圾分类管理。推进机关办公区生活垃圾分类管理,完善垃圾分类标志,配备标志清晰的分类收集容器。落实生活垃圾分类工作主体责任,完善生活垃圾分类、投放、收运、处置等制度,明确内部管理岗位和职责,建立垃圾分类督导员队伍。

10. 深化数据中心改造。加强新技术、新设备的使用,提高信息技术设备能效利用率,在保持运算和存储能力的前提下,降低设备能耗;加强各级税务机关数据中心运维管理,降低制冷系统、电力供应系统和照明配套设施能耗,切实降低 PUE 值(数据中心总设备能耗/IT 设备能耗)。

## 【知识点3】节约型税务机关建设的具体措施

1. 建立节能联络员制度。各级税务机关应指定专人负责收集、整理、传递本单位节能工作信息,协调督促按时报送能源资源消费统计情况,分析能耗数据和反馈节能工作动态,提出推进本单位节能工作的意见和建议。

2. 加强节能工作业务培训。各级税务机关应结合实际,组织开展能源统计报送、节能管理、节能法规政策等业务培训,大力普及节能减排知识,宣传国家最新的节能减排政策,提高干部职工节能意识。开展交流,学习借鉴其他单位先进节能技术和管理经验,推进本单位节能减排工作。

3. 细化节能标准和管理要求。从一滴水、一张纸、一滴油、一度电、垃圾分类等环节入手设置节能标准,在重点区域设置提示标识,用严格的制度规范节能工作。加强技术改造,推行无纸化办公等节能措施。

4. 创新节能工作载体。鼓励基层单位以低碳、环保、绿色、共享为理念,组织开展"无车日""无车周""无水日""无电日"和能源紧缺体验等主题实践活动,培养节能习惯，打造节能活动品牌，引领全系统节能减排工作有序开展，营造浓厚的节能工作氛围。

5. 开展绿色系列行动。推动建筑绿色化改造，组织开展节约型办公区建设，实施办公区综合节能评价，有针对性地实施节能节水综合改造，推进办公建筑绿色化改造试点示范。开展绿色办公行动，实行办公环境绿色化，减少使用一次性办公用品。开展绿色出行，推行应用新能源汽车。开展绿色食堂行动，推广食堂节能节水设备、高效油烟净化设施和餐厨垃圾处理设备，促进厨房废弃物资源化利用。开展绿色信息行动，加强数据中心机房节能管理，实施数据中心机房节能改造，提高节能管理水平。开展绿色文化行动，加强节约能源资源和生态文明建设宣传教育，广泛开展"节能宣传周""中国水周""全国低碳日"等主题宣传活动，推进机关生活垃圾分类，引导干部职工树立生态文明理念。

6. 强化节水管理。开展水资源利用论证和水平衡分析，建立健全节水管理制度。加强用水指标管理，定期检查维护供水系统，杜绝"跑、冒、滴、漏"现象。

7. 开展示范单位创建工作。推动税务系统开展"节约型公共机构示范单位创建"工作。开展示范单位动态管理，开展经验交流、典型案例推广活动，发挥示范单位效应。

8. 完善资源回收利用长效机制。继续推进废旧电子产品、办公用品等循环综合利用，加强废旧商品、生活垃圾等分类收集，废旧商品回收利用率力争达到80%以上。

9. 优先绿色采购。严格执行节能环保产品政府强制采购制度，优先采购节能、节水、节材产品。

10. 提倡绿色办公。推广办公电子化、无纸化，减少纸质文件、资料印发数量，减少使用签字笔、纸杯等一次性办公用品。倡导高峰时段每天少开1小时空调，使用空调时关好门窗，严格执行空调设定温度夏季不低于26摄氏度、冬季不高于20摄氏度。提倡高层建筑电梯分段运行或隔层停开，上下两层楼不乘电梯。开展"零待机"能耗活动，推广节能插座等降低待机能耗的技术产品。